le Guide du **routard**

Directeur de collection et auteur
Philippe GLOAGUEN

Cofondateurs
Philippe GLOAGUEN et Michel DUVAL

Rédacteur en chef
Pierre JOSSE

Rédacteurs en chef adjoints
Amanda KERAVEL et Benoît LUCCHINI

Directrice de la coordination
Florence CHARMETANT

Rédaction
Olivier PAGE, Véronique de CHARDON,
Isabelle AL SUBAIHI, Anne-Caroline DUMAS,
Carole BORDES, André PONCELET,
Marie BURIN des ROZIERS, Thierry BROUARD,
Géraldine LEMAUF-BEAUVOIS,
Anne POINSOT, Mathilde de BOISGROLLIER,
Alain PALLIER, Gavin's CLEMENTE-RUÏZ
et Fiona DEBRABANDER

BARCELONE

2008

Hachette

Avis aux hôteliers et aux restaurateurs

Les enquêteurs du *Guide du routard* travaillent dans le plus strict anonymat. Aucune réduction, aucun avantage quelconque, aucune rétribution n'est jamais demandé en contrepartie. Face aux aigrefins, la loi autorise les hôteliers et restaurateurs à porter plainte.

Hors-d'œuvre

Le *Guide du routard,* ce n'est pas comme le bon vin, il vieillit mal. On ne veut pas pousser à la consommation, mais évitez de partir avec une édition ancienne. Les modifications sont souvent importantes.

ON EN EST FIERS : www.routard.com

• *www.routard.com* • Tout pour préparer votre périple. Des fiches sur plus de 180 destinations, de nombreuses informations et des services pratiques : photos, cartes, météo, dossiers, agenda, itinéraires, billets d'avion, réservation d'hôtels, location de voitures, visas... Mais aussi un espace communautaire pour échanger ses bons plans et partager ses photos. Sans oublier *routard mag,* ses reportages, ses carnets de route et ses infos pour bien voyager. La boîte à outils indispensable du routard.

Petits restos des grands chefs

Ce qui est bon n'est pas forcément cher ! Partout en France, nous avons dégoté de bonnes petites tables de grands chefs aux prix aussi raisonnables que la cuisine est fameuse. Évidemment, tous les grands chefs n'ont pas été retenus : certains font payer cher leur nom pour une petite table qu'ils ne fréquentent guère. Au total, plus de 700 adresses réactualisées, retenues pour le plaisir des papilles sans pour autant ruiner votre portefeuille. À proximité des restaurants sélectionnés, 280 hôtels de charme pour prolonger la fête.

Nos meilleurs campings en France

Se réveiller au milieu des prés, dormir au bord de l'eau ou dans une hutte, voici nos 1 700 meilleures adresses en pleine nature. Du camping à la ferme aux équipements les plus sophistiqués, nous avons sélectionné les plus beaux emplacements : mer, montagne, campagne ou lac. Sans oublier les balades à proximité, les jeux pour enfants... Des centaines de réductions pour nos lecteurs.

Avis aux lecteurs

Les réductions accordées à nos lecteurs ne sont jamais demandées par nos rédacteurs afin de préserver leur indépendance. Les hôteliers et restaurateurs sont sollicités par une société de mailing, totalement indépendante de la rédaction, qui reste donc libre de ses choix. De même pour les autocollants et plaques émaillées.

Pour que votre pub voyage autant que nos lecteurs,
contactez nos régies publicitaires :
• fbrunel@hachette-livre.fr •
• veronique@routard.com •

Le contenu des annonces publicitaires insérées dans ce guide n'engage en rien la responsabilité de l'éditeur.

Mille excuses, on ne peut plus répondre individuellement aux centaines de CV reçus chaque année.

TABLE DES MATIÈRES

BARCELONE

ADRESSES ET INFOS UTILES

OÙ DORMIR ?

OÙ MANGER ?

OÙ SORTIR ?

ACHATS

À VOIR

LES ENVIRONS DE BARCELONE

QUITTER BARCELONE POUR LES BALÉARES

LE LITTORAL BARCELONAIS

L'abréviation « c/ », que vous retrouverez tout au long de ce guide, signifie tout simplement « calle » ou « carrer » (sa version catalane), c'est-à-dire « rue ».

NOS NOUVEAUTÉS

G'PALÉMO (paru)

Un dictionnaire visuel universel qui permet de se faire comprendre aux 4 coins de la planète et DANS TOUTES LES LANGUES (y compris le langage des signes), il suffisait d'y penser !... Que vous partiez trekker dans les Andes, visiter les temples d'Angkor ou faire du shopping à Saint-Pétersbourg, ce petit guide vous permettra d'entrer en contact avec n'importe qui. Compagnon de route indispensable, véritable tour de Babel... Drôle et amusant, *G'palémo* vous fera dépasser toutes les frontières linguistiques. Pointez simplement le dessin voulu et montrez-le à votre interlocuteur... Vous verrez, il comprendra ! Tout le vocabulaire utile et indispensable en voyage y figure : de la boîte de pansements au gel douche, du train-couchettes au pousse-pousse, du dentiste au distributeur de billets, de la carafe d'eau à l'arrêt de bus, du lit *king size* à l'œuf sur le plat... Plus de 200 dessins, déclinés en 5 grands thèmes (transports, hébergement, restauration, pratique, loisirs) pour se faire comprendre DANS TOUTES LES LANGUES. Et parce que le *Guide du routard* pense à tout, et pour que les langues se délient, plusieurs pages pour faire de vous un(e) séducteur(trice)...

SUÈDE, DANEMARK (avril 2008)

Depuis qu'un gigantesque pont relie Copenhague et la Suède, les cousins scandinaves n'ont jamais été aussi proches. Les Suédois vont faire la fête le week-end à Copenhague et les Danois vont se balader dans la petite cité médiévale de Lund. À Copenhague et à Stockholm, c'est la découverte d'un art de vivre qui privilégie l'écologie, la culture, la tolérance et le respect d'autrui. Les plus curieux partiront à vélo randonner dans un pays paisible qui se targue depuis les Vikings d'être le plus ancien royaume du monde mais qui ne néglige ni le design ni l'art contemporain. Les plus sportifs partiront en trekking vers le Grand Nord où migrent les rennes et où le soleil ne se couche pas en été.

LES GUIDES DU ROUTARD
2008-2009

(dates de parution sur **www.routard.com**)

France

Nationaux

- Nos meilleures chambres d'hôtes
  en France
- Nos meilleurs campings en France
- Nos meilleurs hôtels et restos
  en France
- Petits restos des grands chefs
- Tables à la ferme et boutiques du terroir

Régions françaises

- Alpes
- Alsace
- Aquitaine
- Ardèche, Drôme
- Auvergne, Limousin
- Bourgogne
- Bretagne Nord
- Bretagne Sud
- Châteaux de la Loire
- Corse
- Côte d'Azur
- Franche-Comté
- Languedoc-Roussillon
- Lorraine
- Lot, Aveyron, Tarn
- Nord-Pas-de-Calais
- Normandie
- Pays basque (France, Espagne), Béarn
- Pays de la Loire
- Poitou-Charentes

- Provence
- Pyrénées, Gascogne

Villes françaises

- Bordeaux
- Lille
- Lyon
- Marseille
- Montpellier
- Nice
- Strasbourg
- Toulouse

Paris

- Environs de Paris
- Junior à Paris et ses environs
- Paris
- Paris balades
- Paris exotique
- Paris la nuit
- **Paris ouvert le dimanche (avril 2008)**
- Paris sportif
- **Paris à vélo (nouvelle éd. ; avril 2008)**
- Paris zen
- Restos et bistrots de Paris
- Le Routard des amoureux à Paris
- Week-ends autour de Paris

Europe

Pays européens

- Allemagne
- Andalousie
- Angleterre, Pays de Galles
- Autriche
- Baléares
- Belgique
- Castille, Madrid (Aragon et Estrémadure)
- Catalogne, Andorre
- Crète
- Croatie
- Écosse
- Espagne du Nord-Ouest (Galice,
  Asturies, Cantabrie)
- Finlande
- Grèce continentale
- Hongrie, République tchèque, Slovaquie

- Îles grecques et Athènes
- Irlande
- Islande
- Italie du Nord
- Italie du Sud
- Lacs Italiens
- Malte
- **Norvège (avril 2008)**
- Pologne et capitales baltes
- Portugal
- Roumanie, Bulgarie
- Sicile
- **Suède, Danemark (avril 2008)**
- Suisse
- Toscane, Ombrie

LES GUIDES DU ROUTARD
2008-2009 (suite)

(dates de parution sur **www.routard.com**)

Villes européennes

- Amsterdam
- Barcelone
- Berlin
- Florence
- Lisbonne
- Londres
- Moscou, Saint-Pétersbourg
- Prague
- Rome
- Venise

Amériques

- Argentine
- Brésil
- Californie
- Canada Ouest et Ontario
- Chili et île de Pâques
- Cuba
- Équateur
- États-Unis côte Est
- **Floride (nouveauté)**
- Guadeloupe, Saint-Martin, Saint-Barth
- Guatemala, Yucatán et Chiapas
- **Louisiane et les villes du Sud (nouveauté)**
- Martinique
- Mexique
- New York
- Parcs nationaux de l'Ouest américain et Las Vegas
- Pérou, Bolivie
- Québec et Provinces maritimes
- République dominicaine (Saint-Domingue)

Asie

- **Bali, Lombok (mai 2008)**
- Birmanie (Myanmar)
- Cambodge, Laos
- Chine (Sud, Pékin, Yunnan)
- Inde du Nord
- Inde du Sud
- Indonésie (voir Bali, Lombok)
- Istanbul
- Jordanie, Syrie
- Malaisie, Singapour
- Népal, Tibet
- Sri Lanka (Ceylan)
- Thaïlande
- **Tokyo-Kyoto (mai 2008)**
- Turquie
- Vietnam

Afrique

- Afrique de l'Ouest
- Afrique du Sud
- Égypte
- Île Maurice, Rodrigues
- Kenya, Tanzanie et Zanzibar
- Madagascar
- Maroc
- Marrakech
- Réunion
- Sénégal, Gambie
- Tunisie

Guides de conversation

- Allemand
- Anglais
- Arabe du Maghreb
- Arabe du Proche-Orient
- Chinois
- Croate
- Espagnol
- Grec
- Italien
- **Japonais (mars 2008)**
- Portugais
- Russe

Et aussi...

- Le Guide de l'humanitaire
- **G'palémo (nouveauté)**

NOS NOUVEAUTÉS

BALI, LOMBOK (mai 2008)

Bali et Lombok possèdent des attraits différents et complémentaires. Bali, l'« île des dieux », respire toujours charme et beauté. Un petit paradis qui rassemble tout ce qui est indispensable à des vacances réussies : de belles plages dans le Sud, des montagnes extraordinaires couvertes de temples, des collines riantes sur lesquelles les rizières étagées forment de jolies courbes dessinées par l'homme, une culture vivante et authentique, et surtout, l'essentiel, une population d'une étonnante gentillesse, d'une douceur presque mystique.

Et puis voici Lombok, à quelques encablures, dont le nom signifie « piment » en javanais et qui appartient à l'archipel des îles de la Sonde. La vie y est plus rustique, le développement touristique plus lent. Tant mieux. Les plages, au sud, sont absolument magnifiques et les Gili Islands, à deux pas de Lombok, attirent de plus en plus les amateurs de plongée. Paysages remarquables, pureté des eaux, simplicité et force du moment vécu... Bali et Lombok, deux aspects d'un même paradis.

TOKYO-KYOTO (mai 2008)

On en avait marre de se faire malmener par nos chers lecteurs ! Enfin un *Guide du routard* sur le Japon ! Voilà l'empire du Soleil-Levant accessible aux voyageurs à petit budget. On disait l'archipel nippon trop loin, trop cher, trop incompréhensible. Voici notre constat : avec quelques astuces, on peut y voyager agréablement et sans se ruiner. Dormir dans une auberge de jeunesse ou sur le tatami d'un *ryokan* (chambres chez l'habitant), manger sur le pouce des sushis ou une soupe *ramen,* prendre des bus ou acheter un *pass* ferroviaire pour circuler à bord du *shinkansen* (le TGV nippon)... ainsi sommes-nous allés à la découverte d'un Japon accueillant, authentique mais à prix sages ! Du mythique mont Fuji aux temples millénaires de Kyoto, de la splendeur de Nara à la modernité d'Osaka, des volcans majestueux aux cerisiers en fleur, de la tradition à l'innovation, le Japon surprend. Les Japonais étonnent par leur raffinement et leur courtoisie. Tous à Tokyo ! Cette mégapole électrique et fascinante est le symbole du Japon du IIIe millénaire, le rendez-vous exaltant de la haute technologie, de la mode et du design. Et que dire des nuits passées dans les bars et les discothèques de Shinjuku et de Roppongi, les plus folles d'Asie ?

Nous tenons à remercier tout particulièrement Loup-Maëlle Besançon, Thierry Bessou, Gérard Bouchu, François Chauvin, Grégory Dalex, Fabrice de Lestang, Cédric Fischer, Carole Fouque, Michelle Georget, David Giason, Lucien Jedwab, Emmanuel Juste, Philippe Martineau, Jean-Sébastien Petitdemange, Laurence Pinsard, Thomas Rivallain, Déborah Rudetzki, Claudio Tombari et Solange Vivier pour leur collaboration régulière.

Et pour cette nouvelle collection, nous remercions aussi :

David Alon et Andréa Valouchova
Bénédicte Bazaille
Jean-Jacques Bordier-Chêne
Nathalie Capiez
Louise Carcopino
Florence Cavé
Raymond Chabaud
Alain Chaplais
Bénédicte Charmetant
Cécile Chavent
Stéphanie Condis
Agnès Debiage
Marie Deneuville
Tovi et Ahmet Diler
Fabrice Doumergue et Pierre Mitrano
Céline Druon
Nicolas Dubost
Clélie Dudon
Aurélie Dugelay
Sophie Duval
Alain Fisch
Aurélie Gaillot
Lucie Galouzeau
Alice Gissinger
Adrien et Clément Gloaguen
Angela Gosmann
Romuald Goujon
Stéphane Gourmelen
Claudine de Gubernatis
Xavier Haudiquet
Claude Hervé-Bazin
Bernard Hilaire

Sébastien Jauffret
François et Sylvie Jouffa
Hélène Labriet
Lionel Lambert
Francis Lecompte
Jacques Lemoine
Sacha Lenormand
Valérie Loth
Béatrice Marchand
Philippe Melul
Delphine Ménage
Kristell Menez
Delphine Meudic
Éric Milet
Jacques Muller
Anaïs Nectoux
Alain Nierga et Cécile Fischer
Hélène Odoux
Caroline Ollion
Nicolas Pallier
Martine Partrat
Odile Paugam et Didier Jehanno
Xavier Ramon
Dominique Roland et Stéphanie Déro
Corinne Russo
Caroline Sabljak
Prakit Saiporn
Jean-Luc et Antigone Schilling
Laurent Villate
Julien Vitry
Fabian Zegowitz

Direction : Nathalie Pujo
Contrôle de gestion : Joséphine Veyres, Céline Déléris et Vincent Leav
Responsable éditoriale : Catherine Julhe
Édition : Matthieu Devaux, Magali Vidal, Marine Barbier-Blin, Géraldine Péron, Jean Tiffon, Olga Krokhina, Virginie Decosta, Caroline Lepeu, Delphine Ménage et Émilie Guerrier
Secrétariat : Catherine Maîtrepierre
Préparation-lecture : Clémentine Sanchez
Cartographie : Frédéric Clémençon et Aurélie Huot
Fabrication : Nathalie Lautout et Audrey Detournay
Couverture : Seenk
Direction marketing : Dominique Nouvel, Lydie Firmin et Juliette Caillaud
Responsable partenariats : André Magniez
Édition partenariats : Juliette Neveux et Raphaële Wauquiez
Informatique éditoriale : Lionel Barth
Relations presse France : COM'PROD, Fred Papet. ☎ 01-56-43-36-38. ● info@com prod.fr ●
Relations presse : Martine Levens (Belgique) et Maureen Browne (Suisse)
Régie publicitaire : Florence Brunel

NOS NOUVEAUTÉS

NORVÈGE (avril 2008)

Des grands voyageurs classent ce royaume septentrional de l'Europe parmi les plus beaux pays du monde. Ils n'ont pas tort. La Norvège est un cadeau de Dame Nature fait aux humains. Et c'est vrai qu'au printemps, le spectacle des fjords aux eaux émeraude, bordés de vertes prairies fleuries dévalant des glaciers, est d'un romantisme absolu. Ici, la préservation de la nature est élevée au rang de religion. Oslo, Bergen, Trondheim sont des villes très agréables en été, mais ne peuvent rivaliser avec le bonheur intense d'un séjour dans les villages de marins aux îles Lofoten ou avec le spectacle émouvant d'une aurore boréale qui embrase la voûte céleste. Les plus intrépides de nos lecteurs continueront vers le mythique cap Nord et feront aussi un crochet par le Finnmark pour découvrir la culture étonnante des éleveurs de rennes.

FLORIDE (paru)

Du soleil toute l'année, des centaines de kilomètres de sable blanc bordés par des cocotiers et une mer turquoise. Voilà pour la carte postale. Mais la Floride a bien d'autres atouts dans son sac : une ambiance glamour et latino à Miami qui, au cœur de son quartier Art déco, attire une foule de fêtards venus s'encanailler sous les *sunlights* des tropiques ; des parcs d'attractions de folie qui feront rêver petits et grands ; une atmosphère haute en couleur et *gay-friendly* à Key West où l'âme de « Papa » Hemingway plane toujours. Là, on circule à bicyclette au milieu de charmantes maisons de bois. Et pour les amateurs de nature, le parc national des Everglades, un gigantesque marais envahi par la mangrove et peuplé d'alligators, qui se découvre à pied (eh oui) ou en canoë. Alors, *see you later alligator* !

Remerciements

– Josefina Mariné et David Miró en particulier, ainsi que toute l'équipe de Catalunya Tourisme à Paris en général, pour leur grand professionnalisme.

– Les offices de tourisme de Barcelone et leurs équipes.

– L'office de tourisme d'Espagne à Paris, pour son efficacité sans faille.

LES QUESTIONS QU'ON SE POSE LE PLUS SOUVENT

➤ **Quelle est la meilleure époque pour aller à Barcelone ?**

Le printemps et l'automne sont agréables ; il y fait déjà doux, et vous y trouverez moins de monde que l'été. Mais juillet et août restent des mois propices aux baignades (et aux soldes !), et la proximité de la mer tempère les grandes chaleurs.

➤ **Peut-on y aller avec des enfants ?**

Oui, car la ville offre nombre de visites ou d'attractions qu'ils adoreront, les fantaisies de Gaudí par exemple. Mais gardez en tête que l'on se déplace beaucoup à pied, alors ne surchargez pas le programme !

➤ **La vie est-elle chère ?**

Barcelone fait partie des villes les plus chères d'Espagne, en particulier pour s'y loger. Une chambre double dans une pension coûte entre 35 et 50 € en moyenne, mais les prix grimpent franchement lors de la Semaine sainte, l'été ou même à Noël. En revanche, on peut manger pour 10 € environ, et faire un repas complet pour 15 €.

➤ **Comment se loger bon marché ?**

Les campings alentour, accessibles en bus depuis le centre-ville, mais aussi (et surtout) les auberges de jeunesse (en gros, 16 à 22 € la nuit par personne) et les petites pensions ou les petits *hostales*. Mais à moins d'y aller vraiment hors saison (en hiver), réservez pour être sûr de trouver le bonheur adapté à votre bourse.

➤ **Que mange-t-on ?**

Des tapas de toutes sortes, ces petites assiettes (crudités, poissons, salades) que l'on peut manger n'importe où, n'importe quand, à des prix modiques, et leur adaptation basque, les *pinxos*, très à la mode à Barcelone. Beaucoup de fruits de mer, mais aussi toutes les délicieuses spécialités (charcuteries, fromages, etc.) de l'arrière-pays.

➤ **Comment se déplace-t-on en ville ?**

De préférence en métro ou bus, mais surtout... en marchant : le centre ancien ne s'offre qu'ainsi. En fin de journée ou la nuit, vous avez toujours la solution du taxi, peu onéreuse.

➤ **Combien de jours faut-il prévoir sur place ?**

Barcelone est une ville riche en surprises, mais 3 jours permettent déjà de se faire une idée. L'idéal serait 4 ou 5 jours, voire une semaine, si vous avez envie de faire ça « cool ».

➤ **Que voir en priorité ?**

Les incontournables : une balade sur la Rambla ; le Barri Gòtic, avec sa cathédrale et son lacis de ruelles étroites ; l'Eixample et ses superbes monuments modernistes (dont la Sagrada Família ou la casa Milà, entre autres œuvres de Gaudí) ; la colline de Montjuïc, qui abrite l'exceptionnel musée d'Art de Catalogne et la Fondation Miró. Mais aussi le musée Picasso, le Musée maritime... difficile d'arrêter un choix !

➤ **Et les dangers de Barcelone ?**

Le vol, la fauche, la tire : quel que soit son nom, c'est la seule chose, à part les notes un peu salées, que vous aurez à y redouter, en particulier sur le passeig de Gràcia, autour de la cathédrale et dans le Barri Xino. Alors faites attention à votre sac, ce n'est pas un mythe !

LES COUPS DE CŒUR DU ROUTARD

- Comme un vrai Barcelonais, descendre lentement la Rambla sur le coup de 19h-20h, l'heure cruciale du *paseo* : un vrai rite social.

- Prendre un grand bol d'air et de fantaisie dans le parc Güell, au milieu des innovations architecturales de Gaudí.

- Si le temps est dégagé, s'élancer au-dessus du port jusqu'à Montjuïc, grâce au *Transbordador Aeri* (un téléférique) qui part de la tour de San Sebastià (à la Barceloneta) : panorama grandiose assuré !

- Déambuler tranquillement dans le Barri Gòtic, entre ruelles et placettes, le nez en l'air, pour profiter plein feu de toutes les façades de ce quartier historique.

- Tourner et retourner dans le marché de la Boquería, et saliver à chaque étal jusqu'à craquer et s'attabler devant de superbes tapas !

- Se payer le luxe d'une petite brasse dans la Méditerranée après une matinée super-culturelle dans un musée...

- Déguster une *escalivada* (ces légumes presque confits au four) dans un petit resto typique du centre de la cité.

- S'offrir une folle nuit de *fiesta* dans les boîtes hyper-branchées de Barcelone, une ville qui ne dort jamais tout à fait !

- Se cultiver un brin, en explorant salle après salle les merveilles romanes, gothiques et plus classiques du superbe Musée national d'Art de Catalogne (MNAC pour les intimes) sur la colline de Montjuïc, et, pour les férus d'art contemporain, le MACBA, dans le sympathique quatier du Raval.

- Partir sur les traces des architectes modernistes (Gaudí entre autres) dans le quartier de l'Eixample. Un grand bain de couleurs, d'imagination et de liberté.

- S'offrir un soirée « poisson et fruits de mer » dans la Barceloneta, cet ancien quartier de pêcheurs où les restos font toujours la part belle aux produits de la grande bleue.

- Pousser la balade urbaine jusqu'au quartier de Gràcia, et profiter de son ambiance de village sur les placettes où se retrouvent cadres moyens, étudiants, et artistes un peu bohêmes.

- Et, bien sûr, tous les jours et à toutes les heures, du bout des lèvres et l'air de rien, à l'apéro ou en guise de dîner, manger des tapas !

COMMENT Y ALLER ?

EN TRAIN

➤ *Trainhôtel Elipsos Joan Miró :* tlj de Paris-Austerlitz, des Aubrais-Orléans et de Limoges. Ce train offre un service de bar et resto. Départ à 20h32 et arrivée à Barcelone (estació de França) à 8h24. Dessert aussi Figueres et Gérone. Retour quotidien à 21h05 de Barcelone et arrivée à Paris-Austerlitz à 9h. Ce Trainhôtel offre des voitures-lits : touriste T4, *single* et double *Affaires* (petit déj inclus), *single* et double *Grande Classe* (douche et w-c dans chaque cabine, dîner et petit déj inclus).

➤ *Un aller-retour quotidien :* départ de Paris-gare de Lyon en semaine à 13h24, correspondance à 17h03 à Montpellier, puis arrêts en gare de Béziers, Narbonne, Perpignan, Cerbères, Port Bou, Figueres et Gérone avant d'arriver à Barcelone (estació de França) à 21h45. Retour de Barcelone à 8h45, correspondance à Narbonne à 13h22 et arrivée à Paris-gare de Lyon à 18h07. Également un départ de nuit de Paris-Austerlitz (départ 21h56), avec correspondance à Port-Bou et arrivée à Barcelona-Sants à 11h46 (c'est le plus looong !).

Pour préparer votre voyage

– *Billet à domicile :* commandez et payez votre billet par téléphone au ☎ 36-35 (0,34 € TTC/mn) ou sur Internet, la SNCF vous l'envoie gratuitement à domicile.

Pour voyager au meilleur prix

La SNCF propose de nombreuses réductions. Pour en profiter au maximum, il faut réserver à l'avance. Les billets sont en vente 3 mois avant la date de départ. Voici les réductions valables sur la partie française du trajet, ou pour la totalité du trajet sur les Trainshôtels *Elipsos*.

➤ *Prem's : plus vous anticipez, plus vous voyagez au meilleur prix*
Découvrez les prix *Prem's* à partir de 22 € l'aller en 2de classe TGV, 17 € en 2de classe Téoz et 35 € en 2de classe Lunéa couchettes.

➤ *Les cartes : réduction garantie*
Avec les cartes *12-25 et Senior*, vous avez jusqu'à 50 % de réduction (25 % garantis sur tous les trains) pour un nombre de voyages illimité, pendant un an.

➤ *Découverte : à chacun sa réduction*
Avec les tarifs *Découverte*, vous bénéficiez de 25 % de réduction dans la limite des places disponibles : *Découverte Enfant +*, pour les voyages avec un enfant de moins de 12 ans ; *Découverte 12-25*, pour les jeunes de 12 à 25 ans ; *Découverte Senior*, pour les voyageurs de 60 ans et plus ; *Découverte Séjour*, pour des allers-retours d'au moins 200 km et la nuit de samedi à dimanche incluse (jusqu'à 35 % de réduction).

➤ *Réductions spécifiques aux Trainshôtels Elipsos*
Des tarifications spéciales sont réservées aux détenteurs de la carte ISIC, ainsi que sur présentation du *pass InterRail* (Global ou One Country, voir ci-dessous). Et de nombreuses formules permettent d'obtenir jusqu'à 30 % de réduction à condition de voyager en couple, ou en famille (3-4 personnes), ou à certaines périodes de la semaine (en général, du lundi au jeudi).

Toutes ces offres sont soumises à conditions, et susceptibles de modification sans préavis.

Les *pass* internationaux

Avec les *Pass InterRail,* les résidents européens peuvent voyager dans 30 pays d'Europe, dont *l'Espagne.* Plusieurs formules et autant de tarifs, en fonction de la destination et de l'âge.

– Pour les grands voyageurs, l'*InterRail Global Pass* est valable dans l'ensemble des 30 pays concernés, intéressant si vous comptez parcourir plusieurs pays au cours du même périple. Il se présente sous 4 formes au choix. Deux formules flexibles : utilisable 5 j. sur une période de validité de 10 j. (249 € pour les + de 25 ans, 159 € pour les 12-25 ans), ou 10 j. sur une période de validité de 22 j. (359 € pour les + de 25 ans, 239 € pour les 12-25 ans). Deux formules « continues » : *pass* 22 j. (469 € pour les + de 25 ans, 309 € pour les 12-25 ans), *pass* 1 mois (599 € pour les + de 25 ans, 399 € pour les 12-25 ans). Ces 4 formules existent aussi en version 1re classe !

– Si vous ne parcourez que *l'Espagne,* le *One Country Pass* vous suffira. D'une période de validité de 1 mois, et utilisable, selon les formules, 3, 4, 6 ou 8 jours en discontinu ; à vous de calculer avant votre départ le nombre de jours que vous passerez sur les rails : 3 j. (109 € pour les + de 25 ans, 71 € pour les moins de 25 ans, 54,50 € pour les 4-11 ans), 4 j. (139 € pour les + de 25 ans, 90 € pour les moins de 25 ans, 69,50 € pour les 4-11 ans), 6 j. (189 € pour les + de 25 ans, 123 € pour les moins de 25 ans, 94,50 € pour les 4-11 ans) ou 8 j. (229 € pour les + de 25 ans, 149 € pour les moins de 25 ans, 115,50 € pour les 4-11 ans). Là encore, ces formules existent en version 1re classe (mais ce n'est pas le même prix, bien sûr).

Pour obtenir plus d'informations sur ces réductions et acheter vos billets

– *Internet :* ● voyages-sncf.com ● elipsos.com ● interrail.com ● tgv.com ● corail teoz.com ● coraillunea.com ●
– *Ligne directe :* ☎ 36-35 *(0,34 €/mn) tlj 7h-22h.*
– *Également dans les gares, les boutiques SNCF et les agences de voyages agréées.*

EN VOITURE

Deux itinéraires possibles pour rejoindre Barcelone au départ de Paris.
➤ Sortir de Paris par la porte d'Orléans et prendre l'autoroute A 6 direction Lyon puis l'A 7 direction Marseille. À la hauteur d'Orange, suivre l'A 9, direction Nîmes, Montpellier, Béziers, Perpignan, puis suivre Figueres, Gérone, Barcelone.
➤ À Paris, prendre l'A 10 direction Orléans, puis l'A 71 direction Bourges. À la hauteur de Vierzon, suivre l'A 20 direction Toulouse, puis l'A 61 direction Carcassonne-Narbonne. À la hauteur de Narbonne, prendre l'A 9 direction Perpignan et suivre Figueres, Gérone, Barcelone.

EN BUS

Qu'à cela ne tienne, il n'y a pas que l'avion ou le train pour voyager. On peut aussi se déplacer en bus, à condition d'avoir du temps et de ne pas être à cheval sur le confort. Il est évident que les trajets sont longs et les horaires un peu élastiques. On n'en est pas au luxe des *Greyhound* américains, mais, en général, les bus affrétés par les compagnies sont assez confortables : AC, dossiers inclinables (exiger des précisions avant le départ). En principe, des arrêts toutes les 3-4h permettent de ne pas arriver avec une barbe de vieillard.
Prévoyez une couverture ou un duvet pour les nuits fraîches ; le thermos à remplir de boisson bouillante ou glacée entre les étapes (on n'a pas toujours soif à l'heure dite) et aussi de bons bouquins.

MIQUE-AUX-NOCES

**HEUREUSEMENT,
ON NE VOUS PROPOSE
PAS QUE LE TRAIN.**

MYKONOS,
TOUTE L'EUROPE
ET LE RESTE DU MONDE.

Voyages-sncf.com, première agence de voyage sur Internet avec plus de 600 destinations dans le monde, vous propose ses meilleurs prix sur les billets d'avion et de train, les chambres d'hôtel, les séjours et la location de voiture. Accessible 24h/24, 7j/7.

Voyages-sncf.com

▲ CLUB ALLIANCE

– *Paris : 33, rue de Fleurus, 75006.* ☎ *01-45-48-89-53.* Ⓜ *Notre-Dame-des-Champs ou Rennes. Lun-ven 10h30-19h ; sam 13h30-19h.*
Spécialiste des week-ends courts ou prolongés. Circuits économiques de 1 à 16 jours en Europe, au départ de Paris. Dessert, selon les saisons, Barcelone et la Costa Brava. Brochure gratuite sur demande.

▲ EUROLINES

☎ *08-92-89-90-91 (0,34 €/mn).* ● *eurolines.fr* ● *Vous trouverez également les services d'Eurolines sur* ● *routard.com* ● *Bureaux à Paris (1er, 5e, 9e ar.), La Défense, Versailles, Avignon, Bordeaux, Clermont-Ferrand, Dijon, Grenoble, Lille, Lyon, Marseille, Metz, Montpellier, Mulhouse, Nantes, Nice, Nîmes, Perpignan, Rennes, Strasbourg, Toulouse et Tours.*
Deux gares routières internationales à Paris :
– *Gallieni :* ☎ *08-92-89-90-91 (0,34 €/mn ;* Ⓜ *Gallieni).*
– *La Défense :* ☎ *01-49-03-40-63 (* Ⓜ *La Défense-Grande-Arche).*
Leader européen des voyages en lignes régulières internationales par autocar, Eurolines permet de voyager vers plus de 1 500 destinations en Europe à travers 34 pays (dont l'Espagne et Barcelone), avec 80 points d'embarquement en France.
– *Pass Eurolines :* pour un prix fixe valable 15 ou 30 jours, vous voyagez autant que vous le désirez sur le réseau entre 40 villes européennes. Le *Pass Eurolines* est fait sur mesure pour les personnes autonomes qui veulent profiter d'un prix très attractif et désireuses de découvrir l'Europe sous toutes ses coutures.

▲ LINEBUS

– *Paris : 179, bd Malesherbes, 75017.* ☎ *01-42-27-01-11.* Ⓜ *Malesherbes ou Wagram.* ● *linebus.com* ●
– *Lyon : gare routière de Perrache (cours de Verdun), 69002.* ☎ *04-72-41-72-27.*
Lignes régulières d'autocars pour Barcelone, Gérone, Salou et Tarragone, au départ de Paris, Avignon, Béziers, Bordeaux, Clermont-Ferrand, Lyon, Montpellier, Narbonne, Nîmes et Perpignan. Certaines liaisons s'effectuent avec des correspondances.

▲ VOYAGES 4A

Voir « Les organismes de voyages ».

EN AVION

Les compagnies régulières

▲ AIR FRANCE

Rens et résa au ☎ *36-54 (0,34 €/mn) tlj, 24h/24, sur* ● *airfrance.fr* ● *ou dans les agences Air France et dans ttes les agences de voyages (fermées dim).*
➢ Air France dessert Barcelone au départ de Paris avec 8 à 10 vols/j., au départ de l'aéroport Roissy-Charles-de-Gaulle (terminal 2, hall F). Également des liaisons Bordeaux-Barcelone (1 vol/j.) et Lyon-Barcelone (2 à 3 vols/j.).
Air France propose une gamme de tarifs accessibles à tous :
– *Évasion :* en France et vers l'Europe, Air France offre des réductions : « Plus vous achetez tôt, moins c'est cher. »
– *Semaine :* pour un voyage aller-retour pendant toute la semaine.
– *Week-end :* pour des voyages autour du week-end avec des réservations jusqu'à la veille du départ.
Air France propose également, sur la France, des réductions jeunes, seniors, couples ou famille. Pour les moins de 25 ans, Air France émet une carte de fidélité gratuite et nominative « Fréquence Jeune », qui permet de cumuler des *miles* sur l'ensemble des compagnies membres de *Skyteam* et de bénéficier de billets gratuits et d'avantages chez de nombreux partenaires.

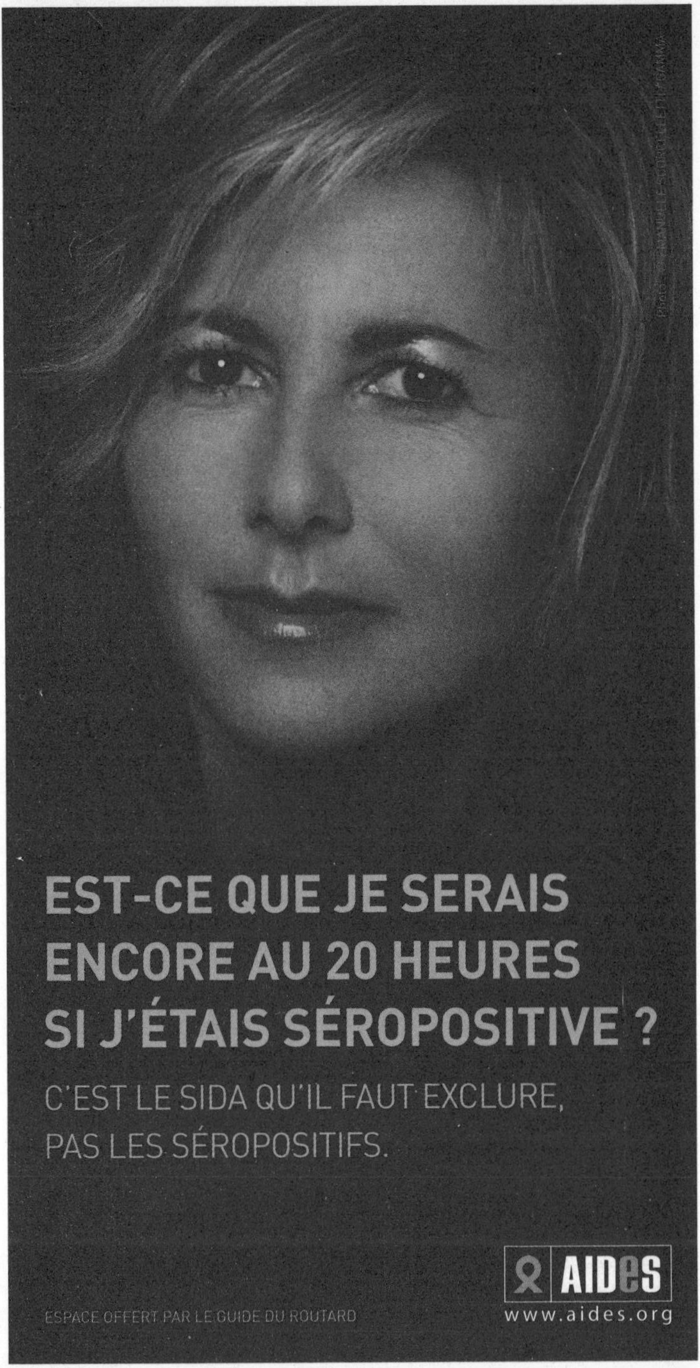

EST-CE QUE JE SERAIS ENCORE AU 20 HEURES SI J'ÉTAIS SÉROPOSITIVE ?

C'EST LE SIDA QU'IL FAUT EXCLURE, PAS LES SÉROPOSITIFS.

www.aides.org

Tous les mercredis dès 0h, sur ● airfrance.fr ●, Air France propose les tarifs « Coup de cœur », une sélection de destinations en France pour des départs de dernière minute.

Sur Internet, possibilité de consulter les meilleurs tarifs du moment, rubrique « Offres spéciales », « Promotions ».

▲ IBERIA

Central de résa : ☎ 0825-800-965 *(n° Indigo, 0,12 €/mn).* ● *iberia.fr* ●
– Paris : Orly-Ouest (hall 1) et Roissy-Charles-de-Gaulle (terminal 2D).
Iberia propose 179 destinations dans 70 pays, dont l'Espagne, avec 34 villes desservies.
➢ Au départ de Paris-Orly, 7 vols/j. vers Barcelone et 2 à 3 vols/j. au départ de Nice.

▲ AIR EUROPA

– Paris : 174, bd Haussmann, 75008. ☎ *01-42-65-08-00.* ● *air-europa.com* ● *Lun-ven 9h-18h. Résa possible par téléphone 24h/24.*
➢ Au départ de Roissy-Charles-de-Gaulle, terminal 2F, Air Europa dessert Barcelone avec 9 vols/j., en partenariat avec Air France.

▲ CZECH AIRLINES (CSA)

● *czechairlines.com* ●
– À Paris : 17, av. de l'Opéra, 75002. ☎ *0825-540-002 (prix appel local ; tlj 24h/24 pour effectuer des résas).* ● *par@czechairlines.com* ● Ⓜ *Pyramides, Palais-Royal ou Opéra. Lun-ven 9h30-17h.*
– À Barcelone : c/ Balmes, 152. ☎ *902-02-23-22. À l'aéroport (Terminal A) :* ☎ *93-478-58-31.* ● *bcn@czechairlines.com* ●
➢ Membre de l'alliance *Skyteam*, avec Air France, propose 1 vol/j. direct entre Marseille et Barcelone.

Les compagnies *low-cost*

Ce sont des compagnies dites « à bas prix ». De nombreuses villes de province sont desservies, ainsi que les aéroports limitrophes des grandes villes. Réservation par Internet ou par téléphone (pas d'agence et pas de « billet papier », juste un numéro de réservation) et aucune garantie de remboursement en cas de difficultés financières de la compagnie. En outre, les pénalités en cas de changement d'horaires sont assez importantes et les taxes d'aéroport rarement incluses. Ne pas oublier non plus d'ajouter le prix du bus pour vous rendre à ces aéroports, souvent assez éloignés du centre-ville.

▲ BRUSSELS AIRLINES

En Belgique : ☎ *0902-51-600 (0,75 €/mn) ; en Espagne :* ☎ *807-22-00-03 (0,82 €/mn) ; en France :* ☎ *0892-64-00-30 (0,34 €/mn).*
➢ Dessert Barcelone au départ de Bruxelles avec 2-3 vols/j.

▲ EASYJET

En France : ☎ *0899-7000-41 (1,35 €/appel, puis 0,34 €/mn) ; en Suisse :* ☎ *0900-000-195 (1,50 Fs/mn) ; en Espagne :* ☎ *807-26-00-26 (0,82 €/mn).* ● *easy-jet.com* ●
➢ Dessert Barcelone au départ de Paris-Orly, Genève, Bâle-Mulhouse, et Lyon depuis fin octobre 2007.

▲ RYANAIR

En France : ☎ *0892-232-375 (0,34 €/mn) ; en Belgique :* ☎ *0902-88-007 (0,74 €/mn) ; en Espagne :* ☎ *807-220-032 (0,67 €/mn).* ● *ryanair.com* ●
➢ Dessert Gérone au départ de Paris-Beauvais, Bruxelles-Charleroi et Bâle. Depuis l'aéroport de Gérone, bus réguliers vers Barcelone (arrivée Estació del Nord, Ⓜ *Arc-de-Triomf ; Cⁱᵉ Sagalès,* ☎ *902-361-550,* ● *sagales.com* ●), pour 12 € l'aller ou 21 € l'aller-retour. Même principe depuis Barcelone vers l'aéroport de Gérone.

▲ VUELING
En France : ☎ *0800-905-461(n° Vert) ; en Belgique :* ☎ *0800-71-861 (n° Vert) ; en Espagne :* ☎ *902-33-39-33 (n° Vert).* ● *vueling.com* ●
➤ Départs quotidiens de Paris (Roissy-Charles-de-Gaulle), Nice et Bruxelles vers Barcelone (et depuis Barcelone, nombreuses liaisons vers les capitales régionales espagnoles).

LES ORGANISMES DE VOYAGES

– Ne pas croire que les vols à tarif réduit sont tous au même prix pour une même destination à une même époque : loin de là. On a déjà vu, dans un même avion partagé par deux organismes, des passagers qui avaient payé 40 % plus cher que les autres. De plus, une agence bon marché ne l'est pas forcément toute l'année (elle peut n'être compétitive qu'à certaines dates bien précises). Donc, contactez tous les organismes et jugez vous-même.
– Les organismes cités sont classés par ordre alphabétique, pour éviter les jalousies et les grincements de dents.

EN FRANCE

▲ BOURSE DES VOLS / BOURSE DES VOYAGES
Infos : ● *bdv.fr* ● *ou par téléphone, au* ☎ *0892-888-949 (0,34 €/mn), lun-sam 8h-22h.*
Agence de voyages en ligne, Bourse des vols propose une vaste sélection de vols secs, séjours et circuits à réserver en ligne ou par téléphone. Pour bénéficier des meilleurs tarifs aériens, même à la dernière minute, le service de Bourse des vols référence en temps réel un large panel de vols réguliers, charters et dégriffés au départ de Paris et de nombreuses villes de province à destination du monde entier !

▲ DIRECTOURS
– *Paris : 90, av. des Champs-Élysées, 75008.* ☎ *01-45-62-62-62. Depuis la province :* ☎ *0811-90-62-62 (prix d'un appel local).* ● *directours.com* ● Ⓜ *George-V. Lun-ven 10h-18h ; sam 11h-18h.*
Directours présente la particularité de s'adresser directement au public, en vendant ses voyages par Internet et téléphone, ou encore à son agence, sans intermédiaire.
Spécialiste des voyages à la carte, Directours propose une grande variété de destinations dont l'Espagne. Directours vend aussi des vols secs et des locations de voitures.

▲ EXPERIMENT
– *Paris : 89, rue de Turbigo, 75003.* ☎ *01-44-54-58-00.* ● *experiment-france.org* ● Ⓜ *Temple ou République. Lun-ven 9h-18h.*
Partager en toute amitié la vie quotidienne d'une famille, c'est ce que vous propose l'association Experiment. Cette formule de séjour chez l'habitant à la carte existe dans une douzaine de pays à travers le monde (Amériques, Europe, Asie ou Océanie).
Experiment propose aussi des cours d'espagnol dans les pays où la langue est parlée. Ces différentes formules s'adressent aux adultes et adolescents.
Sont également proposés des stages en entreprise. Service *Départs à l'étranger :* ☎ *01-44-54-58-00.*
Pour les 18-26 ans, Experiment organise des séjours « Au pair » aux États-Unis, en Espagne, en Angleterre, en Italie et en Irlande. Service *Au Pair :* ☎ *01-44-54-58-09.*

▲ FUAJ
– *Paris : antenne nationale, 27, rue Pajol, 75018.* ☎ *01-44-89-87-27 ou 26.* ● *fuaj. org* ● Ⓜ *La Chapelle, Marx-Dormoy ou Gare-du-Nord. Lun 10h-17h, mar-ven 10h-*

18h. Rens dans ttes les auberges de jeunesse, les points d'info et de résa en France et sur le site • hihostels.com •

La FUAJ (Fédération unie des auberges de jeunesse) accueille ses adhérents dans 155 AJ en France. Seule association française membre de l'IYHF *(International Youth Hostel Federation),* elle est le maillon d'un réseau de 4 200 AJ réparties dans 81 pays. La FUAJ organise, pour ses adhérents, des activités sportives, culturelles et éducatives ainsi que des rencontres internationales. Les adhérents de la FUAJ peuvent obtenir gratuitement les brochures *Voyages en liberté/Go as you please, Printemps-Été, Hiver, le Guide des AJ en France.* Le guide international regroupe la liste de toutes les AJ dans le monde. Ils sont disponibles à la vente (7 €) ou en consultation sur place.

▲ JEUNESSE ET RECONSTRUCTION

– Paris : 10, rue de Trévise, 75009. ☎ 01-47-70-15-88. • volontariat.org • Ⓜ Cadet ou Grands-Boulevards. Lun-ven 9h-13h, 14h-18h.

Jeunesse et Reconstruction propose des activités dont le but est l'échange culturel dans le cadre d'un engagement volontaire. Chaque année, des centaines de jeunes bénévoles âgés de 17 à 30 ans participent à des chantiers internationaux en France ou à l'étranger (Europe, Asie, Afrique et Amérique), s'engagent dans le programme de volontariat à long terme (6 mois ou 1 an) en Europe, Afrique, Amérique latine et Asie, s'inscrivent à des cours de langue en immersion au Costa Rica, Guatemala et Maroc, à des stages de danse traditionnelle, percussions, poterie, art culinaire, artisanat africain.

Dans le cadre des chantiers internationaux, les volontaires se retrouvent autour d'un projet d'intérêt collectif (1 à 4 semaines) et participent à la restauration du patrimoine bâti, à la protection de l'environnement, à l'organisation logistique d'un festival ou à l'animation et l'aide à la vie quotidienne auprès d'enfants ou de personnes handicapées.

▲ LASTMINUTE.COM

Les offres lastminute.com sont accessibles sur • lastminute.com •, au ☎ 0899-78-5000 (1,34 € TTC l'appel puis 0,34 €/mn) et dans 9 agences de voyages situées à Paris, Nice, Toulouse, Bordeaux, Montpellier, Aix-en-Provence et Lyon.

Lastminute.com propose une vaste palette de voyages et de loisirs : billets d'avion, séjours sur mesure ou clés en main, week-ends, hôtels, locations en France, location de voiture, spectacles, restaurants... pour penser ses vacances selon ses envies et ses disponibilités.

▲ NEW EAST

– Grenoble : 45, rue Lesdiguieres 38000 ☎ 04-76-47-19-18. • new-east.fr • Lun-ven 9h-12h30, 14h-18h30 (17h30 ven).

Une petite agence dynamique qui organise des séjours économiques en Europe et en Russie. 30 capitales européennes (dont Barcelone) au départ de 30 villes de France. Plusieurs formules d'hébergement, de la cité U aux hôtels 3 étoiles. Départs toute l'année pour des concerts, des festivals ou des événements.

▲ NOUVELLES FRONTIÈRES

Rens et résas dans tte la France : ☎ 0825-000-825 (0,15 €/mn). • nouvelles-frontie res.fr • Les 13 brochures Nouvelles Frontières sont disponibles gratuitement dans les 210 agences du réseau, par téléphone et sur Internet.

Plus de 30 ans d'existence, 1 400 000 clients par an, 250 destinations, une chaîne d'hôtels-clubs *Paladien* et une compagnie aérienne, *Corsairfly*. Pas étonnant que Nouvelles Frontières soit devenu une référence incontournable, notamment en matière de tarifs. Le fait de réduire au maximum les intermédiaires permet d'offrir des prix « super-serrés ». Un choix illimité de formules vous est proposé : des vols sur la compagnie aérienne de Nouvelles Frontières au départ de Paris et de province, en classe Horizon ou Grand Large, et sur toutes les compagnies aériennes régulières, avec une gamme de tarifs selon votre budget. Sont également propo-

sés toutes sortes de circuits, aventure ou organisés ; des séjours en hôtels, en hôtels-clubs et en résidences ; des week-ends, des formules à la carte (vol, nuits d'hôtel, excursions, location de voitures...), des séjours neige.
Avant le départ, des réunions d'information sont organisées. Intéressant : des brochures thématiques (plongée, rando, trek, thalasso).

▲ PLEIN VENT VOYAGES
Résas et brochures dans les agences du Sud-Est et du Rhône-Alpes.
Premier tour-opérateur du Sud-Est, Plein Vent assure toutes ses prestations (circuits et séjours) au départ de Lyon, Marseille et Nice. Parmi ses destinations-phares, l'Espagne. Nouveautés : l'Argentine et le Kenya. Croisières fluviales sur la Volga et le Danube. Plein Vent garantit ses départs et propose un système de « garantie annulation » performant.

▲ UCPA (Union Nationale des Centres sportifs de plein air)
Infos et résas : ☎ 0892-680-599 (0,34 €/mn). • ucpa.com •
– Bureaux de vente à Paris, Lyon, Marseille, Nantes, Strasbourg et Bruxelles.
Voilà près de 40 ans que 8 millions de personnes font confiance à l'UCPA pour réussir leurs vacances sportives. Et ce, grâce à une association dynamique, qui propose une approche souple et conviviale de plus de 60 activités sportives, en France et à l'international, en formule tout compris (moniteurs professionnels, pension complète, matériel, animations, assurance et transport) à des prix serrés. Vous pouvez choisir parmi plusieurs formules sportives (plein temps, mi-temps ou à la carte) ou de découverte d'une région ou d'un pays. Plus de 100 centres en France, dans les DOM et à l'international (Canaries, Crète, Cuba, Égypte, Espagne, Maroc, Tunisie, Turquie, Thaïlande), auxquels s'ajoutent près de 300 programmes itinérants pour voyager à pied, à cheval, en VTT, en catamaran, etc., dans plus de 50 pays.

▲ VOYAGES 4A
– Saint-Jean-de-Luz : 203, rue des Artisans, 64501. Rens et résa : ☎ 05-59-23-90-37. • voyages4a.com • Lun-ven 9h-18h.
Voyages 4A, spécialiste du voyage en autocar à tarif économique, propose des départs toutes les semaines pour Barcelone au départ de Paris, Marseille et Lyon, entre autres villes. Des formules tout public comprenant un hébergement au choix (de l'auberge de jeunesse à l'hôtel 3 étoiles) avec petits déjeuners et une totale liberté sur place. Pour la Saint-Sylvestre, Voyages 4A propose chaque année des bus spéciaux pour aller faire la fête à Barcelone. Devis sur mesure et tarifs préférentiels pour les groupes.

▲ VOYAGES-SNCF.COM
Voyages-sncf.com, première agence de voyages sur Internet, propose des billets de train, d'avion, des chambres d'hôtel, des locations de voitures et des séjours clés en main ou Alacarte® sur plus de 600 destinations et à des tarifs avantageux. Leur site • voyages-sncf.com • permet d'accéder tous les jours 24h/24 à plusieurs services : envoi gratuit des billets à domicile, Alerte Résa pour être informé de l'ouverture des réservations et profiter du plus grand choix, calendrier des meilleurs prix (TTC), mais aussi des offres de dernière minute et des promotions... Et grâce à l'Éco-comparateur, en exclusivité sur • voyages-sncf.com •, possibilité de comparer le prix, le temps de trajet et l'indice de pollution pour un même trajet en train, en avion ou en voiture.

▲ VOYAGES WASTEELS
Centre d'appels infos et ventes par téléphone : ☎ 0825-887-070 (0,15 €/mn). Pour obtenir l'adresse d'une des 65 agences en France (140 en Europe) et le numéro de téléphone de l'agence la plus proche de chez vous, rendez-vous sur • wasteels.fr •
Voyages Wasteels propose pour tous des séjours, des week-ends, des vacances à la carte, des croisières, des locations mer et montagne, de l'hébergement en hôtel,

des voyages en avion ou train et de la location de voitures, au plus juste prix, parmi des milliers de destinations en France, en Europe et dans le monde.

▲ **VOYAGEURS EN ESPAGNE ET AU PORTUGAL**

Le grand spécialiste du voyage en individuel sur mesure. • vdm.com •
– *Paris : La Cité des Voyageurs, 55, rue Sainte-Anne, 75002.* ☎ 0892-23-61-61 *(0,34 €/mn).* ⓜ *Opéra ou Pyramides. Lun-sam 9h30-19h.*
– *Également des agences à Bordeaux, Grenoble, Lille, Lyon, Marseille, Montpellier, Nantes, Nice, Rennes, Rouen, Strasbourg et Toulouse.*
Sur les conseils d'un spécialiste de chaque pays, chacun peut construire un voyage à sa mesure...
Pour partir à la découverte de plus de 120 pays, 120 conseillers-voyageurs, de près de 30 nationalités et grands spécialistes des destinations, donnent des conseils, étape par étape et à travers une collection de 27 brochures, pour élaborer son propre voyage en individuel.
Voyageurs du Monde propose également une large gamme de circuits accompagnés (Famille, Aventure, Routard...). Voyageurs du Monde a développé une politique de « vente directe » à ses clients, sans intermédiaire.
Dans chacune des *Cités des Voyageurs,* tout rappelle le voyage : librairies spécialisées, boutiques d'accessoires de voyage, expositions-ventes d'artisanat ou encore cocktails-conférences. Toute l'actualité de VDM à consulter sur leur site internet.

EN BELGIQUE

▲ **CONNECTIONS**

Rens et résa au ☎ 070-233-313. • connections.be • *Lun-ven 9h-21h ; sam 10h-17h.*
Spécialiste du voyage pour les étudiants, les jeunes et les *Independent travellers.* Le voyageur peut y trouver informations et conseils, aide et assistance (revalidation, routing...) dans 22 points de vente en Belgique et auprès de bon nombre de correspondants de par le monde.
Connections propose une gamme complète de produits : des tarifs aériens spécialement négociés pour sa clientèle (licence IATA), une très large offre de « last Minutes », toutes les possibilités d'arrangement terrestre (hébergement, locations de voitures, *self-drive tours,* vacances sportives, expéditions) ; de nombreux services aux voyageurs comme l'assurance voyage « Protections » ou les cartes internationales de réductions (la carte internationale d'étudiant ISIC).

▲ **NOUVELLES FRONTIÈRES**

– *Bruxelles (siège) : bd Lemonnier, 2, 1000.* ☎ 02-547-44-22. • nouvelles-frontie res.be •
– *Également d'autres agences à Bruxelles, Charleroi, Liège, Mons, Namur, Waterloo, Wavre et au Luxembourg.*
Voir le texte dans la partie « en France ».

▲ **SERVICE VOYAGES ULB**

– *Bruxelles : campus ULB, av. Paul-Héger, 22, CP 166, 1000.* ☎ 02-648-96-58.
– *Bruxelles : rue Abbé-de-l'Épée, 1, Woluwe, 1200.* ☎ 02-742-28-80.
– *Bruxelles : hôpital universitaire Érasme, route de Lennik, 808, 1070.* ☎ 02-555-38-49.
– *Bruxelles : chaussée d'Alsemberg, 815, 1180.* ☎ 02-332-29-60.
– *Ciney : rue du Centre, 46, 5590.* ☎ 083-216-711.
– *Marche : av. de la Toison-d'Or, 4, 6900.* ☎ 084-31-40-33.
– *Wépion : chaussée de Dinant, 1137, 5100.* ☎ 081-46-14-37. • servicevoyages. be • *Lun-ven 9h-17h.*

Service Voyages ULB, c'est le voyage à l'université. L'accueil est donc très sympa. Billets d'avion sur vols charters et sur compagnies régulières à des prix hyper-compétitifs.

▲ **TAXISTOP**

Pour ttes les adresses Airstop, un seul numéro de téléphone : ☎ 070-233-188. *Taxistop :* ☎ 070-222-292. ● *airstop.be* ● *Lun-ven 9h-18h30 ; sam 9h-14h.*
– *Taxistop/Airstop Bruxelles : rue Fossé-aux-Loups, 28, 1000.*
– *Airstop Anvers : Sint Jacobsmarkt, 84, 2000.*
– *Airstop Bruges : Dweersstraat, 2, 8000.*
– *Airstop Courtrai : Badastraat, 1A, 8500.*
– *Taxistop/Airstop Gand : Maria Hendrikaplein, 65B, 9000.*
– *Airstop Louvain : Maria Theresiastraat, 125, 3000.*
– *Taxistop Ottignies : bd Martin, 27, 1340.*
Taxistop propose un système de covoiturage alors qu'Airstop offre une large gamme de prestations, du vol sec au séjour tout compris à travers le monde.

▲ **ZUIDERHUIS (BELGIAN BIKING)**

– *Gand : H.-Frère-Orbanlaan, 34, 9000.* ☎ *09-233-45-33.* ● *zuiderhuis.be* ●
« Maison de voyage » installée en Flandre qui centralise les propositions de *Vreemde kontinenten, Te Voet, Explorado* (pour les jeunes entre 18 et 30 ans), mais qui développe aussi, et c'est son originalité, ses propres programmes de vacances cyclistes, individuels ou en groupe, avec réservations d'étapes et assistance logistique en Belgique, en Europe et dans le monde (*Cameleon bike* et *Belgian biking*).

EN SUISSE

▲ **NOUVELLES FRONTIÈRES**

– *Genève : 10, rue Chantepoulet, 1201.* ☎ *022-906-80-80.*
– *Lausanne : 19, bd de Grancy, 1006.* ☎ *021-616-88-91.*
Voir le texte dans la partie « En France ».

▲ **STA TRAVEL**

● *statravel.ch* ●
– *Bienne : General Dufourstrasse 4, 2502.* ☎ *058-450-47-50.*
– *Fribourg : 24, rue de Lausanne, 1701.* ☎ *058-450-49-80.*
– *Genève : rue de Rive, 10.* ☎ *058-450-48-00.*
– *Genève : 3, rue Vignier, 1205.* ☎ *058-450-48-30.*
– *Lausanne : bd de Grancy, 20, 1006.* ☎ *058-450-48-50.*
– *Lausanne : à l'université, Anthropole, 1015.* ☎ *058-450-49-20.*
Agences spécialisées notamment dans les voyages pour jeunes et étudiants. Gros avantage en cas de problème : 150 bureaux STA et plus de 700 agents du même groupe répartis dans le monde entier sont là pour donner un coup de main *(Travel Help)*.
STA propose des voyages très avantageux : vols secs *(Blue Ticket)*, billets Euro Train, hôtels, écoles de langues, voitures de location, etc. Délivre la carte internationale d'étudiant et la carte Jeune Go 25.

AU QUÉBEC

▲ **INTAIR VACANCES**

Membre du groupe *Intair* comme *Exotik Tours,* Intair Vacances propose un vaste choix de prestations à la carte incluant vol, hébergement et location de voitures en Europe, aux États-Unis ainsi qu'aux Antilles, au Mexique et au Costa Rica. Également au menu, des courts ou longs séjours, en Espagne (Costa del Sol) et en France (hôtels et appartements sur la Côte d'Azur et en région) ainsi qu'un choix d'achat-rachat en France et dans la péninsule Ibérique.

▲ NOLITOUR VACANCES

Membre du groupe *Transat A.T. Inc.,* Nolitour est un spécialiste des forfaits vacances vers le Sud. Durant la saison estivale, le voyagiste publie trois brochures Europe dont Grèce, Italie et Espagne avec de nombreux circuits accompagnés ou autonomes, croisières, transferts en autocar, par traversiers, des locations automobiles, etc.

▲ RÊVATOURS

• *revatours.com* •

Ce voyagiste, membre du groupe *Transat A.T. Inc.,* propose quelque 25 destinations à la carte ou en circuits organisés. En Espagne notamment, le client peut soumettre son itinéraire à Rêvatours qui se charge de lui concocter son voyage.

▲ TOURS CHANTECLERC

• *tourschanteclerc.com* •

Tours Chanteclerc est un tour-opérateur qui publie différentes brochures de voyages : Europe, Amérique du Nord, Amérique du Sud, Asie et Pacifique Sud, Afrique et le Bassin méditerranéen en circuits ou en séjours. Il se présente comme l'une des « références sur l'Europe » avec deux brochures : groupes (circuits guidés en français) et individuels. « Mosaïque Europe » s'adresse aux voyageurs indépendants qui réservent un billet d'avion, un hébergement (dans toute l'Europe), des excursions ou une location de voiture. Aussi spécialiste de Paris, le grossiste offre une vaste sélection d'hôtels et d'appartements dans la Ville Lumière.

▲ TOURSMAISON

Spécialiste des vacances sur mesure, ce voyagiste sélectionne plusieurs « Évasions soleil » (plus de 600 hôtels ou appartements dans quelque 45 destinations), offre l'Europe à la carte toute l'année (plus de 17 pays) et une vaste sélection de compagnies de croisières (11 compagnies au choix). Toursmaison concocte par ailleurs des forfaits escapades à la carte aux États-Unis et au Canada. Au choix : transport aérien, hébergement (variété d'hôtels de toutes catégories ; appartements dans le sud de la France ; maisons de location et condos en Floride), locations de voitures pratiquement partout dans le monde. Des billets pour le train, les attractions, les excursions et les spectacles peuvent également être achetés avant le départ.

▲ VACANCES TOURS MONT-ROYAL

• *toursmont-royal.com* •

Le voyagiste propose une offre complète sur les destinations et les styles de voyages suivants : Europe, destinations soleils d'hiver et d'été, forfaits tout compris, circuits accompagnés ou en liberté. Au programme Europe, tout ce qu'il faut pour les voyageurs indépendants : locations de voitures, cartes de train, bonne sélection d'hôtels, excursions à la carte, forfaits à Paris, etc. À signaler : l'option achat/rachat de voiture (17 jours minimum, avec prise en France et remise en France ou ailleurs en Europe. Également : vols entre Montréal et les villes de province françaises avec Air Transat ; les vols à destination de Paris sont assurés par la compagnie Corsairfly au départ de Montréal et de Moncton (Nouveau-Brunswick).

▲ VOYAGES CAMPUS/TRAVEL CUTS

Pour contacter l'agence la plus proche : • *voyagescampus.com* •

Campus/Travel Cuts est un réseau national d'agences de voyages qui propose des tarifs aériens sur une multitude de destinations pour tous et plus particulièrement en classe étudiante, jeunesse, enseignant. Il diffuse la carte d'étudiant internationale (ISIC), la carte jeunesse (IYTC) et la carte d'enseignant (ITIC). Voyages Campus publie quatre fois par an le *Müv,* le magazine du nomade (• muvmag.com •). Voyages Campus propose un programme de Vacances-Travail *(SWAP),* son programme de volontariat *(Volunteer Abroad)* et plusieurs circuits au Québec et à l'étranger. Le réseau compte quelque 70 agences à travers le Canada, dont 9 au Québec.

ABC DE BARCELONE

- **Superficie :** 101 km².
- **Population :** 1 605 000 hab., 4 400 000 avec le « grand » Barcelone (estimation).
- **Densité de la population :** 16 116 hab./km² (en moyenne).

- **Monnaie :** l'euro.
- **Taux de chômage :** env 7 % (contre 9,3 % en Espagne fin 2006).
- **Statut :** capitale de la région autonome.
- **Président de la Catalogne :** José Montilla (d'origine andalouse, en fonction depuis novembre 2006).
- **Maire de la ville :** Jordi Hereu, élu en septembre 2006.
- **Langues parlées :** catalan, castillan.

AVANT LE DÉPART

Adresses utiles

En France

■ **Tourisme de la Catalogne :** ● catalunyatourisme.com ● Le site officiel de tourisme sur la région. S'enrichit régulièrement de brochures à télécharger.
🛈 **Office espagnol de tourisme :** 43, rue Decamps, 76016 Paris. ☎ 01-45-03-82-50 ● spain.info ● Ⓜ Rue-de-la-Pompe. Lun-jeu 11h-17h ; ven 11h-14h. Très compétents et efficaces, n'hésitez pas à les contacter, notamment en ce qui concerne le calendrier des fêtes en Catalogne. Nombreuses brochures très bien faites (téléchargeables sur le site).
🛈 **Point d'information touristique à Perpignan (66) – Casa de la Generalitat de Catalunya à Perpinyà :** 1, rue de la Fusteria, 66000. ☎ 04-68-35-17-14.

● p-casaperpinya@gencat.net ● Lun-ven 9h30-13h, 14h-17h30. Ouvert au grand public : documentation et renseignements, pratique sur la route des vacances !
■ **Consulat d'Espagne :** 165, bd Malesherbes, 75017 Paris. ☎ 01-44-29-40-00. ● cgesparis.org ● Ⓜ Wagram ou Malesherbes. Lun-jeu 8h30-14h30 ; ven 8h30-14h ; 1er sam du mois (sf j. fériés) 8h30-12h. Autres consulats à Bayonne, Bordeaux, Lyon-Villeurbanne, Marseille, Montpellier, Pau, Perpignan, Strasbourg et Toulouse.
■ **Ambassade d'Espagne :** 22, av. Marceau, 75008 Paris. ☎ 01-44-43-18-00. ● amb-espagne.fr ● Ⓜ Alma-Marceau. Lun-ven 9h-13h, 15h-18h.

En Belgique

🛈 **Office de tourisme d'Espagne :** rue Royale, 97, Bruxelles 1000. ☎ 02-280-19-26 ou 29. ● tourspain.be ● Accueil du public lun-ven 9h-14h. Accueil téléphonique lun-jeu 9h-17h et ven 9h-15h.
■ **Turisme de Catalunya :** rue de Châ-

telain, 49, Bruxelles 1050. ☎ *02-640-61-51.* ● *catalunyaturisme.com* ● *Lun-ven 9h-13h30, 14h30-18h.*
■ *Consulat général d'Espagne : bd du Régent, 52, Bruxelles 1000.* ☎ *02-*

509-87-70. ● *consespbru@mail.mae.es* ●
■ *Ambassade d'Espagne : rue de la Science, 19, Bruxelles 1040.* ☎ *02-230-03-40.* ● *ambespbe@mail.mae.es* ●

En Suisse

🛈 *Office de tourisme d'Espagne : 15, rue Ami-Lévrier, 2ᵉ étage, 1201 Genève.* ☎ *022-731-11-33.* ● *spain.info* ●
■ *Consulat général d'Espagne : 7, rue Pestalozzi, 1202 Genève.* ☎ *022-749-14-60.* ● *cgespginebra@mail.mae.es* ●

■ *Consulat général d'Espagne : Marienstr., 12, 3005 Berne.* ☎ *031-356-22-20.* ● *cog.berna@mae.es* ●
■ *Ambassade d'Espagne : Kalcheggweg, 24, 3000 Bern 15.* ☎ *031-350-52-50.* ● *amb.berna@mae.es* ●

Au Canada

🛈 *Bureau de tourisme d'Espagne : 2 Bloor St West, 34ᵗʰ Floor, suite 3402, Toronto (Ontario) M4W-3E2.* ☎ *(416) 961-3131.* Ⓜ *Yonge-Bloor.* ● *tourspain.toronto.on.ca* ● *Lun-ven 9h-15h.*
■ *Consulat général d'Espagne : 2 Bloor St East (suite 1201), Toronto (Ontario) M4W 1A8.* ☎ *(416) 977-1661.* ● *mae.es/consulados/toronto/es/home* ● *Lun-ven 10h-14h30.*

■ *Consulat général d'Espagne : 1 Westmount Sq, suite 1456, Montréal (Québec) H3Z-2P9.* ☎ *(514) 935-5235.* ● *mae.es/consulados/montreal/es/home* ● *Lun-ven 10h-14h.*
■ *Ambassade d'Espagne : 74 Stanley Ave, Ottawa (Ontario) K1M-1P4.* ☎ *(613) 747-2252.* ● *mae.es/Embajadas/Ottawa/es/home* ●

Formalités

Pour les ressortissants français, belges et suisses, la **carte d'identité** en cours de validité ou le **passeport,** même périmé depuis moins de 5 ans, suffit pour entrer sur le territoire espagnol. Les ressortissants canadiens se verront demander leur passeport en cours de validité (pour les séjours touristiques de moins de 90 jours).

Assurances voyage

– **Routard Assistance :** c/o AVI International, 28, rue de Mogador, 75009 Paris. ☎ 01-44-63-51-00. Fax : 01-42-80-41-57. Depuis 1995, Routard Assistance en collaboration avec AVI International, spécialiste de l'assurance voyage, propose aux routards un tarif à la semaine qui inclut une assurance bagages de 1 000 € et appareils photos de 300 €. Pour les séjours longs (2 mois à 1 an), il existe le Plan *Marco Polo*. Routard Assistance est aussi disponible en version « light » (durée adaptée aux week-ends et courts séjours en Europe). Dans les dernières pages de

chaque guide, vous trouverez un bulletin de souscription.
– **Air Monde Assistance :** 5, rue Bourdaloue, 75009 Paris. ☎ 01-42-85-26-61. Fax : 01-48-74-85-18. Assurance-assistance voyage, monde entier. Frais médicaux, chirurgicaux, rapatriement... Air Monde utilise l'assureur *Mondial Assistance*. Malheureusement, application de franchises.
– **AVA :** 25, rue de Maubeuge, 75009 Paris. ☎ 01-53-20-44-20. Fax : 01-42-85-33-69. Un autre courtier fiable qui propose un contrat *Snowcool* pour les vacances d'hiver, *Capital* pour ceux

qui souhaitent s'assurer en cas de décès invalidité accident lors d'un voyage à l'étranger. Attention franchises pour leurs contrats d'assurance voyage.

– Pérès Photo Assurance (PPA) : 18, rue des Plantes, 78600 Maison-Lafitte.

☎ *01-39-62-28-63. Fax : 01-39-62-26-38.* Assurance de matériel photo tous risques. Avantage : garantie à l'année. Inconvénient : franchise et prime d'assurance peuvent être supérieures à la valeur de votre matériel.

Carte internationale d'étudiant (carte ISIC)

Elle prouve le statut d'étudiant dans le monde entier et permet de bénéficier de tous les avantages, services, réductions étudiants du monde, soit plus de 37 000 avantages concernant les transports, les hébergements, la culture, les loisirs... C'est la clé de la mobilité étudiante !

La carte ISIC donne aussi accès à des avantages exclusifs sur le voyage (billets d'avion spéciaux, assurances de voyage, carte de téléphone internationale, cartes SIM, location de voitures, navettes aéroports...).

Pour plus d'informations sur la carte ISIC et pour la commander en ligne, rendez-vous sur les sites internet propres à chaque pays.

Pour l'obtenir en France

Pour localiser un point de vente proche de chez vous, ● *isic.fr* ● *ou* ☎ *01-49-96-96-49.*

Se présenter au point de vente avec :
– une preuve du statut d'étudiant (carte d'étudiant, certificat de scolarité...) ;
– une photo d'identité ;
– 12 €, ou 13 € par correspondance incluant les frais d'envoi des documents d'information sur la carte.
Émission immédiate.

En Belgique

Elle coûte 9 € et s'obtient sur présentation de la carte d'identité, de la carte d'étudiant et d'une photo auprès de :

■ *Connections :* ☎ *02-550-01-00.* ● *isic.be* ●

En Suisse

Dans toutes les agences STA Travel *(*☎ *058-450-40-00),* sur présentation de la carte d'étudiant, d'une photo et de 20 Fs. Commande de la carte en ligne : ● *isic.ch* ● *ou* ● *statravel.ch* ●

Carte internationale des auberges de jeunesse (FUAJ)

Cette carte, valable dans plus de 80 pays, vous ouvre les portes des 4 000 auberges de jeunesse du réseau *Hostelling International* réparties dans le monde entier. Les périodes d'ouverture varient selon les pays et les AJ. À noter, la carte est souvent obligatoire pour séjourner en auberge de jeunesse, donc nous vous conseillons de vous la procurer avant votre départ. En effet, adhérer en France vous reviendra moins cher qu'a l'étranger.

Pour tous renseignements et réservations en France

Sur place

■ *Fédération unie des auberges de jeunesse (FUAJ) :* 27, rue Pajol, 75018 Paris. ☎ 01-44-89-87-27. • *fuaj.org* • Ⓜ *Marx-Dormoy ou La Chapelle. Lun 10h-17h, mar-ven 10h-18h. Montant de l'adhésion : 11 € pour la carte moins de 26 ans et 16 € pour les plus de 26 ans (tarifs 2007-08).* Munissez-vous d'une pièce d'identité lors de l'inscrip-tion. Une autorisation des parents est nécessaire pour les moins de 18 ans (une photocopie de la carte d'identité du parent qui autorise le mineur est obligatoire). Adhésion possible également dans toutes les auberges de jeunesse, points d'information et de réservation FUAJ en France.

Par correspondance

Envoyez une photocopie recto verso d'une pièce d'identité et un chèque à l'ordre de « FUAJ » correspondant au montant de l'adhésion. Ajouter 2 € de plus pour les frais d'envoi. Vous recevrez votre carte sous une quinzaine de jours.
– La FUAJ propose aussi une *carte d'adhésion « Famille »,* 1 ou 2 adultes ayant un ou plusieurs enfants âgés de moins de 14 ans. Fournir une copie du livret de famille. Elle coûte 23 €.
Une seule carte famille est délivrée pour toute la famille, mais les parents peuvent s'en servir lorsqu'ils voyagent seuls. Seuls les enfants de moins de 14 ans peuvent figurer sur cette carte.
– La carte donne également droit à des réductions sur les transports, les musées et les attractions touristiques de plus de 80 pays, mais ces avantages varient d'un pays à l'autre, ce qui n'empêche pas de la présenter à chaque occasion, cela peut toujours marcher.

En Belgique

Le prix de la carte varie selon l'âge : entre 3 et 15 ans, 3 € ; entre 16 et 25 ans, 9 € ; après 25 ans, 15 €.

Renseignements et inscriptions

■ *LAJ :* rue de la Sablonnière, 28, Bruxelles 1000. ☎ 02-219-56-76. • *laj. be* •

■ *Vlaamse Jeugdherbergcentrale (VJH) :* Van Stralenstraat, 40, Antwerpen B 2060. ☎ 03-232-72-18. • *vjh.be* •

– Votre carte de membre vous permet d'obtenir de 5 à 9 € de réduction sur votre 1ʳᵉ nuit dans les réseaux LAJ, VJH et CAJL (Luxembourg), ainsi que des réductions auprès de nombreux partenaires en Belgique.

En Suisse (SJH)

Le prix de la carte dépend de l'âge : 22 Fs pour les moins de 18 ans, 33 Fs pour les adultes, et 44 Fs pour une famille avec des enfants de moins de 18 ans.

Renseignements et inscriptions

■ *Schweizer Jugendherbergen (SJH) :* service des membres des auberges de jeunesse suisses, Schaff-hauserstr. 14, Postfach 161, 8042 Zurich. ☎ 01-360-14-14. • *youthhostel. ch* •

Au Canada

Elle coûte 35 $Ca pour une durée de 16 à 26 mois et 175 $Ca à vie (tarifs 2008). Gratuit pour les moins de 18 ans qui accompagnent leurs parents. Pour les juniors voyageant seuls, la carte est gratuite, mais la nuitée est payante (moindre coût). Ajouter systématiquement les taxes.

Renseignements et inscriptions

■ **Auberges de Jeunesse du Saint-Laurent / St-Laurent Youth Hostels :**
– À Montréal : 3514, av. Lacombe, Montréal (Québec) H3T-1M1. ☎ (514) 731-10-15. N° gratuit (au Canada) : ☎ 1-866-754-10-15.
– À Québec : 94, bd René-Lévesque Ouest, Québec (Québec) G1R-2A4. ☎ (418) 522-25-52.
■ **Canadian Hostelling Association :** 205, Catherine St, bureau 400, Ottawa (Ontario) K2P-1C3. ☎ (613) 237-78-84. ● hihostels.ca ●

ARGENT, BANQUES, CHANGE

À titre informatif : 1 € = 1,62 Fs = 1,43 $Ca environ.
En Espagne, l'euro devient euros au pluriel, et se divise en céntimos.

Banques

– **Les banques** sont en principe ouvertes du lundi au vendredi de 8h30 à 14h et le samedi de 8h30 à 13h (fermé le samedi en été). Pour ceux qui sont concernés (nos amis suisses et canadiens, entre autres), les commissions sont sensiblement variables d'une banque à l'autre.

Change et distributeurs automatiques

D'une manière générale, s'abstenir de changer dans les banques situées en face des monuments et des sites touristiques.
Change possible dans la gare de Sants (Sants Estació), tous les jours (sauf le dimanche, les 25 et 26 décembre, les 1er et 6 janvier), de 8h à 22h et à l'aéroport, tous les jours de 7h à 23h. Les banques La Caixa, ouvertes de 8h à 20h, pratiquent le change et acceptent les chèques de voyage. Sinon, il y a de nombreux distributeurs un peu partout, qui acceptent la plupart des cartes, notamment sur le passeig de Gràcia. Au choix, Telebanco (panonceau jaune et bleu), Servi Red (noir avec des flèches de couleur), Argentaria, Caja España, Cajamar... avec les cartes MasterCard, Visa et Maestro.
– Possibilité de changer les **chèques de voyage** en euros dans toutes les banques, moyennant une petite commission proportionnelle à la somme changée. Valeur minimale à changer : 15 €.

Cartes de paiement

Quelle que soit la carte que vous possédez, chaque banque gère elle-même le processus d'opposition et le numéro de téléphone correspondant ! Avant de partir, notez donc bien le numéro d'opposition propre à votre banque (il figure souvent au dos des tickets de retrait, sur votre contrat ou à côté des distributeurs de billets), ainsi que le numéro à seize chiffres de votre carte. Bien entendu, conserver ces informations en lieu sûr, et séparément de votre carte. Par ailleurs, l'assistance médicale se limite aux 90 premiers jours du voyage.
– Carte **MasterCard** : numéro d'urgence assistance médicale : ☎ (0033) 1-45-16-65-65. ● mastercardfrance.com ● En cas de perte ou de vol, composer le numéro

communiqué par votre banque ou à défaut le numéro général : ☎ (0033) 892-69-92-92 pour faire opposition 24h/24. Également un n° en Espagne : ☎ 900-97-1231 (appel gratuit).
– Pour la carte **American Express**, téléphoner en cas de pépin au : ☎ (0033) 1-47-77-72-00. Numéro accessible 24h/24 et 7j/7, PCV accepté en cas de perte ou de vol. ● americanexpress.fr ●
– **Carte Bleue Visa** : numéro d'urgence assistance médicale (Europ Assistance) : ☎ (0033) 1-45-85-88-81. Pour faire opposition, contacter le numéro communiqué par votre banque ou à défaut depuis l'étranger le ☎ (0033) 1-410-581-9994 (PCV accepté). Valable sur tout le territoire espagnol : ☎ 900-99-1124 (gratuit). ● carte bleue.fr ●
– Pour toutes les cartes émises par la **Banque Postale,** composer le ☎ 0825-809-803 (0,15 €/mn) et pour les DOM-TOM ou depuis l'étranger : ☎ (0033) 5-55-42-51-96.

Dépannage d'urgence

En cas de **besoin urgent d'argent liquide** (perte ou vol de billets, chèques de voyage, cartes de paiement), le plus simple et le moins cher reste le mandat postal télégraphique international. Le mandat doit être envoyé au nom de l'intéressé à l'adresse suivante : Central de correos (c'est-à-dire la grande poste), plaça Antonio López s/n, 08071 Barcelona, Espagne. Délai : 4 à 5h. Encore plus rapide mais plus cher, vous pouvez être dépanné en quelques minutes grâce au système **Western Union Money Transfer.** Pour cela, demandez à quelqu'un de vous déposer de l'argent en euros dans l'un des bureaux *Western Union* ; les correspondants en France de *Western Union* sont *La Banque Postale (fermée sam ap-m et dim, n'oubliez pas !* ☎ 0825-00-98-98) et *Travelex* en collaboration avec la *Société Financière de Paiements (SFDP)* ; ☎ 0825-825-842). L'argent vous est transféré en moins de 15 mn. La commission, assez élevée, est payée par l'expéditeur. Possibilité d'effectuer un transfert en ligne 24h/24 par carte de paiement (*Visa* ou *MasterCard* émise en France). En Espagne, ses correspondants principaux sont *Correos y telégrafos (la poste aussi, donc,* ☎ 902-197-197) et *Caja España* (☎ 902-36-50-24). Également deux autres n°s auxquels s'adresser : ☎ 902-01-07-01 et 900-633-633. Se présenter dans l'une des agences muni d'une pièce d'identité. ● westernunion.com ●

ACHATS

L'époque n'est plus où l'on pouvait acheter des tas de choses pour une bouchée de pain... O tempora, o mores... L'Espagne, grâce à son intégration dans l'UE, a connu un développement économique important et son niveau de vie se rapproche de celui de la France ou de la Belgique.
Deux souvenirs originaux à acheter en Catalogne : les fameuses **espadrilles lacées** (noir et blanc, ou rouge et blanc), portées par les danseurs et danseuses de sardane, et puis les ustensiles nécessaires à la préparation de la crème catalane : les petits **ramequins en terre cuite,** ainsi que le fer à brûler utilisé pour caraméliser le dessus de la crème. Toujours dans le registre culinaire, on peut rapporter du **fromage** (dans les supermarchés, on trouve des *manchegos* entiers qui supportent bien le transport (mais ils sont castillans, et non catalans...), de la **charcuterie** (certains détaillants vous l'emballent sous vide), du **turrón** et de l'huile d'olive.
Il reste cependant d'autres articles à des prix intéressants. Les **chaussures,** à qualité égale, sont souvent beaucoup moins chères qu'en France. Les articles en peau, les tissus en soie offrent un bon rapport qualité-prix. Bon à savoir également pour les filles, un certain nombre de grandes enseignes de **prêt-à-porter** sont originaires d'Espagne (*Zara*), voire de Barcelone (*Mango*). Les prix sont un peu moins chers qu'en France et il y a plus de choix...

Et les soldes ?

Ils existent aussi, et peuvent valoir le coup : *en janvier-février* et *de fin juin à fin août,* pas de grosses démarques comme en France, mais des rabais de 10 à 25 %, ce qui, sur des prix déjà (un poil) moins élevés qu'en France, peut devenir carrément intéressant.

Lire également la rubrique « Savoir-vivre et coutumes » dans « Hommes, culture et environnement » pour connaître les horaires d'ouverture des magasins.

BARCELONE GRATUIT

Quelques musées, centres culturels ou sites sont gratuits pour tous toute l'année : le musée Caixa Forum, le park Güell, l'Ajuntament (la mairie), le palau Robert, les expos temporaires au 1er étage de la casa Milà (ou Pedrera). Ainsi que les balades de façade moderniste en façade moderniste, ou les sardanes endiablées (voir la rubrique « Sardane » dans « Hommes, culture et environnement »).

Tous les musées municipaux, quant à eux, sont gratuits le 1er dimanche du mois, à savoir : Museu Picasso, Museu d'Història de Catalunya, Museu nacional d'Art de Catalunya (MNAC), Museu Barbier-Mueller, Museu Frédéric Marès, Museu de les Arts decoratives, Museu de Ceràmica, Museu Tèxtil i d'Indumentària, Cosmo Caixa, Museu de Ciències naturals, Museu Monestir de Pedralbes.

Et certains proposent un accès gratuit un jour précis : l'ensemble de la plaça del Rei : le 1er samedi du mois à partir de 15h ; le Museu d'Historia de la Ciutat : gratuit le 1er samedi du mois 16h-20h, les 12 février, 18 mai et 24 septembre ; le Museu Frédéric Marès : gratuit aussi le mercredi après 16h ; le CCCB : gratuit le 1er mercredi du mois ; le Museu marítim : gratuit le 1er samedi du mois à partir de 15h (sauf jours fériés) ; le jardin botanique : le dernier dimanche du mois.

BUDGET

Hébergement

Sauf mention contraire de notre part, les fourchettes de prix insérées à titre indicatif dans le texte correspondent à ceux pratiqués en haute saison taxe comprise (*IVA* ; soit 7 %) et sans le petit déjeuner. Attention toutefois, la plupart des établissements affichent les prix hors taxes, et c'est au moment de payer la note que vous la retrouvez !

Il faut savoir que le concept de haute saison varie légèrement d'un établissement à un autre et, Barcelone étant une destination très prisée, elle y dure longtemps.

– *Bon marché :* les auberges de jeunesse principalement. Compter 16 à 22 € par personne selon la saison.

– *Assez bon marché :* de 30 à 55 € la chambre double.

– *Prix moyens :* de 55 à 75 € la chambre double.

– *Chic :* de 75 à 100 € la chambre double.

– *Plus chic :* de 100 à 150 € la chambre double.

– *Très chic :* plus de 150 € la chambre double.

Restos

On peut évidemment manger à tous les prix. Comme dans toutes les grandes villes européennes, les sandwicheries constituent le moyen le moins onéreux pour se nourrir. Avec les tapas, les *pintxos* et autres *cazuelitas* ne sont pas beaucoup plus chers et on a le plaisir et le dépaysement en plus. Le menu midi en semaine est aussi un autre bon plan pour se restaurer à des prix corrects. Comme pour les hôtels, ne pas oublier de rajouter au prix indiqué sur les cartes et menus la taxe (*IVA*) qui est de 7 %, mais qui peut grimper jusqu'à 12 % dans certains restos chic.

De plus, le pain, souvent pas terrible, est généralement facturé (sauf s'il est inclus dans le menu), au même titre que la carafe d'eau.

Les fourchettes qui suivent sont calculées sur la base d'un repas pour une personne sans la boisson, mais, dans la mesure du possible, *IVA* incluse.

– **Très bon marché :** moins de 7 €.
– **Bon marché :** de 7 à 14 €.
– **Prix moyens :** de 14 à 25 €.
– **Chic :** de 25 à 40 €.
– **Très chic :** plus de 40 €.

Musées et sites

Barcelone a le mérite de pratiquer des prix presque raisonnables en ce qui concerne l'accès aux nourritures culturelles ; en général, de 5 à 8 € environ l'entrée des musées. Surtout, les offices de tourisme vendent différentes cartes offrant des réductions sur les principaux sites et les transports. Renseignez-vous auprès d'eux (voir aussi « Musées et sites » pour le détail des *pass*).

CLIMAT

Doux en hiver, chaud en été, le climat de Barcelone est typiquement méditerranéen. La moyenne du mois le plus froid, février, dépasse 10 °C et l'été se rapproche de l'idéal avec une agréable température de 25 °C pour l'air et 23 °C pour l'eau. Le secret de ce microclimat ? Un site abrité, entre mer et montagne, animé par un cortège de brises aux noms exotiques, le *gregal*, le *xaloc*, le *migjorn*, soufflant tantôt de la mer, tantôt de la terre, rafraîchissant au passage la plaine littorale.

L'été, la brise fraîche qui monte de la mer lorsque le soleil réchauffe les collines nimbe parfois Barcelone d'un halo irréel. Alors, pour varier un peu les plaisirs, la tramontane *(tramuntana),* vent sec du nord, se réveille de temps à autre, accélère entre les collines et déferle sur la côte avec une violence inouïe, au grand dam des pêcheurs. Mais ses sautes d'humeur sont généralement hivernales... À la belle saison, Éole a le bon goût de se tenir tranquille. Sans doute pour ne pas déplaire aux vacanciers !

– **La meilleure période** pour visiter Barcelone est le printemps ou l'automne. On y bénéficie de températures agréables, sans la foule. Jusqu'en avril toutefois, il peut faire frais. Prévoir sa « petite laine » pour le soir.

DANGERS ET ENQUIQUINEMENTS

Ici, comme dans toutes les grandes villes, la grande spécialité locale : le vol à la tire ! Nombreux pickpockets, redoutablement efficaces. Pour avoir assisté à la course éperdue d'une touriste américaine dans les escaliers de la Sagrada Família, derrière le type qui lui avait piqué son sac, nous pouvons vous affirmer que les voleurs ont souvent un look... de touriste (appareil photo en bandoulière, sac à dos). Et de bonnes jambes ! Malgré la présence de policiers (beaucoup sont en civil, histoire de ne pas être repérés), voici quelques conseils à ne pas négliger, sans pour autant sombrer dans une parano qui gâcherait le séjour. En effet, il ne faut pas oublier que l'immense majorité des touristes voyage sans encombre.

1) **Laisser billets d'avion, passeport, objets de valeur** et une partie de son argent liquide à l'hôtel (coffre), au gérant de l'AJ ou de la pension (demander un reçu).

2) **Garder sa carte de paiement avec soi** (dans une « banane » ou une ceinture antivol) *:* pour la plupart, les restos l'acceptent et on peut retirer de petites sommes chaque jour dans les nombreux distributeurs.

3) **Ne rien porter sur soi de voyant.**

4) **Sacs à main et appareils photo** doivent être constamment portés croisés sur la poitrine pour décourager toute tentative de vol « à l'arraché »...

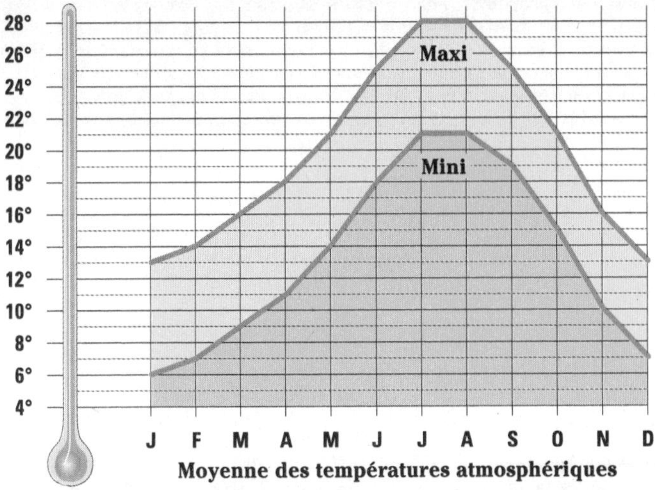

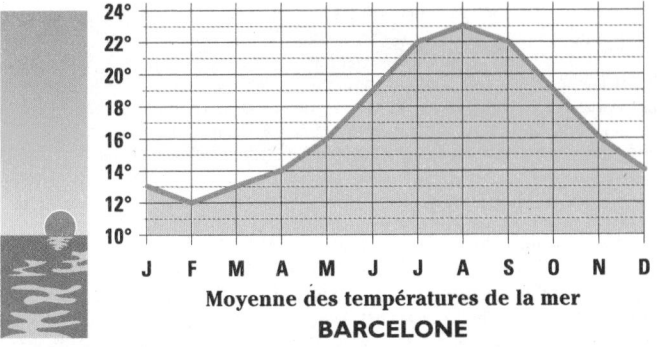

Moyenne des températures atmosphériques

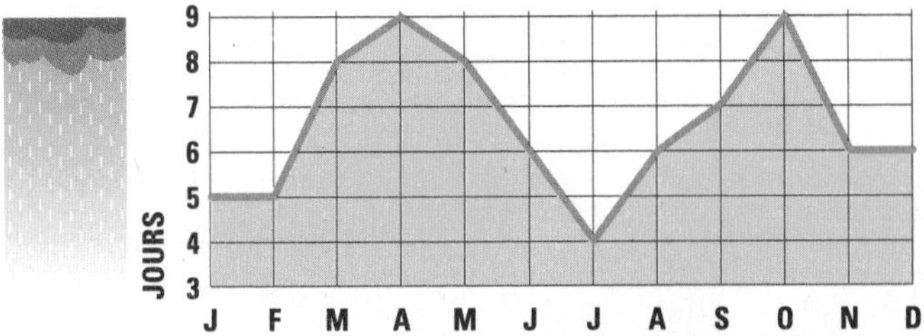

Nombre de jours de pluie

Moyenne des températures de la mer
BARCELONE

5) Enfin, *ne rien laisser dans la voiture.* Eh oui, on ne peut pas être tranquille ! Vous pouvez laisser votre voiture ouverte pour ne pas retrouver vos vitres cassées. Mais évitez de le faire avec une voiture de location, sauf si vous souhaitez avoir des

problèmes d'assurance. Enfin, pour les plus paranos, enlevez la plage arrière du véhicule pour bien montrer que le coffre est vide, ça peut économiser une vitre.

Les endroits les plus « fréquentés » par ces voleurs sont évidemment les hauts lieux touristiques. Ils se fondent dans la masse et détroussent en douceur les touristes confiants. Soyez donc particulièrement vigilant sur la Rambla, autour de la Sagrada Família, de la plaça Reial, autour des grands monuments comme la cathédrale, sur le Port olympique et sur les plages.

– *De nuit,* gardez l'œil bien ouvert aussi dans le Barri Xino entre, au nord, la carrer Hospital et, au sud, la carrer Santa Madrona (juste au-dessus du Museu marítim). Après 2h30-3h du matin, lorsque les bars ont fermé leurs portes (et que la police a plié bagages), les ruelles au sud de la plaça Reial ne sont pas toujours sûres.

– Et puis refusez systématiquement et fermement *les œillets* que vous offrent de (parfois) charmantes jeunes femmes. Très douées pour vous subtiliser votre portefeuille, elles opèrent plutôt autour de la cathédrale, de la plaça del Rei et sur le passeig de Gràcia. Même chose pour les *vendeurs de cartes* (certains s'en servent pour masquer leurs mains baladeuses), et pour les cireurs de chaussures sur la Rambla, qui pratiquent des tarifs « spécial touristes »...

Piétons

Attention : en scooter (le moyen de locomotion préféré dans cette ville ensoleillée) comme en voiture, les Barcelonais démarrent en trombe. Pas au feu vert, mais juste quand le feu pour piétons passe au rouge. Il ne fait pas bon traîner sur les passages cloutés... D'un autre côté, l'automobiliste espagnol s'arrête pour marquer le feu rouge.

Automobilistes

Pour ceux qui arriveraient à Barcelone par la route, sachez que chaque année des incidents et agressions par des bandes organisées sont signalés sur les autoroutes catalanes. Ne vous effrayez pas, l'immense majorité des touristes circule sans encombre, mais les recommandations suivantes peuvent vous éviter de donner de mauvaises idées à ces petits malins.

1) Ne vous arrêtez que sur les aires de service.

2) Sur ces aires de service, fermez bien votre voiture, branchez l'alarme, et ne laissez rien de précieux en vue.

3) Méfiez-vous d'autres conducteurs qui pourraient vous signaler des incidents sur votre voiture et vous pousseraient à vous arrêter.

4) Si vous êtes en panne sur la voie d'urgence et que vous appelez une dépanneuse d'une borne, vérifiez que cette dépanneuse porte bien le symbole des *autopistas*.

5) Si vous êtes loin d'une borne et que vous avez un portable, appelez le ☎ 902-20-03-20. Vous pourrez donner votre position à votre interlocuteur grâce aux chiffres marqués sur le côté de la chaussée. Ces chiffres indiquent le numéro de l'autoroute et le point kilométrique.

ENFANTS

Barcelone est une ville qui peut se prêter aux escapades familiales. Cité dynamique, elle propose un large éventail d'activités sportives et ludiques qui conviennent aux petits et aux grands. Par ailleurs, le tissu urbain est conçu de telle manière que les rues sont souvent sûres pour les piétons. Dans l'Eixample, les trottoirs sont particulièrement larges et tiennent à distance les automobiles menaçantes. Mieux encore, dans les quartiers populaires ou plus anciens, où les rues se resserrent jusqu'à devenir un dédale de venelles, la municipalité a eu l'intelligence de rendre les voies uniquement piétonnes. Par conséquent, vos bambins n'auront pas à se soucier de la circulation, ce que savent déjà les gamins barcelonais qui galopent sur la Rambla jusqu'à une heure avancée de la nuit.

Rien ne vaut la marche pour découvrir cette ville merveilleuse. Néanmoins, lorsque les enfants sont fatigués, il est toujours possible de finir la balade en bus ou en métro, Barcelone s'étant dotée d'un *excellent réseau de transport urbain,* qui allie confort et efficacité. Il existe aussi un bus touristique, très pratique, qui s'arrête devant tous les monuments et musées indispensables. Sinon, il reste encore la solution du vélo, très attractive, d'autant plus que Barcelone est pourvue de nombreuses pistes cyclables. Possibilité aussi de louer des rosalies, ces amusantes voitures à pédales familiales.

Voici quelques suggestions d'itinéraires, modulables selon la curiosité, le budget et l'endurance de chacun.

➢ Autant commencer par l'un des symboles les plus frappants de la ville : la *Sagrada Família.* En saison, essayez d'y aller de bonne heure afin d'éviter la foule. Si vos enfants ont de bonnes jambes et le cœur bien accroché, faites-les grimper dans la flèche de la cathédrale (il y a aussi un ascenseur !) pour voir de près le bestiaire enchanté créé par Gaudí sur la façade : ses escargots, ses grenouilles, ses conques et autres lézards finement sculptés et impossibles à voir d'en bas. De retour sur terre, allez jeter un coup d'œil aux somptueuses *demeures modernistes du passeig de Gràcia* (notamment la *casa Amatller* et la *casa Batlló* qui semble recouverte d'écailles de poisson). Leurs lignes délirantes devraient intriguer les plus jeunes. Un peu plus loin, n'hésitez pas à pénétrer dans la célèbre *casa Milà,* appelée aussi *la Pedrera.* La visite des toits est indispensable pour observer les cheminées et les cages d'escalier revêtues de *trencadís* (morceaux de céramique). Consacrez enfin l'après-midi à une promenade dans le *park Güell,* avec son géant iguane en mosaïque.

➢ Employez la matinée à visiter le *Museu marítim,* installé dans les anciens chantiers navals de Barcelone. Il abrite de belles maquettes, ainsi que différents types d'embarcations grandeur nature, dont une impressionnante galère. Le parcours est ponctué d'amusantes reconstitutions ayant pour thème la vie en mer.
L'après-midi, emmenez vos enfants dans le *parc verdoyant de la Citadelle* pour y faire un petit tour de barque sur l'étang, avant de les conduire au *zoo.*

➢ Commencez la journée par le *musée d'Histoire de la Catalogne.* Les visiteurs sont invités à une remontée dans le temps extrêmement ludique, qui met l'accent sur les événements essentiels et les dates-clés de la région. Un must pour toute la famille, chacun y trouvant son compte. Profitez-en pour déjeuner au resto du musée. Installé sur le toit, il offre une vue très agréable sur les bateaux ancrés dans le port. À quelques pas du musée d'Histoire, on peut attraper le *téléphérique (funicular aeri),* petite nacelle rouge se balançant au-dessus de la mer, entre la Barceloneta et Montjuïc. Arrivés sur la colline, ceux qui en ont encore le courage peuvent grimper jusqu'au *château de Montjuïc* pour admirer la vue sur Barcelone (possibilité de prendre un second téléphérique). Redescendez en flânant à travers les jardins, avant d'aller faire un petit tour à la *Fondation Miró,* où sont exposées ses sculptures bariolées et joyeuses.

➢ Après les musées... la *plage.* Les flancs de la ville, qui s'étire langoureusement au bord de la mer, sont ourlés de petites plages généralement propres et dotées de douches gratuites. Elles sont facilement accessibles en métro ou en bus (descendre par exemple à l'arrêt Barceloneta du bus n° 17). Histoire de rester dans le ton, consacrez une partie de l'après-midi à la visite de l'*aquarium,* avec son impressionnant tunnel à requins. Pour terminer la journée en beauté, vous pouvez embarquer sur un catamaran qui vous fera faire une petite balade au large (attention, ce n'est pas franchement donné). Départs depuis le Maremagnum.

➢ Autre suggestion, valable pour une journée entière : partir à la découverte du *parc d'attractions du Tibidabo,* perché sur la colline du même nom (mais en hiver, il n'est ouvert que lors des vacances scolaires). Il est certes cher (néanmoins, le prix d'entrée inclut l'accès à toutes les attractions), mais la chenille qui fonce à toute allure en offrant une vue extraordinaire sur la ville est un grand moment ! Pour y aller, empruntez l'antique tramway bleu, tout en bois, qui grince furieusement dans les virages et s'époumone dans les côtes ardues (le départ a lieu juste en face de la station de métro Avinguda-del-Tibidabo). Au terme de la route, un funiculaire conduit jusqu'au parc. Autre possibilité : un bus spécial *(Tibibus)* part de la plaça de Catalunya et dépose parents et enfants directement à l'entrée du parc.

Enfin, terminez la balade sur les collines du Tibidabo par la visite du nouveau ***musée de la Science Cosmo Caixa,*** un prodige d'intelligence architecturale et de pédagogie. Les enfants adoreront cet endroit unique !

FÊTES ET JOURS FÉRIÉS

Le 23 avril, on célèbre quasiment partout en Catalogne le Jour du livre (ou *Sant Jordi*), mais on a aussi en rayon la *Patum de Berga,* les carnavals, les crèches de Noël et les *pastorets,* celles de Pâques (les *caramelles* et les *mones de Pasqua*), les luttes sanguinaires entre *Moros i Cristianos...* et (surtout), pour nous la plus belle : la fête de Gràcia à Barcelone, autour du 15 août, qui donne lieu à un concours de décoration des rues. Ne manquez pas non plus, à la même époque, celle du quartier de Sants, puis du 22 au 25 septembre celles du quartier de la Mercè. Le 11 septembre est le jour de la fête nationale de la Catalogne, la *Diada,* soit l'une des seules fêtes espagnoles sans origine religieuse.

Les manifestations locales

– ***6 janvier :*** ici, c'est le jour de l'Épiphanie *(día dels Reis)* que les bambins reçoivent leurs cadeaux. Traditionnellement, des figurants représentent les Rois mages arpentent les rues et lancent des bonbons à la foule.

– ***Fin février :*** carnaval du Mardi gras. On défile derrière Carnestoltes, le Monsieur Carnaval de carton-pâte. C'est aussi la fête de Santa Eulàlia, la co-patronne de la ville. Le défilé en son honneur est devancé par d'énormes dragons crachant le feu.

– ***Mars-avril :*** la Semaine sainte et celle de Pâques sont l'occasion de grandes processions autour de la cathédrale, dans les petites rues étroites de la vieille ville. En 2008, le vendredi saint tombe le 21 mars, et le lundi de Pâques le 24 mars.

– ***23 avril :*** fête de Sant Jordi, saint patron de la Catalogne. C'est l'équivalent de la Saint-Valentin : les garçons offrent une rose aux filles, qui leur répondent en leur offrant un livre, car, ce jour-là, on commémore aussi l'anniversaire de la mort de Cervantès. La Rambla est noire de monde et l'on trouve des étalages de fleurs et de livres à tous les coins de rues.

– ***12 mai :*** Pasqua Granada (c'est-à-dire lundi de Pentecôte).

– ***Mi-juin :*** Sonar, étalée sur 3 jours, grande fête techno qui rameute les meilleurs DJs et les raveurs du monde entier (voir aussi « Où sortir ? La tournée des boîtes »). Si vos congés ne tombent pas à cette période, vous pourrez toujours suivre ça sur *Radio Nova,* qui se déplace souvent pour l'occasion.

– ***24 juin :*** fête de la Saint-Jean (concerts, danses, feux d'artifice allumés dans tous les quartiers, dans la nuit du 23 au 24 juin). Ce jour-là, on mange la *coca de Sant Joan,* une pâtisserie à vrai dire assez étouffe-chrétien.

– ***De fin juin au 15 août :*** GREC, grand festival d'été de Barcelone. Nombreux spectacles dans les salles, les rues et les jardins de la ville (théâtre, musique, etc.). Institut de la culture de Barcelone (☎ 93-301-77-75 et ● barcelonafestival.com ●).

– ***15 août :*** fête de l'Assomption (surtout à Gràcia, ne pas la rater).

– ***11 septembre :*** Diada, fête nationale de la Catalogne (beaucoup de restos et de musées sont fermés à cette occasion).

– ***24 septembre :*** fête de la Mercè, sainte patronne de Barcelone (ou plutôt co-patronne, avec Santa Eulàlia). Son image se trouve dans l'église Nostra Senyora de la Mercè, dans la Ribera. Elle doit son titre de sainte patronne à son courage lors d'une invasion de sauterelles qu'elle a repoussées toute seule en l'an 1637 !

– *12 octobre :* fête de la Vierge du Pilar et jour de l'Hispanidad (fête nationale espagnole).

– *6 décembre :* Journée de la Constitution.

– *8 décembre :* Immaculée Conception.

– *Fin décembre :* la semaine précédant Noël, c'est la kermesse de Santa Llucia ; tout autour de la cathédrale, on trouve des stands avec des figurines représentant des scènes de la Nativité. Des files d'attente hallucinantes pour admirer le divin enfant ! Regardez bien les crèches d'ici : aux côtés de l'Enfant Jésus, des Rois mages, de Marie et Joseph, vous remarquerez un bonhomme déculotté et accroupi : c'est le *caganer* (littéralement, le « chieur »), une pure invention catalane ! Ce petit berger symboliserait la fertilité. Remarquez, c'est vrai qu'il engraisse la terre...

– Et puis les *lundi, mercredi, vendredi* et *samedi* : marché aux puces, plaça de les Glòries. De 8h à 19h (20h en été).

– *Le dimanche matin* (9h30-14h30) *:* marché aux timbres et monnaies, plaça Reial. À *midi*, *sardanes* (danses folkloriques) devant la cathédrale.

GÉOGRAPHIE URBAINE

Comme toute ville historique, Barcelone possède un cœur, vibrant, bouillonnant, cohérent, avec son lacis de ruelles imbriquées, son lot d'impasses sombres aux pavés assassins (pour les talons), ses quartiers populaires où l'on se retrouve après le travail et où le flux naturel des odeurs et des palpitations urbaines vous mènera comme une évidence. Séparés par la Rambla : le *Barri Xino*, à l'ouest, et le *Barri Gòtic,* de loin le plus attractif, à l'est.

Plus à l'est, de l'autre côté de la vía Laietana, le quartier de la *Ribera,* populaire et historique, est curieusement peu touristique, à l'exception de la rue Montcada. De l'authentique comme on aime.

Plus au nord, l'*Eixample* – du nom de l'« agrandissement » (de la ville) décidé au XIXᵉ siècle –, avec ses rues tirées au cordeau, où l'on trouve la plupart des hallucinantes constructions modernistes (voir notre « itinéraire moderniste », dans « À voir »). C'est aussi, entre le passeig de Gràcia et la carrer Balmes, la partie la plus commerçante de la ville. Au-dessus de ce quartier, le secteur de *Gràcia,* ancien village rattaché à Barcelone, plus calme et qui, depuis quelques années, se refait une beauté. Attention, stationnement quasi impossible. Un peu plus au nord encore, du *Tibidabo* propose attractions, funiculaire et bars panoramiques.

Au sud de la vieille ville, la mer Méditerranée. Une passerelle postmoderne, au pied de la statue de Colom (Christophe Colomb pour les francophones), traverse le port pour accéder au centre commercial *Maremagnum.* À l'est, la *Barceloneta,* le quartier des pêcheurs, qui aujourd'hui, s'ouvre sur une jolie plage. En longeant la promenade, vous arrivez à la Vila Olímpica (Port olympique). Belle balade. Enfin, à l'ouest du port, la colline de *Montjuïc,* grand parc verdoyant, véritable poumon de Barcelone qui offre, en plus de ses superbes musées, une vue admirable sur la ville. C'est là que l'on a construit une partie des installations sportives des Jeux olympiques de 1992.

> L'abréviation « c/ », que vous retrouverez tout au long de ce guide, signifie tout simplement « calle » ou « carrer » (sa version catalane), c'est-à-dire « rue ».

HÉBERGEMENT

Dans les hôtels, mais aussi dans les bars, les restos et les taxis, il existe un livre des réclamations *(el libro de reclamaciones),* visé par les inspecteurs du Turisme de Catalunya. En cas de litige, demandez ce document et le problème s'arrangera.

Les auberges de jeunesse

Il faut saluer la Generalitat pour la place qu'elle confère aux jeunes (une fois n'est pas coutume !). D'une manière générale, les auberges de jeunesse sont très bien tenues, à proximité du centre et d'un rapport qualité-prix très honnête (qui rivalise souvent avec des 2-étoiles). Il n'y a pas de limite d'âge, mais les tarifs pour les plus de 25 ans sont, en général, de 4 à 5 € plus élevés. La carte est obligatoire (mais on peut l'acheter sur place) et on ne peut rester que 5 nuits maximum, avec toutefois la possibilité de prolonger son séjour selon les disponibilités d'accueil.

Réservez soit :
– directement à l'auberge en réglant en général environ 25 % du prix du séjour. C'est d'ailleurs le seul moyen pour les AJ non homologuées (nous en avons retenu certaines qui offrent des normes et des conditions d'accueil tout à fait semblables) ;
– en contactant l'agence centrale de résa des auberges de jeunesse à Barcelone : ☎ 93-483-83-41. ● tujuca.com ● Certaines AJ privées se retrouvent également sur ● barcelona-on-line.com ●

Bon à savoir également, la FUAJ propose 3 guides répertoriant toutes les AJ du monde : 1 pour la France, 1 pour l'Europe et 1 pour le reste du monde (les 2 derniers sont payants).

Les campings

À Barcelone, évitez de dormir sur la plage. Pas de camping dans la ville même, mais quelques-uns aux alentours (au nord et au sud) et notamment à Sitges, reliée à Barcelone par le train (une quarantaine de kilomètres).

Les campings n'ont pas de règlement draconien, contrairement aux AJ. Les prix et les catégories sont fixés par le gouvernement ; les tarifs doivent figurer bien en évidence à l'entrée, et sont en moyenne un peu plus élevés qu'en France (voir plus bas). Et ils varient très largement selon la saison et la durée du séjour : les réductions peuvent dépasser 50 % pour des séjours au mois.

Les campings espagnols ne ressemblent pas ou peu à leurs homologues français, et ils sont en général bien équipés. Hélas, autour des grandes villes, leur implantation est souvent décevante. Plus que pour s'y reposer, les Espagnols viennent s'y divertir : piscines, terrains de sport, supérettes, jeux pour enfants, discothèques, restos... Enfin, les sanitaires ne ressemblent guère à nos blocs de béton : ici, miroirs, lavabos et douches propres fonctionnent plutôt bien. Souvent, en particulier le week-end, c'est très bruyant (c'est rien de le dire). Les campeurs disposent en effet, pour la plupart, d'une ou de deux télés et se couchent tard... Mais comme vous aurez appris à vivre la nuit, il n'y aura plus de problèmes !

Pensez à vous équiper de sardines très robustes. Le terrain est sec partout, parfois d'une dureté incroyable.

– **Tarifs :** ils sont affichés soit à la parcelle (comprenant 1 tente et 1 voiture), et il faudra y ajouter le nombre d'occupants de ladite parcelle, soit séparément : tente, voiture, adultes, enfants... Nous vous indiquons le plus souvent le tarif sur la base de 1 tente, 1 voiture et 2 adultes. Compter au moins 20 € par jour pour 2 personnes, 1 tente et 1 voiture.

– **Un bon plan :** de plus en plus de campings s'équipent de bungalows pour 4 à 6 personnes. C'est assez confortable (kitchenette et salle de bains à l'intérieur), en général plus calme que le camping lui-même (les bungalows sont à part), et souvent moins cher que l'hôtel pour une famille ou un groupe de copains.

Les hôtels

Les moins chers sont les **fondes** ou *fondas* (avec resto). Puis viennent les **cases d'hostes** *(casas de huéspedes)*, les **hospedajes**, les **pensions.** Également bon marché mais un cran au-dessus au niveau de la classification, les **hostals** (ou *hostales* en castillan) et les **residències** (ou *residencias*). Tous ces vocables regroupent un peu la même chose, c'est-à-dire une sorte de pension de famille bien située et sympathique. Attention toutefois, on peut en effet trouver une *fonda* nickel chrome refaite à neuf par un propriétaire scrupuleux et un *hostal* brinquebalant avec les papiers tue-mouches comme accueil... Si vous le pouvez, visitez bien l'établissement avant de réserver. Il y a vraiment pas mal de choix d'*hostals* à Barcelone et, comme dans beaucoup d'autres villes, si l'on s'écarte un poil du centre, les prix deviennent vite plus intéressants. Quoi qu'il en soit, tous conviendront aux routards peu regardants sur le confort mais exigeants sur les prix (quoiqu'ils aient beaucoup augmenté ces dernières années). Ils sont rarement recommandés par les offices de tourisme car ils ne remplissent pas toujours les canons de confort ou de salubrité. Si vous tchatchez bien l'espagnol (ou, mieux, le catalan !), négociez tout de suite le prix. Les tarifs baissent presque toujours avec la durée du séjour. En revanche, il faut parfois s'attendre à un accueil sans façon et à des réponses du genre « *lo tomas o lo dejas* » (à prendre ou à laisser).

Enfin, les **hôtels,** classés de 1 à 5 étoiles. Essayez d'arriver assez tôt pour être sûr d'avoir une chambre et demandez à la visiter avant. Les prix affichés à la réception et dans les chambres peuvent varier selon les divisions de l'année touristique : haute, moyenne et basse saison.

Pour une chambre simple, demandez une *habitació individual* ; pour une chambre double, une *habitació doble* ; et si vous voulez un grand lit, précisez *llit de matrimoni* (ou *cama de matrimonio*).

ATTENTION : en principe, les prix indiqués sont hors taxes. Il faut ajouter une taxe *(IVA)* de 7 %.

Il existe un guide des hôtels (classés par région et catégorie, prix indiqués, ainsi que les caractéristiques) : *Guía de Hoteles de la Generalitat.* Dans toutes les librairies. Les offices de tourisme disposent également d'une liste plus ou moins exhaustive des hôtels et pensions avec les prix en cours. Demandez-la.

Dernier détail, pour les affamés du matin : dans les pensions espagnoles, c'est *bed* mais rarement *breakfast*... et si on vous propose le *breakfast,* il se limite en général à un bout de pain coriace avec une minidose de confiture. On vous conseille donc de repérer la veille un bar ou un café proposant des petits déj. Sinon, les patrons de votre pension vous conseilleront peut-être un endroit.

> Pour nos lecteurs qui souhaitent réserver leurs hébergements par courrier, nous précisons les codes postaux des établissements dans le texte de l'hôtel, logiquement à la fin de l'adresse, puisqu'il y a plusieurs arrondissements dans Barcelone. Par ailleurs, pour les environs de Barcelone, nous indiquons également le code postal général de la ville dans le bandeau de la ville. Enfin, aucun code postal n'est indiqué dans les villes ne proposant pas d'hébergement.

Location d'appartements

Un choix d'hébergement qui se développe, et qui se révèle rentable pour une famille ou même en couple, si vous avez choisi de rester une semaine ou plus. Pas mal d'offres promotionnelles si vous réservez par Internet. Forcément, tous les sites n'étant pas sans surprise, on vous donne une sélection dans « Où dormir ? ».

HORAIRES

Attention, les **horaires des repas** sont plus tardifs que ceux pratiqués en France : pour le déjeuner 13h30-16h ; pour le dîner 21h-23h (il fait moins chaud). Quant aux **boîtes de nuit,** elles ne commencent à s'animer que vers 3h (et encore !)... Il faut avoir une santé de fer pour vivre ici ! Les **magasins** sont généralement ouverts du lundi au samedi de 9h30 ou 10h à 13h30 ou 14h, et de 16h30 ou 17h à 20h ou 20h30. Ils respectent la sacro-sainte *siesta* ! Les grands magasins sont ouverts sans interruption le midi.

Dans un registre plus utile, la ***poste centrale*** est ouverte du lundi au samedi de 8h30 à 21h30. Quant aux horaires des banques, voir la rubrique « Argent, banques, change » ci-dessus.

ITINÉRAIRES

Voici quelques idées pour guider vos pas à travers Barcelone, selon le temps dont vous disposez. Évidemment, rien ne vous oblige à suivre ces suggestions au pied de la lettre, mais si vous choisissez cette option, vous avez des chances de découvrir l'essentiel des richesses de la ville... à notre avis !

Voir aussi plus haut la rubrique « Enfants » si vous comptez explorer Barcelone accompagnés de vos p'tits routards en herbe, et directement en tête du chapitre « À voir » à Barcelone pour les accros du modernisme.

Barcelone en 1 jour...

Attention à vos pieds et à vos chaussures, ça va chauffer ! ! !

Attaquez par la ***Rambla*** pour humer l'Espagne. Passez prendre rendez-vous au ***palau Güell,*** puis en fonction de l'heure de la convocation, allez vous perdre dans le quartier du ***Barri Gòtic,*** de la cathédrale et du marché de la ***Boquería.*** Faites une pause-déjeuner dans un resto sympa que vous aurez repéré, puis traversez la plaça de Catalunya pour atteindre le ***passeig de Gràcia*** et ses demeures élégantes. On consacrera l'après-midi à Gaudí : ***casa Batlló,*** la ***Pedrera*** et la ***Sagrada Família.***

... en 3 jours...

Vous consacrerez le 1er jour au ***Barri Gòtic,*** à sa cathédrale, à ses ruelles, où vous prendrez le temps de vous perdre. Déjeunez tôt (profitez du fait que vous n'êtes pas encore à l'heure espagnole) au marché de la ***Boquería,*** puis poussez vers le quartier de la ***Ribera.*** Profitez-en pour visiter le ***musée Picasso*** et le ***palais de la Musique catalane*** (attention, il faut avoir réservé dès le matin). Là encore, prenez le temps de flâner, de vous poser à la terrasse d'un café. Si vous avez encore du courage, sachez que le ***musée Dalí*** ferme ses portes à 22h. Après tout ça, vous aurez bien mérité des tapas et/ou un bon dîner...

Le 2e jour peut être l'occasion d'une journée en bus touristique... Vous pourrez ainsi vous éloigner un peu du centre et enchaîner assez facilement la ***Sagrada Família*** et le ***park Güell*** (l'occasion d'un pique-nique...). Embrayez ensuite avec le ***Montjuïc*** et la ***Fondation Miró.*** De là, redescendez avec le bus touristique ou le funiculaire, ou mieux encore le téléphérique (bien que ce ne soit pas donné). Vous pourrez ainsi faire une petite balade sur la ***plage*** avant d'aller dîner et... dormir !

Le 3e jour, commencez la journée en prenant rendez-vous au ***palau Güell*** et avisez en fonction de l'heure du rendez-vous. Ce peut être, par exemple, l'occasion de visiter le ***Musée maritime.*** Le reste de la journée sera consacré au modernisme et au ***passeig de Gràcia*** (voir pour cela notre itinéraire spécial dans la rubrique « À voir ») et à vos centres d'intérêt.

... en 5 jours

C'est à peu de chose près le même programme, mais vous aurez plus de temps pour flâner. Ouf ! Et vous pourrez profiter des fabuleux musées de la ville : MNAC, Marès, Histoire de la Catalogne, monastère de Pedralbes... et, qui sait, passer un après-midi à la plage...

LANGUE

Le catalan, c'est d'abord une langue. De racine latine comme le français, l'espagnol et l'italien, il a atteint sa maturité vers le Xe siècle. Au cours de ces trois derniers siècles, le catalan a subi de multiples persécutions, vexations et interdictions. Rien qu'un exemple : en 1924, Gaudí fut arrêté parce qu'il parlait catalan sur la voie publique. Autonomie oblige, le castillan est désormais passé au second plan et l'enseignement du catalan est obligatoire dans les écoles. Les plaques de rues, les indications sur les plans en castillan ont disparu (ou alors elles sont bilingues). Certaines associations, comme le *Fora Babel,* cherchent à lutter contre cette « assimilation culturelle ».

Près de 95 % des habitants de la région comprennent le catalan et près de 70 % le parlent. Aujourd'hui, l'apprentissage du catalan est obligatoire dans les écoles. L'emprise de la langue dépasse les limites de la région : elle est parlée dans la quasi-totalité du pays valencien et aux îles Baléares (depuis la conquête, au XIIIe siècle, de Jacques Ier, roi d'Aragon et comte de Barcelone ; voir plus loin la rubrique « Histoire » dans « Hommes, culture et environnement »), en Andorre, dans une petite partie de l'Aragon, dans la ville de l'Alguer en Sardaigne, ainsi, bien sûr, qu'en France, dans le Roussillon, soit au total par plus de 10 millions de personnes. Reconnue par l'Union européenne, elle compte plus de locuteurs que le danois, le norvégien ou le finnois !

Mais l'heure du tout-catalan a peut-être sonné. Certains nationalistes catalans en voient les limites, notamment dans l'enseignement supérieur parfois incapable d'attirer les meilleurs élèves de la péninsule ou de l'Amérique latine. Une piste qu'a su emprunter l'ex-maire de Barcelone et ex-président du gouvernement catalan, Pasqual Maragall, qui prône l'ouverture.

Vocabulaire usuel en catalan (castillan entre parenthèses)

Pour vous aider à communiquer, n'oubliez pas votre *Guide de conversation du routard* en espagnol.

Les basiques

oui	*sí (sí)*
non	*no (no)*
bonjour	*bon dia (buenos días)*
bonsoir	*bona tarda (buenas tardes)*
salut (salut, ça va ?)	*hola (hola ¿ qué hay ?)*
salut la compagnie	*hola, ¿ comanem ? (hola, muy buenas)*
bonne nuit	*bona nit (buenas noches)*
aujourd'hui	*avui (hoy)*
hier	*ahir (ayer)*
demain	*demà (mañana)*
ce matin	*aquest matí (esta mañana)*
ce soir	*aquesta nit (esta noche)*
au revoir	*adéu, areveure (adiós)*
à bientôt	*fins després (hasta luego)*
s'il vous plaît	*si us plau (por favor)*
merci	*gràcies (gracias)*
de rien	*de res (de nada)*
excusez-moi	*perdoni (perdone, disculpe)*
parlez-vous français ?	*¿ parla francès ? (¿ habla usted francés ?)*
comment vous appelez-vous ?	*¿ com es diu vostè ? (¿ cómo se llama usted ?)*
je ne comprends pas	*no ho entenc (no entiendo)*

je ne sais pas	no ho sé (no sé)
comment dit-on en espagnol ?	¿ com es diu en castellà ? (¿ cómo se dice en castellano ?)
quelle heure est-il ?	¿ quina hora és ? (¿ qué hora es ?)
je voudrais	voldria (quisiera)
d'accord	d'acord (de acuerdo, vale)
bureau de tabac	estanc (estanco)
poste restante	apartat de correus (apartado de correos)
timbre	segell (sello)
enveloppe	sobre (sobre)
tampons	tampons (tampones)
serviettes hygiéniques	compreses (toallas higiénicas)
monnaie	canvi (cambio)
guichet automatique	caixer automàtic (cajero automático, bancomat)
pas cher, bon marché	barat (barato)
cher	car (caro)
fermé	tancat (cerrado)
ouvert	obert (abierto)
férié	día de fiesta (feriado)

À l'hôtel

hôtel	hotel (hotel)
auberge	alberg (albergue)
pension	pensió (hostal, fonda, pensión)
garage	garatge (garaje)
chambre	habitació (habitación)
chambre double	habitació doble (habitación doble)
pourriez-vous me la montrer s.v.p. ?	¿ me la pot ensenyar, si us plau ? (¿ me la puede enseñar, por favor ?)
lit	llit (cama)
lit à deux places	llit de matrimoni (cama de matrimonio)
lit bébé	bressol (cuna)
réservation	reserva (reserva)
combien par jour ?	¿ quant per dia ? (¿ cuánto por día ?)
service compris	servei inclòs (servicio incluído)
pourriez-vous me réveiller à 8h ?	¿ podria despertar me a les vuit ? (¿ puede despertarme a las ocho ?)
petit déjeuner	esmorzar (desayuno)
couverture	manta (manta)
oreiller	coixí (almohada)
serviette de bain	tovallola (toalla)
toilettes	serveis, lavabo (servicios)
savon	sabó (jabón)
salle de bains	bany (cuarto de baño)
douche	dutxa (ducha)
je voudrais la note	el compte, si us plau (quisiera la cuenta)
cour	pati (patio)
jardin	jardí (jardín)

Au restaurant

petit déjeuner	esmorzar (desayuno)
déjeuner	dinar (almuerzo)
dîner	sopar (cena)
menu	menú (menú)
carte	carta (carta)

mouton	marrà (carnero)
agneau	xai (cordero)
porc	porc (cerdo)
bœuf	bou (buey)
jambon	pernil (jamón)
poulet	pollastre (pollo)
veau	vedella (ternera)
filet de porc	filet de porc (solomillo de cerdo)
côtelette	costella, llonza (chuleta)
rôti	rostit (asado)
grillé	a la planxa (a la plancha)
frit	fregit (frito)
poisson	peix (pescado)
fruits de mer	marisc (mariscos)
hors-d'œuvre	entrants (entrantes)
œufs	ous (huevos)
omelette	truita (tortilla)
salade	amanida (ensalada)
légumes	verdura (verduras)
dessert	postres (postre)
fromage	formatge (queso)
glace	gelat (helado)
vin rouge (hic !)	vi negre (vino tinto)
vin blanc (re-hic !)	vi blanc (vino blanco)
eau gazeuse/plate	aigua amb gas/sense gas (agua con gas/sin gas)
bière, panaché	cervesa, clara (cerveza, clara)
café (noir)	cafè (café solo)
l'addition s.v.p.	¡ el compte, si us plau ! (¡ la cuenta, por favor !)
garçon	cambrer (camarero)
assiette	plat (plato)
verre (pour l'eau)	got (vaso)
verre (pour le vin)	copa (copa)
couteau	ganivet (cuchillo)
cuillère	cullera (cuchara)
fourchette	forquilla (tenedor)
serviette	tovalló (servilleta)
sel	sal (sal)
poivre	pebre (pimienta)
moutarde	mostassa (mostaza)
huile	oli (aceite)
vinaigre	vinagre (vinagre)
beurre	mantega (mantequilla)
pain	pa (pan)
bouteille	ampolla (botella)
je suis végétarien(ne)	sóc vegetarià(ana) (soy vegetariano/a)
prix du marché	preu segons mercat (s/m) (precio según mercado)

Sur la route

où va cette route ?	¿ on porta aquesta carreterra ? (¿ adónde va esta carretera ?)
est-ce la route de... ?	¿ és aquesta la carretera de... ? (¿ es ésta la carretera de... ?)
à combien de kilomètres ?	¿ a quants quilòmetres ? (¿ a cuántos kilómetros ?)
à droite	a mà dreta (a mano derecha)
à gauche	a mà esquerra (a mano izquierda)

tout droit	*tot recte (todo recto)*
je suis en panne	*tinc una avaria (tengo una avería)*
station-service	*benzinera (gasolinera)*
sans plomb	*sense plom (sin plomo)*
où y a-t-il de l'eau ?	*¿ on hi ha aigua ? (¿ dónde hay agua ?)*
au tournant	*a la cantonada (a la vuelta de la esquina)*
à côté	*al costat (al lado)*
loin	*lluny (lejos)*
plus loin	*més lluny (más lejos)*
près	*a prop (cerca)*
interdit	*prohibit (prohibido)*
descente	*baixada (bajada)*
côte	*pujada (cuesta)*
virage	*revolt (curva)*
travaux	*obres (obras)*
village	*poble (pueblo)*
feu rouge ou vert	*semàfor (semáforo)*

Quelques repères

rond-point	*rotonda (rotonda)*
chapelle	*capella (capilla)*
église	*església (iglesia)*
stop	*parada (parada)*
coin de rue	*cantonada (esquina)*
kiosque à journaux	*quiosc (kiosco)*
cabine téléphonique	*telèfon públic (teléfono público)*
impasse, ruelle	*carreró (callejón)*
tour	*torre (torre)*
entrepôt	*magatzem (almacén)*
zone industrielle	*polígon industrial (polígono industrial)*
marché	*mercat (mercado)*
marché aux bestiaux	*mercat de bestiar (mercado de ganado)*
place	*plaça (plaza)*
promenade	*passeig (paseo)*

À la gare

gare	*estació (estación)*
billet	*bitllet (billete)*
à quelle heure le train arrive-t-il à... ?	*¿ a quina hora arriba el tren ? (¿ a qué hora llega el tren a... ?)*
où faut-il changer de train ?	*¿ on s'ha de canviar de tren ? (¿ dónde hay que cambiar de tren ?)*
le prochain	*el proper (el próximo)*
le dernier	*l'últim (el último)*
le premier	*el primer (el primero)*
réduction	*descompte (precio reducido)*
aller simple	*senzill (sencillo)*
aller-retour	*anada i tornada (ida y vuelta)*
entrée	*entrada (entrada)*
sortie	*sortida (salida)*
correspondance	*correspondència (enlace, cambio)*
guichet	*guixeta (taquilla)*
quai	*andana (andén)*
bagages	*equipatge (equipage)*
compartiment	*compartiment (compartimiento)*
wagon	*cotxe, vagó (coche)*
couchette	*litera (litera)*
contrôleur	*revisor (revisor)*

Le temps

jour	*dia (día)*
semaine	*setmana (semana)*
lundi	*dilluns (lunes)*
mardi	*dimarts (martes)*
mercredi	*dimecres (miércoles)*
jeudi	*dijous (jueves)*
vendredi	*divendres (viernes)*
samedi	*dissabte (sábado)*
dimanche	*diumenge (domingo)*
matin	*matí (mañana)*
midi	*migdia (mediodía)*
après-midi	*tarda (tarde)*
soir	*vespre (noche)*
minuit	*mitjanit (medianoche)*
heure	*hora (hora)*
quart	*quart (cuarto)*
demi	*mig, mitja (media)*
minute	*minut (minuto)*
nuageux	*ennuvolat (nuboso)*
pluie	*pluja (lluvia)*
averses	*xàfec (chubascos)*
brouillard	*boira (niebla)*

Chiffres

un, une	*un, una (uno, una)*
deux	*dos, dues (dos)*
trois	*tres (tres)*
quatre	*quatre (cuatro)*
cinq	*cinc (cinco)*
six	*sis (seis)*
sept	*set (siete)*
huit	*vuit (ocho)*
neuf	*nou (nueve)*
dix	*deu (diez)*
onze	*onze (once)*
douze	*dotze (doce)*
treize	*tretze (trece)*
quatorze	*catorze (catorce)*
quinze	*quinze (quince)*
seize	*setze (dieciséis)*
dix-sept	*disset (diecisiete)*
dix-huit	*divuit (dieciocho)*
dix-neuf	*dinou (diecinueve)*
vingt	*vint (veinte)*
cinquante	*cinquanta (cincuenta)*
cent	*cent (cien/ciento)*
mille	*mil (mil)*

Important : en espagnol, le « ñ » se prononce « gn », le « v » se prononce plus « b » que « v » : España se dit « Espagna », *cerveza* se dit « cerbesa », Sevilla, « Sebilla », Valencia, « Balencia », etc. Attention cependant, tout excès nuit. Essayez quand même de pondérer entre le « v » et le « b ». À Barcelone, c'est la même règle, mais dans certains villages, on dit « v ». À vous d'essayer !

Quant au « j », s'il se prononce comme le « ch » allemand en castillan, c'est-à-dire comme un « r » très dur, il se prononce à la française en catalan.

Dernière petite précision, le « x » catalan se prononce comme notre « ch ». Ainsi, le mot *xarxa* (chaîne) se prononce-t-il « charcha ».

LIVRES DE ROUTE

Les trois premières œuvres ne concernent pas directement Barcelone, mais pour ceux qui désirent mieux connaître l'Espagne, ce sont des ouvrages de référence à ne pas manquer !

– **Don Quichotte de la Manche** (1605), de Miguel de Cervantes ; roman ; Flammarion, coll. « GF » n°s 196 et 197, 1969 ; traduit par L. Viardot. La meilleure traduction étant celle de Jacqueline Schulmann aux Éditions du Seuil. Roman picaresque qui nous fait voyager dans toute l'Espagne du Siècle d'or, *Don Quichotte* est également une parodie des romans de chevalerie à la mode alors. Un classique, indispensable pour quiconque aime l'Espagne… et la littérature. Sus aux moulins à vent !

– **La Vie de Lazarillo de Tormes,** Flammarion, coll. « GF Bilingue » n° 646, 1994. Écrit par un auteur inconnu, *La Vie de Lazarillo de Tormes* n'en demeure pas moins un véritable joyau de la littérature espagnole. Cette historiette, gorgée de truculence, d'intelligence vive et de bons mots, fut éditée vers 1554. L'histoire est simple : un garçon est confié dès son plus jeune âge à un aveugle dont il devient le serviteur. Puis, du mendiant aveugle, il passe chez un prêtre avare, puis chez un écuyer famélique et chez un marchand d'indulgences. Au cours d'un irrésistible parcours initiatique, il devient le larbin de tout le monde et ne veut servir personne. Malicieux, il accède à la sagesse en rivalisant de cynisme et de coups bas. Peinture sociale géniale, ce pamphlet d'un sombre siècle ouvre la voie d'une tradition picaresque que Cervantes peuplera bientôt de deux grands frères de ce Lazarillo : *el señor* Quichotte et son valet Pança.

– **L'Espoir** (1937), d'André Malraux ; roman ; Gallimard, coll. « Folio » n° 2958, 1997. Malraux a vécu en direct les événements de la guerre d'Espagne ; de fait, son roman est aussi une sorte de chronique où la réflexion politique prend une place centrale. Face aux franquistes, il préfère très clairement l'organisation et le pragmatisme des communistes à l'utopie anarchiste. *L'Espoir,* c'est l'espoir en l'homme.

– **Le Labyrinthe aux olives** (1985), d'Eduardo Mendoza ; polar ; Le Seuil, coll. « Points » n° 460, 1998 ; traduit par F. Rosset. Ceux qui ont lu *Le Mystère de la crypte ensorcelée* connaissent déjà le héros de cette aventure burlesque, cette fois évadé d'un asile d'aliénés. Mendoza nous fait voyager dans l'Espagne contemporaine, entre Madrid et Barcelone, sur les traces d'une mallette bourrée de pesetas. Dans la même veine, *L'artiste des dames,* (2002), 3e volet de cette trilogie décalée, dans laquelle Barcelone et la Catalogne tiennent une belle place.

– **Hommage à la Catalogne** (1937), de George Orwell ; reportage ; 10-18, coll. « Domaine étranger » n° 3147, 2000 ; traduit par Y. Davet. Après avoir été policier en Birmanie, clochard à Paris, que pouvait faire un journaliste trotskiste et sincère, débarqué dans la tourmente de la guerre civile espagnole pour quelques jours et quelques articles, sinon s'engager ? Orwell n'hésite pas longtemps et rendra compte de la réalité de la guerre, jusqu'à ce qu'il soit gravement blessé, puis rapatrié dans son pays après une chasse à l'homme dans Barcelone, menée par les staliniens contre les anarchistes et les trotskistes.

– **La Ville des prodiges** (1986), d'Eduardo Mendoza ; roman ; Points Grand Roman (2007) ; traduit par O. Rolin. Barcelone, « ville des prodiges », inspire son rythme trépidant au livre de Mendoza. Au travers de la destinée d'Onofre Bouvila, petit paysan devenu un industriel aussi riche qu'extravagant, c'est l'aventure de la ville dans le grand chantier de l'Exposition universelle de 1888.

– **Le Jour du Watusi** (2005, t. 1, 2 et 3), de Francisco Casavella ; roman ; Actes Sud ; traduit par C. Bleton. Une fresque presque picaresque d'un Barcelone très personnel, depuis la décennie 1970 jusqu'au milieu des années 1990. Ou comment une ville et un pays passent du franquisme à l'antifranquisme, entre corruption, magouille et compromission personnelle et politique. Un peu long, et un peu lourd pour un sac à dos (avec ses 3 tomes !) mais intéressant à lire avant un départ ou au retour d'un voyage.

– *Sabotage olympique* (1995), de Manuel Vásquez Montalbán ; 10-18, coll. « Grands détectives » n° 3086, 1999 ; traduit par C. Bleton. Pepe Carvalho, le célèbre détective barcelonais, est engagé pour mener l'enquête sur de mystérieux saboteurs de cette grande foire que sont les Jeux olympiques de 1992. Humour et flegme... catalans sont, comme d'habitude, au rendez-vous !

– *Les Recettes de Pepe Carvalho* (1996), de Manuel Vásquez Montalbán ; Christian Bourgois éditeur, 1996 ; traduit par D. Laroutis. Cent vingt recettes du détective fine bouche, avec les extraits des livres où les plats sont cités, et des explications pour, à notre tour, exécuter dans notre cuisine une symphonie pour deux aubergines, un poivron et trois tomates !

– *La Place du Diamant* (1957), de Mercè Rodoreda ; Gallimard, coll. « L'Étrangère », 1996 ; traduit par B. Lesfargues. Un roman écrit par une Barcelonaise qui obtint en 1980 le prix d'honneur des Lettres catalanes. L'histoire d'une femme du peuple, originaire du quartier de Gràcia, à Barcelone : son adolescence, son mariage, ses maternités et la mort de son mari milicien dans l'armée républicaine pendant la guerre civile. Un chef-d'œuvre de la littérature catalane.

– *Teresa l'après-midi* (1966), de Juan Marsé ; Le Seuil, coll. « Points » n° 523, 1998 ; traduit par J.-M. Saint-Lu. L'histoire d'un voleur de motos qui séduit deux jeunes filles, l'une domestique dans une maison bourgeoise, l'autre fille de bonne famille. En toile de fond, les révoltes estudiantines du Barcelone des années 1960.

– *L'Ombre du vent* (2001), de Carlos Ruiz Zafón ; Le Livre de Poche n° 30473 ; traduit par François Maspero. Le jeune Daniel Sempere, dont le père est libraire, tombe sur le roman d'un auteur inconnu, Julián Carrax. Une rencontre virtuelle qui bouleverse sa vie et le lance dans d'étranges aventures à la suite et à la poursuite de son modèle, dans un Barcelone oppressé par les années Franco. Un voyage passionnant, très littéraire, mais qui relève aussi de l'enquête policière, et sur lequel les ombres de la guerre civile et du traditionnalisme de la société plannent sans cesse...

MUSÉES ET SITES

En fait, on peut classer les musées et sites en deux catégories : les sites majeurs sont tous payants et chers (de 8 à 10 €). Beaucoup de musées proposent un jour de gratuité par mois, en général, pendant la 1re semaine. Ce jour-là, on conseille vivement d'arriver dès l'ouverture. Les musées plus mineurs sont payants mais abordables (entre 2 et 5 €). Les étudiants peuvent bénéficier de réductions, mais doivent présenter leur carte. En résumé, prix comparables aux prix français. Le jour de fermeture est généralement le lundi, mais certains comme le MACBA sont ouverts ; bien programmer vos visites en conséquence. Attention, de nombreux musées sont fermés le 11 septembre, le 25 décembre et les 1er et 6 janvier (voir, plus haut, « Fêtes et jours fériés »). En général, ces jours-là, les offices de tourisme de la ville disposent d'une fiche récapitulant les horaires modifiés de tous les sites.

Pass et autres tickets groupés

Il est intéressant, dès qu'on arrive à Barcelone, de se procurer un *pass*. Il en existe plusieurs, à différents tarifs, plus ou moins complets. Tout dépend, finalement, de votre emploi du temps, de vos goûts et de votre frénésie culturelle. Vous trouverez toutes les infos nécessaires dans les offices de tourisme *(turisme de Barcelona)*, ainsi que les *pass* en question. Prenez 5 mn pour faire votre choix.

– *Barcelona Card : de 24 € pour 2 j. à 36 € pour 5 j. (20 et 31 € pour les enfants de moins de 12 ans). Elle permet un accès illimité aux transports urbains.* Sauf que l'on utilise assez peu les transports en commun dans Barcelone... Elle offre de nombreuses réductions sur des spectacles (mais aussi dans certains bars, restos...), les autres moyens de transport (Tibibús, téléphérique de Monjuïc, Aerobús...). En plus, vous obtiendrez un tarif réduit dans 30 des plus grands musées de la ville et une quinzaine de sites (dont le palais de la Musique catalane, la casa Batlló, le zoo, l'aquarium, l'Imax...). C'est celle qui nous a semblé la plus complète. Mais attention, il faudra quand même débourser à chaque entrée de musée.

– *Barcelona Bus Turístic :* *c'est le même principe que la carte précédente, sf que vous obtenez les coupons en payant 1 ou 2 j. de bus, genre car londonien : 19 et 23 € (11 et 15 € pour les enfants).* Ça fait un peu piège à touristes (surtout à la belle saison, quand les queues aux arrêts de bus feraient fuir le plus fervent adepte des transports en commun !), mais le personnel est toujours prêt à vous aider (dans toutes les langues ou presque) et le bus s'avère bien pratique pour se rendre au parc Güell. Deux lignes (une rouge et une bleue) traversent toute la ville et les bus vous descendent pratiquement au pied de chaque site. Également une ligne jaune du côté du Port olympique. Malheureusement, ils ne font pas d'aller-retour. Il faut faire la boucle complète et l'on perd en temps ce que l'on avait gagné. On peut monter et descendre du bus autant de fois que l'on souhaite, à n'importe quel arrêt (il en existe 42). Reste que c'est agréable aux beaux jours quand on peut profiter du 2e étage panoramique du bus. Mais les places sont chères, car on ne voit presque rien quand on est à l'intérieur du bus...

Ce bus ne fonctionne que de 9h à 18h30. D'un autre côté, il suffit de payer une seule journée de bus et d'utiliser les coupons librement (c'est-à-dire en marchant) le reste de la semaine... Là, ça devient rentable... Sans compter les piscines, le téléphérique de Montjuïc et autre train bleu, il y a plus de 25 sites partenaires. Si vous avez l'intention de faire un marathon dans les musées, cela peut s'avérer un sérieux allié... Il manque néanmoins le musée Picasso.

– *Également en vente, un forfait appelé* **ARTicket***. On peut l'acheter n'importe où en Espagne aux guichets de la Caixa Catalunya, aux guichets des centres concernés, aux offices de tourisme de Barcelone, sur* ● *telentrada.com* ●*, ou par téléphone (*☎ *902-101-212 depuis l'Espagne ou* ☎ *00-34-933-262-946 depuis l'étranger). Valable 6 mois, il coûte 20 €.* Il permet de visiter 7 « centres » d'art à Barcelone : le MNAC (et son musée d'Art moderne), le MACBA, la Fondation Miró, la fondation Antoni-Tàpies, le CCCB, la fondation *Caixa Catalunya* (c'est-à-dire *la Pedrera*) et le musée Picasso. L'offre est limitée, certes, mais il n'y a rien de plus à payer. Cette formule est sans doute suffisante si vous êtes là peu de temps et si vous n'êtes pas un rat de musée.

– *La Ruta del modernisme :* *il coûte entre 12 et 18 € selon les options, et couvre 115 sites, rien que ça ! Rens à l'office de tourisme de la pl. de Catalunya, sur* ● *rutadelmodernisme.com* ● *ou au* ☎ *902-07-66-21 (depuis Barcelone) et* ☎ *93-317-76-52.* Le *pass* a été complètement réorganisé et enrichi de nombreuses visites supplémentaires

– Enfin, certains sites proposent des *billets combinés* : ainsi le *museu Tèxtil i d'Indumentària*, le *museu de Ceràmica* et le *museu de les Arts decoratives* (ces deux derniers situés dans le palais de Pedralbes) sont accessibles avec un unique ticket ; de même, billet combiné pour le *Reial Monestir de Pedralbes* et le *museu d'Història de la Ciutat* de la plaça del Rei ; de même encore (mais pas obligatoire), il existe un tarif spécial *Sagrada Família + casa-museu Gaudí* (ce dernier dans le parc Güell).

POSTE

Les timbres (*segells* ou *sellos* en castillan) peuvent s'acheter dans les postes (*correus* ou *correos*), ouvertes la plupart du temps de 9h à 14h en semaine, ou dans les bureaux de tabac (*estancs* ou *estancos*), reconnaissables à leur panonceau marron et jaune constitué d'un « T » stylisé. Tarif normal vers l'Europe : 0,58 €.

Pour les envois en poste restante *(apartado de correos),* indiquer : les nom et prénom du destinataire, *Lista de correos,* et la ville. Le courrier est conservé pendant 2 mois. Se munir d'une pièce d'identité pour le retirer.

En général, les services postaux sont plutôt lents et leur fiabilité n'est pas garantie à 100 %. En effet, il n'est pas rare qu'une carte postale mette plusieurs semaines avant d'arriver à bon port.

SANTÉ

À Barcelone, pas de réel problème sanitaire, mais méfiez-vous tout de même de la chaleur et du soleil : prévoyez un chapeau, une crème solaire protectrice adaptée à votre type de peau et pensez à boire souvent pour éviter la déshydratation.

Enfin, pour un séjour temporaire en Espagne, pensez à vous procurer la carte européenne d'assurance maladie. Il suffit d'appeler son centre de sécurité sociale (ou de se connecter au site internet de son centre, encore plus rapide !) qui l'enverra sous une quinzaine de jours. Cette carte fonctionne avec tous les pays membres de l'Union européenne (y compris les 12 petits derniers). C'est une carte plastifiée bleue du même format que la carte Vitale. Attention, elle est valable un an et c'est une carte personnelle (chaque membre de la famille doit avoir la sienne, y compris les enfants).

Vaccins

Aucun n'est obligatoire, mais il est préférable d'avoir son rappel antitétanique à jour, surtout si l'on fait du camping.

SITES INTERNET

● *routard.com* ● Tout pour préparer votre périple. Des fiches pratiques sur plus de 180 destinations, de nombreuses informations et des services : photos, cartes, météo, dossiers, agenda, itinéraires, billets d'avion, réservation d'hôtels, location de voitures, visas... Et aussi un espace communautaire pour échanger ses bons plans, partager ses photos ou trouver son compagnon de voyage. Sans oublier *Routard mag,* ses reportages, ses carnets de route et ses infos pour bien voyager. La boîte à outils indispensable du routard.

Infos et médias

● *elpais.es* ● *elmundo.es* ● Les versions en ligne des grands quotidiens nationaux.
● *terra.es* ● Le portail officiel, en castillan, de *Telefónica.*
● *paginasamarillas.es* ● L'équivalent des Pages jaunes, avec le même type de services en ligne.
● *gencat.es/turisme* ● L'info touristique officielle de la *Generalitat,* catalan, en castillan et anglais.
● *lavanguardia.es* ● Les nouvelles à la sauce catalane (mais aussi en castillan).

Artistes

● *salvador-dali.org* ● Site officiel de la Fondation Gala-Salvador-Dalí. Site pas tout à fait aussi délirant que son peintre, mais les bases de ce qu'il faut savoir sur Dalí ; sa bio, celle de Gala, son égérie, les musées où sont exposées ses œuvres...
● *picasso.fr* ● Picasso, sa vie, ses œuvres... Le site officiel. Belle qualité d'images et chouette graphisme.
● *gaudidesigner.com* ● Un site clair et intéressant, en français, sur les grandes réalisations de Gaudí.
● *bcn.fjmiro.es* ● Le site de la Fondation Miró, en anglais.

Insolite

● *custo-barcelona.com* ● Dans les années 1980, les frères Dalmau rapportent de leur voyage à travers le monde tout plein de couleurs qu'ils impriment sur des T-shirts hors du temps, jamais vus en Espagne. Aujourd'hui leur renommée est internationale, mais l'esprit reste le même : ne faire que des pièces uniques. Site à l'image du produit, haut en couleur !

● *chupachups.fr* ● Entrez dans la saga *Chupa Chups* (la mythique sucette est née à Barcelone). Pour connaître son histoire, prendre de ses nouvelles, papoter entre gourmands sur son forum, bref... vous faire saliver ! Site plutôt sympa, plein d'interactivité, et en anglais !

Sports

● *fcbarcelona.com* ● « Le » site du *Barça,* avec l'historique, les vedettes, le programme des rencontres, le musée... pour les *socios* (les supporters du FC !).

Spécial Barcelone

● *barcelonaturisme.com* ● Le site de l'office de tourisme, clair et complet, en catalan, castillan, anglais et français. Voir aussi ● *diba.es/turismetotal* ●, sur la région de Barcelone, et ● *costadelmaresme.es* ●, spécialisé sur la côte de Barcelone-Maresme.
● *barcelona.com* ● C'est pas compliqué, (presque) tout ce qu'il faut voir ou savoir sur la capitale, des renseignements pratiques aux infos culturelles en passant par des idées de sorties, s'y trouve en anglais, castillan, catalan et français.
● *sonar.es* ● Faut-il encore présenter le festival Sonar ? En anglais.
● *clubbingspain.com* ● et ● *bcn-nightlife.com* ● Comme leur nom l'indique, tous les liens pour être au courant de ce qui se passe dans les clubs.

TABAC

Depuis le 1er janvier 2006, il est strictement interdit de fumer, en Espagne, dans tous les lieux publics et sur les lieux de travail. Cette interdiction s'applique bien sûr à toutes les administrations publiques et entreprises privées, aux gares, aéroports, stations de métros, etc. Seuls les aéroports, hôtels, théâtres et cinémas sont astreints à aménager des zones fumeurs. Quant aux bars et restaurants, la réglementation oblige ceux de moins de 100 m^2 à choisir entre être ou non « fumeur », et à l'afficher sur leur porte, de manière visible depuis l'extérieur. Les établissements de plus de 100 m^2 doivent, pour leur part, aménager une zone avec cloison étanche et ventilation séparée, qui n'excède pas 30 % de leur surface totale, pour pouvoir continuer à accueillir les accros à la nicotine et au goudron. La loi est plutôt bien acceptée, et les contrevenants se voient infliger de lourdes amendes, dont le montant augmente : 30 € à la 1re infraction, 600 € à la 2e, et 10 000 € à la 3e !

TÉLÉCOMMUNICATIONS, TÉLÉPHONE

Appels internationaux

– *Espagne* ➙ *France :* 00 + 33 + n° de votre correspondant à 9 chiffres (c'est-à-dire le numéro à 10 chiffres sans le 0).
– *France* ➙ *Espagne :* 00 + 34 + n° du correspondant à 9 chiffres.
– *Espagne* ➙ *Belgique :* 00 + 32 + n° du correspondant à 8 chiffres.
– *Belgique* ➙ *Espagne :* 00 + 34 + n° du correspondant à 9 chiffres.
– *Espagne* ➙ *Suisse :* 00 + 41 + numéro du correspondant à 8 ou 9 chiffres.
– *Suisse* ➙ *Espagne :* 00 + 41 + numéro du correspondant à 9 chiffres.

Appels intérieurs

Pour les *appels locaux* (de Barcelone à Barcelone) et *nationaux* (de Barcelone à Sitges, par exemple), on compose directement le numéro complet à 9 chiffres.
– *Renseignements nationaux* (en Espagne) : ☎ 118-18 ou 118-88.
– *Renseignements internationaux* (en Espagne) : ☎ 025.

Cartes téléphoniques

– Les cabines téléphoniques permettent d'utiliser des pièces ou une carte *(tarjeta)*. Celle-ci s'achète dans tous les bureaux de tabac *(estancos)*, les kiosques à journaux ou à la poste *(correos)*. Plusieurs tarifs : de 6 et 12 €. À ce propos, *Correos* et *Telefónica* sont deux entités bien distinctes. Inutile donc de chercher un téléphone public à la poste !

PCV

– Faire le ☎ 1-008 (Europe et Afrique du Nord) ou le ☎ 1-005 (autres pays).
– D'Espagne vous pouvez composer le service direct pour la France *(servicio directo país)* pour effectuer un appel en PCV (vers la métropole ou vers les DOM) : ☎ 900-99-00-33 si vous appelez depuis un appareil *Telefónica,* ☎ 900-990-24-42 si c'est un *Uni2*. On tombe alors sur *France Télécom*. La communication sera alors facturée à votre correspondant.
– Pour appeler en Belgique, la compagnie *Belgacom* vous propose le service *Belgique Direct* : en composant le ☎ 900-99-00-32 (n° Vert) depuis l'Espagne. Une opératrice belge vous répond et vous permet, par exemple, de demander une communication en PCV en Belgique. Ce service existe dans de nombreux pays.

Autres informations utiles

– Les téléphones portables français passent, pour peu que vous ayez un abonnement international. Le coût des communications vers les portables sont, comme chez nous, plus élevés que vers les postes fixes.
– À Barcelone et dans les grandes villes de la côte catalane, nombreux points de connexion Internet. Les grands hôtels en sont évidemment équipés, mais les cybercafés sont plus sympas. Les *locutorios públicos* se développent beaucoup dans les villes : ouverts en général tous les jours et jusque tard le soir, ces petits centres de communication permettent de passer des appels internationaux à bas prix et de se connecter à haut débit pour pas cher. Souvent moins dans les quartiers étudiants. Les villes (et leurs hôtels) mettent de plus en plus souvent en place des systèmes de connexion par wi-fi (avec un accès fréquemment gratuit), mais il faut alors avoir pensé à apporter son ordinateur portable...
– ***Information aux citoyens :*** il existe un service très pratique à Barcelone exclusivement, le ☎ 010 ; dès que vous vous posez une question d'ordre pratique (transports urbains et nationaux, dans quel magasin acheter tel objet...), composez ce numéro et, si vous parlez l'espagnol ou l'anglais, on essaiera de vous aider !

TRANSPORTS

Transports urbains à Barcelone

– ***Renseignements :*** ☎ 010 ou 012 et ● tmb.net ●

Le métro

Cinq lignes plus deux lignes de train *(Ferrocarrils de la Generalitat de Catalunya)*, numérotées et colorées, qui desservent quasiment l'ensemble des centres d'intérêt. Très pratique, facile à comprendre et propre. À l'unité, le ticket coûte 1,25 €. Si vous êtes là pour plusieurs jours, prenez la carte T1 qui donne droit à 10 trajets (pour 6,90 €), aussi bien en métro qu'en bus et sur les 2 lignes de train ; sachez qu'elle peut être utilisée par plusieurs personnes à la fois. C'est sans conteste le moyen le plus commode et le moins onéreux pour se déplacer à Barcelone. Attention, la carte ne s'achète que dans les stations de métro. Veillez à ne pas la froisser, sinon elle ne passera plus à la machine à composter au bout de 3 trajets. Dans ce cas, adressez-vous au préposé qui la compostera lui-même.

Pour les marathoniens du transport public, il existe des *cartes* permettant un nombre illimité de trajets en bus et métro sur 2, 3, 4 ou 5 jours (de 9,60 à 20,80 €), mais attention, c'est de date à date et non pas d'heure à heure ; 2 jours ne correspondront pas forcément à 48h !

D'expérience, ces cartes sont pratiquement impossibles à amortir. La *Barcelona Card* donne également droit au métro à volonté (voir dans « Musées et sites »). Également la T-50/30 qui permet 50 trajets en métro pendant 30 jours et sur les 2 lignes de train. Points de connexion des lignes importantes : Passeig-de-Gràcia, Diagonal et Catalunya. Fonctionne de 5h à minuit ; les vendredi, samedi et veilles de jours fériés, jusqu'à 2h.

Le bus

Nombreuses lignes qui quadrillent efficacement toute la ville (plan disponible aux guichets des stations de métro). Les bus se distinguent par couleur et numéro. Pas toujours facile de trouver le bon. La ligne rouge est celle qui sillonne le centre. Chaque arrêt de bus possède un panneau indiquant les bus qui s'y arrêtent et les trajets de chacun ; on parvient donc à s'y faire avec un peu de bonne volonté. Fonctionne de 6h30 (5h30 pour certains) à 22h (voire 30 mn plus tôt ou plus tard), y compris le dimanche. Certaines lignes fonctionnent 24h/24. Entre 22h et 4h (environ), les principaux trajets sont desservis par des bus nocturnes (les *Nitbus*). Pour les cartes de transport, voir ci-dessus « Le métro ».

Il existe également un *bus touristique* qui permet, avec un forfait de 1 ou 2 journées (19 et 25 € pour les adultes, 11 et 15 € jusqu'à 12 ans), de visiter les points touristiques de son choix (repartis dans un itinéraire nord – rouge –, un itinéraire sud – bleu – plus une route du Forum – jaune). Les utilisateurs de ce bus reçoivent en cadeau un carnet avec des réductions très intéressantes sur de nombreuses entrées (voir plus haut notre rubrique « Musées et sites »). Beaucoup de monde en haute saison. Achat des billets à bord ou dans les offices de tourisme.

– À noter : une ligne spéciale, le *Tibibús ou T2,* qui dessert la plaça de Tibidabo à partir de plaça de Catalunya. Seulement les week-ends et pendant les vacances en hiver (toutes les heures), tous les jours en juillet et août (toutes les 30 mn).

➤ *Liaisons avec l'aéroport : Aerobus,* départ de plaça de Catalunya *(plan général E3)* ttes les 15 mn, 5h30-23h15 en sem et 6h08-23h20 les w-e et j. fériés. Compter env 35 mn de trajet quand tout va bien. De l'aéroport au centre-ville : arrêts Plaça-d'Espanya ; Gran Vía-Urgell ; Gran Vía-Universtitat ; Plaça-de-Catalunya. Du centre-ville (Plaça-de-Catalunya) à l'aéroport : arrêts Passeig-de-Gràcia/Diputació ; Av.-Roma/Urgell-Roma ; Estació-de-Sants ; Plaça-d'Espanya. Billets auprès du chauffeur (3,90 €).

– Aux heures de pointe, préférer le train : départs de plaça de Catalunya ttes les 30 mn exactement à partir de 6h11 jusqu'à 22h13 lun-sam, de 6h41 à 22h13 dim et fêtes.

Les taxis

Tous en jaune et noir. Ils pullulent. La nuit, cherchez la lumière verte. Assez bon marché, avec un tarif de prise en charge d'environ 2 €. Compter 2 € supplémentaires après 22h ; 5 € de prise en charge les jours fériés (ils se font rares…), un supplément pour les bagages et les animaux et encore un supplément pour aller à l'aéroport ou le port. Curieusement, après, le prix augmente tout doucement. Très pratique pour passer d'un quartier à l'autre le soir.

■ *Radio Taxi :* ☎ 93-225-00-00 ; *Fono Taxi :* ☎ 933-001-100 ; *Servi Taxi :* | ☎ 933-300-300 *(il y en a d'autres). Pour les objets perdus :* ☎ 932-234-012.

Avis aux routards en voiture

Un vrai casse-tête dans le centre ! Faites très attention où vous garez votre véhicule, cela peut vous coûter très cher : la fourrière municipale est impitoyable. Une

solution : le parking à la journée qui, pour une somme correcte, vous laisse l'esprit tranquille. On en trouve partout en ville, publics comme privés. Attention, ces derniers sont souvent fermés les dimanche et jours fériés ; renseignez-vous bien à votre arrivée.
– Autre solution : garer sa voiture à l'université et continuer en métro (ligne 3, station Zona-Universitaria ou Palau-Reial).
– À plusieurs reprises, des espèces d'embuscades sur les autoroutes ont été signalées dans la presse, à proximité de Barcelone. Si, pour une raison ou pour une autre, vous vous voyez contraint d'arrêter votre véhicule au bord de la route et de descendre, soyez vigilant (voir aussi « Dangers et enquiquinements » plus haut).

Se déplacer en Catalogne

Le train

Presque tous les trains (banlieue comprise) sont maintenant climatisés. Sur le réseau des trains de banlieue la carte *Inter Rail* est globalement acceptée partout. Sur le réseau des trains Grandes Lignes, la carte *Inter Rail* et le billet BIJ sont valables (parfois avec un supplément). La réservation est obligatoire. Cependant, en Espagne, étant donné les maigres réductions accordées par la RENFE et la FEVE sur présentation de la carte *Inter Rail,* ce n'est pas forcément une solution intéressante.
– Comme dans nombre de pays, le tarif d'un billet de train dépend du jour et de l'heure, de la date, de la classe de réservation... Vous trouverez aussi des réductions selon l'âge (enfants et seniors en particulier), et enfin, sachez que prendre un aller-retour revient quasiment toujours moins cher que de prendre l'aller puis le retour séparément.
– Sur certaines lignes, les lignes AVE en particulier, prévoir une bonne marge pour vous rendre à la gare, car les bagages sont passés dans des machines de sécurité du même type que dans les aéroports avant d'être embarqués : cela prend forcément un peu de temps !
– **RENFE** *(Red Nacional de los Ferrocarriles de España) :* ☎ *93-490-11-22 (pour les infos internationales) et* ☎ *902-24-02-02 (à Barcelone).* ● *renfe.es* ● Dans la plupart des gares, en plus des guichets normaux de vente, on trouve un guichet de *atención al cliente.* C'est le service commercial de la compagnie auprès duquel vous pourrez obtenir toutes les informations utiles (avec ou sans couchettes, prix, départ, fréquences...). Ils sont généralement très pros et peuvent vous imprimer tout ça, histoire de vous permettre de comparer à tête reposée.
Pour réserver et retirer vos billets en France, une adresse (mais uniquement pour les trajets grandes lignes) :

■ **Iberrail France :** *57, rue de la Chaussée-d'Antin, 75009 Paris.* ☎ *01-40-82-63-64. N° Indigo pour la province :* ☎ *0825-079-200. Fax : 01-40-82-95-* *00.* Ⓜ *Trinité ou Chaussée-d'Antin.* Représentant officiel de la RENFE en France. Les billets ne vous coûteront pas plus cher, et tout se fera en français !

– **Bon à savoir :** sur certains trains régionaux, on a également la possibilité d'utiliser le *Bono 10,* une carte de 10 trajets valables sur tous les « trains régionaux ».
Par ailleurs, le billet aller-retour en train s'avère souvent beaucoup moins onéreux que son équivalent en bus.
Enfin, il y a les *Ferrocarrils* de la Generalitat, pour toute la Catalogne. *Rens au* ☎ *932-05-15-15 ou sur* ● *fgc.es* ●

L'autobus

Aussi bien sur les axes majeurs que sur les routes secondaires où elles sont parfois les seules à proposer une liaison, les compagnies de bus peuvent être un bon recours pour ceux d'entre vous qui tiennent à économiser le plus possible sur leur transport ; le bus revient parfois plus de deux fois moins cher que le train (dans toutes les liaisons entre le Pays basque, Barcelone et Madrid, par exemple). Comme c'est un mode de transport très utilisé, les gares routières et les compagnies de bus sont toujours très bien organisées. Cependant, malgré des bus récents et tout confort (avec AC et vidéo, uniquement les pires films des dix dernières années), le train reste un peu plus rapide (pas toujours) et plus confortable. N'hésitez pas à comparer.

La voiture

Attention : depuis juillet 2004, en plus des 2 traditionnels triangles de signalisation, un gilet fluorescent (à conserver **dans l'habitacle** à portée de la main et non dans le coffre) est obligatoire dans tous les véhicules (y compris étrangers) circulant en Espagne. Ce gilet devra être porté par tout automobiliste amené à quitter son véhicule sur le bord d'une route, sous peine d'une amende de 90 €. Ce type de gilet est désormais en vente dans la plupart des stations-service du pays.

Si la voiture n'est pas une bonne idée à Barcelone même, elle peut être pratique pour atteindre certains sites proches.

– Pour la plupart, les ***stations-service*** acceptent les cartes de paiement traditionnelles (*MasterCard, Visa, Diners* et parfois *American Express* et *Maestro*).

– Les ***routes*** sont refaites à neuf à peu près partout du nord au sud de l'Espagne. En général, d'ailleurs, le réseau est bon. À noter tout de même que les jours de pluie (oui, ça arrive), il convient de redoubler de prudence, même sur les autoroutes (signalées *A*), l'écoulement des eaux s'effectuant assez mal ; conséquence : de gros risques d'aquaplaning. Côté budget, les autoroutes sont plutôt moins chères qu'en France. Tout comme l'essence.

– Les ***autovías,*** qui correspondent à nos « voies express » (4 voies avec un terreplein central, signalées *AP*), sont comme elles gratuites.

– La ***limitation de vitesse*** sur autoroute est de 120 km/h (et non de 130 km/h comme chez nous) et de 100 km/h sur les 4 voies. Important également : les stops ne sont pas toujours marqués par une bande blanche au sol.

– Le taux maximum autorisé d'alcoolémie est de 0,5 g/L (0,3 g/L pour les conducteurs possédant le permis depuis moins de 2 ans).

– Il est interdit de téléphoner au volant même avec un kit « mains libres ».

– ***Savoir-vivre au volant :*** les Espagnols au volant nous ont tout de même semblé plus respectueux des autres et surtout moins hargneux et moins impatients : pas d'insultes, pas de coups d'avertisseur permanent...

– ***Sécurité :*** sachez que, comme partout, les vols dans les voitures arrivent, et parfois des braquages (notamment autour de Barcelone). Choisissez de préférence des parkings gardés et, surtout, ne laissez rien traîner sur les sièges ou la plage arrière. Mieux : ne rien laisser du tout ! Les bris de glace, même pour voler quelques livres, sont fréquents dans les voitures immatriculées à l'étranger. Lisez attentivement nos conseils dans « Dangers et enquiquinements » plus haut.

– ***Loueurs de voitures :*** si vous décidez d'explorer les alentours de Barcelone en voiture, vous trouverez évidemment les principaux loueurs aux aéroports, gares, etc. Voir aussi plus loin dans les « Adresses et infos utiles. Location de vélos et de voitures ».

■ *Depuis la France, quelques loueurs de voitures avec leur numéro :* **Avis,** ☎ *0820-050-505 ;* **Ada,** ☎ *0825-169-169 ;* **Budget,** ☎ *0825-003-564 ;* **Europcar,** ☎ *0825-352-352.*
■ *L'agence* **Auto Escape** *réserve auprès des loueurs de gros volumes de loc, ce qui garantit des tarifs très compétitifs.*

N° gratuit : ☎ *0800-920-940.* ☎ *04-90-09-28-28.* ● *info@autoescape.com* ● *au toescape.com* ● *Il est recommandé de réserver à l'avance. Aux lecteurs de ce guide, 5 % de réduc supplémentaire sur la plupart des destinations. Vous trouverez également les services d'Auto Escape sur* ● *routard.com* ●

URGENCES

– *Police nationale :* ☎ 091.
– *Urgences* (ambulances, pompiers, police) *:* ☎ 112.
– *Secours divers, Guàrdia urbana* (police locale) *:* ☎ 092.
– *Informations médicales :* ☎ 061.
– *En cas d'**accident de la circulation,*** appeler les Mossos d'Esquadra (équivalent catalan de la Guàrdia Civil) : ☎ 088, ou le Central tráfico : ☎ 900-12-35-05.
– *En cas de* **perte** *ou de* **vol de l'un de vos biens,** *faites une déclaration au commissariat le plus proche (Commissariat principal de Barcelone :* ☎ 93-290-30-00).
S'il s'agit d'une carte de paiement, faites immédiatement et impérativement opposition (voir plus haut la rubrique « Argent, banque, change »).
– *En cas de* **gros pépin,** *contactez le consulat général de France à Barcelone :* ☎ 93-270-30-00. Fax : 93-270-30-49. Permanence consulaire : 📱 699-30-07-49.
Voir ci-dessous dans « Barcelone. Adresses utiles. Représentation diplomatique » pour plus de détails.

L'abréviation « c/ », que vous retrouverez tout au long de ce guide, signifie tout simplement « calle » ou « carrer » (la version catalane), c'est-à-dire « rue ».

HOMMES, CULTURE ET ENVIRONNEMENT

ARCHITECTURE ET DESIGN

Mosaïques colorées, volutes joyeuses et dragon rigolard, on pense immédiatement à Gaudí quand on évoque l'architecture de Barcelone. Mais ce créateur mystique et secret savait aussi observer et se nourrir de l'héritage du passé, qui a façonné la ville. Les ruelles moyenâgeuses, les vestiges de la muraille romaine, les cathédrales gothiques et les palais modernistes, c'est ce mélange baroque qui lui donne sa beauté insolite. De la période antique subsistent quelques vestiges de la muraille qui entourait la ville au IVe siècle (visibles dans le parcours souterrain du museu d'Historia de la Ciutat). L'art gothique et son caractère flamboyant ont eu raison des monuments romans. En revanche, il reste dans le Nord la région de très belles églises romanes : la Vieille Catalogne en dénombre environ 2 000 ! On peut voir des fresques colorées (originales) et des peintures sur bois, des Vierge à l'Enfant et des Christ sereins au Musée national d'Art de Catalogne de Barcelone.

Ici, les amateurs d'art gothique seront comblés : ils découvriront les caractéristiques du **gothique catalan,** qui connut son apogée sous le règne de Jaume Ier (prononcer « Jaoumé Primèr », à la catalane !) : des églises moins hautes, mais plus larges, solidement appuyées sur leurs contreforts, avec un chœur disposé au centre de la nef principale. Le toit est généralement plat, sans flèche, ni pinacle – à l'exception de la cathédrale et ses trois orgueilleuses flèches dentelées. Cette dernière est à visiter absolument, avec son cloître abritant depuis des temps immémoriaux 13 oies, en hommage à sainte Eulalie, martyrisée alors qu'elle n'avait que 13 printemps. Santa María del Mar ou Santa María del Pi sont moins imposantes, mais valent la visite, dans la lumière tremblotante de centaines de bougies rouges allumées par les fidèles. **La Renaissance et le baroque** ont en revanche laissé peu de traces à Barcelone, si ce n'est des éléments de décoration rajoutés sur des façades gothiques.

L'éclat du modernisme

Ce qui fait l'image de marque de la ville, c'est bien sûr la délirante **Sagrada Família, la Pedrera et le park Güell.** Autant d'œuvres signées Gaudí (prononcer « Gâodi ») et nées du mouvement artistique et culturel appelé ici « modernisme » ; en France, on dit Art nouveau. Les **modernistas,** c'est un mouvement d'architectes et de créateurs, né à la fin du XIXe siècle (un peu avant l'Art nouveau en France et le **modern style** en Angleterre), qui préférait les motifs mauresques et Renaissance au néoclassicisme, la simplicité de la brique à la froideur de la pierre, les motifs de fleurs et de feuilles aux frises antiques, les courbes aux lignes droites. Il y eut **Gaudí,** mais aussi **Lluís Domènech i Montaner,** ou encore **Josep María Jujol,** qui dessinèrent des maisons poétiques et imaginatives. Chez Gaudí, plus que chez tout autre, les moindres détails ont leur importance, de la poignée de porte à la grille de balcon. Avec leurs mosaïques colorées et leurs formes arrondies, on les dirait sorties des contes de notre enfance, semées dans les rues de Barcelone par un Petit Poucet rêveur.

Le célébrissime bloc de maisons sur le **passeig de Gràcia,** entre le n° 35 et le n° 43, surnommé **la Manzana de la Discordia** (un jeu de mots difficile à rendre, puisque

« manzana » en espagnol se traduit par « pomme » ou par « pâté de maisons »), est un raccourci de la variété créatrice du modernisme. Les édifices y sont, à l'instar de la Pedrera ou du palau Güell, incontournables, mais d'autres moins connus valent le détour : la casa Sayrach (Diagonal, 423), propriété privée, ou la casa Berenguer (calle Diputació, 246), elle aussi privée, mais transformée en bureaux (il est donc possible d'y jeter un coup d'œil). Le fabricant de chemises sur mesure *Xanco* (La Rambla, 80) ou le magasin de design contemporain *Vinçon* (passeig de Gràcia, 96), le chocolatier *Escribà* (La Rambla, 83) et l'hôtel *España* (carrer Sant Pau, 9) offrent aussi leurs volutes et leurs dorures aux curieux.

L'audace d'aujourd'hui

Voulant préserver son image de ville audacieuse et entreprenante, la métropole a investi dans des projets architecturaux d'envergure : lors de sa grande toilette pour les J.O. de 1992, 150 architectes ont planché sur 300 monuments ! À visiter, pour la démesure de son architecture et non pour son concept ludico-commercial (auquel on est plutôt allergique), l'étonnant **Maremagnum,** un complexe en plein port, auquel on accède par une passerelle suspendue au-dessus de l'eau, avec restos de fruits de mer géants, boutiques haut de gamme, boîtes de nuit sur 3 étages et minigolf en terrasse.

Dans *le Barri Xino,* un ancien quartier mal famé en pleine réhabilitation, deux bâtiments ultramodernes se côtoient : *le centre de culture contemporaine de Barcelone (CCCB),* construit sur un ancien hospice de charité, la *casa de caritat,* et dessiné par Helio Piñón et Albert Viaplana ; et le **musée d'Art contemporain (MACBA),** un mini-Beaubourg tout blanc dessiné par Richard Meier, qui mêle harmonieusement lignes droites et courbes. Ceux qui s'intéressent à l'architecture contemporaine peuvent aussi aller voir le gratte-ciel couché de Rafael Moneo, au bout de l'avenue Diagonal, le Théâtre national de Catalogne de style néoclassique conçu par Ricardo Bofill, près de la plaça de les Glòries Catalanes, les deux immenses tours, la Mapfre et l'hôtel *Arts* qui répondent aux flèches de la Sagrada Família, ainsi que la baleine de bronze de Frank Gehry, tous les trois en bordure du Port olympique.

Et, parmi les plus récentes et qui fit beaucoup jaser, la **Torre Agbar,** conçue par l'architecte français Jean Nouvel, à l'angle de Diagonal et de la carrer Badajoz, presque sur la plaça de les Glòries Catalanes (Ⓜ Glòries). Le bâtiment, organisé autour d'un noyau central qui abrite ascenseurs et autres gaines techniques, se veut écologique, édifié, par exemple, au moyen de matériaux biodégradables. Ses 142 m de haut de forme oblongue, en obus, se veulent un écho à fois aux flèches de la Sagrada Família et au sanctuaire de Montserrat (dans les proches environs de la ville), et ses beaux reflets mordorés, dus aux innombrables facettes de cristal qui la recouvrent de haut en bas, n'ont pas empêché les Barcelonais de la surnommer déjà « le suppositoire » (pour les plus polis !...). Malheureusement pour l'amateur d'architecture contemporaine, l'endroit ne se visite pas ! En revanche, éclairé, le soir, il a une certaine classe !

Design

Branchée et inventive, Barcelone aime le design. Cette créativité a certainement une origine historique : puisqu'ils furent pendant longtemps interdits de commerce avec le Nouveau Monde, les Catalans durent produire leurs propres richesses. Dépourvue de matières premières, la région se spécialisa dans l'industrie de transformation : verre, textile, céramique, cuir, bois, métal, etc. Le concept d'œuvre totale, inventé par le modernisme, qui estimait qu'un architecte devait pouvoir concevoir non seulement la maison, mais aussi son mobilier, a certainement joué aussi un rôle dans ce bouillonnement créatif. Barcelone compte 7 écoles de design ou organismes, dont la FAD (Foment de les Arts decoratives), née en 1903, la plus prestigieuse et la plus ancienne. Elle décerne un prix chaque année au meilleur dessinateur.

Tous les 2 ans, au mois d'avril, a lieu dans la ville le *« Printemps du Design »,* un circuit de galeries, boutiques et bars qui exposent les dernières inventions du cru. *Xavier Mariscal,* qui crée B.D., céramiques, affiches, logos, etc., est un bon exemple de designer à la mode barcelonaise : il signe aussi des lampes et des tabourets rigolos et pleins de couleur. On peut citer également *André Ricard* qui magnifie l'ouvre-boîte et le déodorant ! Comme autrefois à l'époque moderniste, les designers d'aujourd'hui travaillent le bois, la céramique et le verre, mais aussi le plastique et le carton. Leurs outils ? La poésie et l'humour !

– Exemple révélateur de l'imagination en matière de design, le groupe familial *Tragaluz* met l'accent sur le style et la personnalité de ses établissements : l'hôtel *Omm* (chic et très cher), ou les restaurants design comme le *Tragaluz* (dans l'Eixample) et *l'Agua* (le long de la plage), mentionnés dans notre guide, valent à ce titre le détour.

– La plupart des hôtels design de Barcelone offrent des tarifs assez élevés (plus de 100 € la chambre double pour une nuit), comme l'un de nos coups de cœur, l'hôtel *Banys Orientals.*

BOISSONS

Non alcoolisées

– *La orxata* (prononcer « horchata »), que l'on traduit, à tort, par orgeat, est une des boissons les plus rafraîchissantes qui soient. D'origine valencienne, elle est très populaire dans toute l'Espagne. On en repère les points de vente, qui fleurissent partout en été, aux grosses centrifugeuses blanches. Mais si l'orgeat est une boisson à base d'amandes, la *orxata* est fabriquée avec le suc des tubercules et des tiges de la *chufa* (en français, le souchet jaune), une sorte de papyrus qui pousse dans les marais du Guadalquivir. Bon et rafraîchissant, avec une texture qui rappelle celle du lait (en plus farineux quand même). La recette semble héritée des Arabes. Il existe aussi des *horchatas* d'amandes, d'orge – et même de riz au Mexique.

– On trouve aussi le *granistsa* (ou *granizado* en castillan) : du jus de citron ou d'orange, ou du café avec de la glace pilée dans de grosses centrifugeuses. Sucré, glacé et pas cher.

Alcoolisées

– *La bière (cerveza) :* la boisson la plus répandue, certes ! Pour vous éviter des déconvenues, sachez que dans un bar, *una cerveza* est une bière en bouteille (*un quinto* = 20 cl ; *una mediana* = 33 cl), une bière à la pression se dit *una caña* (25 cl), *un tubo* (33 cl), ou *un tanque* ou *una jarra* (50 cl).

– *Le vin :* le berceau de la viticulture catalane se trouve à quelques kilomètres de Barcelone, dans la région du Penedès. Aux cépages traditionnels (*garnatxa, carinyena, ull de llebre,* entre autres, pour les vins rouges, ou *macabeu, xarello, parellada,* pour les blancs) se mêlent désormais des cépages européens : cabernet-sauvignon, riesling, chardonnay, gewürztraminer. Il en résulte une grande variété de crus. De manière générale, privilégiez l'appellation DO *(denominación de origen)* : si elle figure sur l'étiquette de votre bouteille, c'est un gage de qualité. Neuf crus catalans portent l'appellation DO, la région du Penedès produisant à elle seule 2 millions d'hectolitres par an. On trouve des vins rouges à la belle robe sombre et au goût puissant, produits dans les montagnes au-dessus de Tarragone (Priorat), qui titrent jusqu'à 16° ! À ne pas négliger, non plus, la DO Costers del Segre (*garnatxa,* cabernet, merlot, monastrell...) au nord de Lleida.

– *Le vermuth al grifo :* littéralement, « vermouth au robinet ». Il s'agit de vin cuit (en général d'Andalousie, mais pas nécessairement) macéré avec des herbes et livré dans des petits fûts avec de l'eau gazeuse. On le tire un peu comme de la bière à la pression. C'est léger, rafraîchissant, mousseux et ça n'a rien à voir avec les vermouths en bouteille. À consommer avec beaucoup de tapas, car ça monte vite à la tête.

– *Le cava :* c'est le champagne catalan, bien qu'il soit interdit d'utiliser cette appellation depuis l'entrée de l'Espagne dans l'UE. C'est donc un vin pétillant, qui fermente une seconde fois après la mise en bouteilles. Très agréable à boire, avec un côté plus fruité et plus vert que notre champagne national. Le meilleur de tous est, d'après les amateurs, le Raïmat, fabriqué à partir de chardonnay. Dans les linéaires, on trouve en majorité Freixenet et Codorniú dans les produits grand public. Pour la petite histoire, sachez que Miró avait dessiné l'étiquette d'une célèbre marque de *cava,* qui ne put être commercialisée parce que le peintre avait utilisé le mot champagne, marque déposée et jalousement protégée par les Français. Non mais !

– Enfin, ne passez pas à côté du *moscatel* (sorte de vin doux), que l'on trouve souvent avec le *mel i mató* (voir plus loin dans « Cuisine »).

CASTELLERS

Il existe une tradition toute catalane, qui demande équilibre et sens de la solidarité, placidité et mollet d'acier : les *castells,* ou châteaux humains. Cette coutume remonterait aux croyances solaires… Cherchait-on à décrocher le soleil, comme on voudrait parfois décrocher la lune ? Elle se pratique en équipe *(colla)* et consiste à bâtir les étages d'une pyramide humaine la plus haute et la plus stable possible. Les *castellers* les plus audacieux parviennent à réaliser des tours de 9 étages ! Il existe aujourd'hui 58 équipes de *castellers,* ou « sociétés », dont certaines, comme la fameuse *colla Vella,* ont plus d'un siècle d'existence. Mais on a retrouvé à Tarragone des documents du XVIIIe siècle qui en parlaient ! Les règles du jeu sont simples : d'abord constituer une *pinya,* une sorte de mêlée compacte, à laquelle participe la population du village : sur cette base s'élève le château, par étages de 3 ou 4 personnes, jusqu'à l'*agulla,* le pinacle, souvent représenté par un enfant. Les plus importantes, qui raflent souvent toutes les distinctions dans les concours, sont la *colla Vella Xiquets* de Valls et la *colla Joves Xiquets* de Valls.

– Renseignez-vous à l'office de tourisme : il y a parfois en juin des *castells* à Barcelone, plaça de Catalunya ou dans les fêtes de quartier. Sinon, il vous reste à les pister à travers la région, lors des *festes majors* (fêtes locales), ou à vous scotcher devant la télé, qui en retransmet régulièrement.

CUISINE

Pas toujours évident de s'y retrouver pour un non-initié affamé. Perdu dans la jungle des *bodegas,* des *tascas* et des *marisquerías,* sans compter les horaires des repas et cette énorme variété de plats… Il faut se laisser tenter, oser plonger dans la foule à la recherche du comptoir et de ses éternels *jamones,* choisir un plat sans forcément comprendre ce qu'il y a dedans… c'est en goûtant qu'on devient connaisseur !

Dans les bars à tapas, on peut, selon l'importance de son appétit ou tout simplement pour goûter à plusieurs spécialités, commander des portions de différentes tailles (voir ci-dessous la rubrique « Les tapas »). La clientèle s'installe au comptoir, bien que certains établissements disposent de tables dans le bar ou en terrasse. Il faut savoir que manger à table coûte beaucoup plus cher qu'au bar. Nombreux sont les établissements à combiner le bar à tapas avec quelques tables façon *taberna* et une salle de resto plus chic séparée. Comme ça, il y en a pour tous les goûts et tous les budgets. La plupart proposent à l'heure du déjeuner des menus à petits prix, mais dans les restos touristiques, question cuisine, c'est souvent assez mauvais. Théoriquement, ils sont même tenus d'afficher un *menú del día.* Bon, obligés, obligés… dans le texte…

Attention à ne pas vous emmêler les pinceaux : *bocadillo* signifie sandwich, *sand-wich* (en espagnol) signifiant toast ou croque-monsieur, tandis que *tostada* veut dire pain grillé.

De l'huile d'olive et de l'ail, du soleil et de la patience : voilà les principaux ingrédients de la cuisine catalane ! Cette *cuina* (nom catalan pour cuisine) a des racines phéniciennes, grecques et romaines, et l'un des premiers livres de cuisine espagnols a été écrit au XVᵉ siècle, en catalan, par Rupert de Nola, cuisinier du roi Alfons el Magnànim. On trouve ici une cuisine métissée et savoureuse, qui ne craint pas de mélanger la terre et la mer, le sucré et le salé, le miel, la cannelle, les amandes, les pignons et les fruits secs. La charcuterie *(embotits)* est âpre et vigoureuse, avec sa *botifarra,* un boudin noir préparé avec de la viande de porc mêlée au sang, son jambon cru et son *fuet.*

La **botifarra de l'Empordà** est sucrée et parfumée de zeste de citron et de cannelle, une recette qui vient du Moyen Âge. Plus on entre dans les terres, plus on rencontre sur les tables des **llonganises** (saucisses) et autres plats tenant bien au corps. Les Catalans sont également très friands de champignons, qui poussent en abondance dans la région, et d'escargots. Bref, vous l'aurez compris, ne vous évertuez pas à commander de la *paella valenciana...* La paella que l'on trouve parfois en Catalogne est aux fruits de mer. Même chose pour le gaspacho et le flamenco qui ont autant de points communs avec l'endroit que le rap avec Nicoletta.

Spécialités catalanes

Plats

– **Pa amb tomàquet :** tranches de pain frottées d'ail et de tomate, arrosées d'huile d'olive et salées, servies tièdes ou chaudes dans presque tous les restos, parfois en remplacement du pain ou en guise d'accompagnement. Simple et savoureux.

– **Escalivada :** servie tiède ou froide, impeccable pour accompagner charcuterie ou fromage, un assortiment d'aubergines, d'oignons et de poivrons grillés et confits au four.

– **Romesco :** c'est une sauce de Tarragone, composée de tomates, pain frit et amandes grillées, parfumée à l'ail et aux piments rouges (appelés *nyoras*), vinaigre, herbes et épices.

– **Calçotada :** une véritable institution catalane ! Au printemps, à la saison des oignons nouveaux, tous les restos de Valls et de la région font la *calçotada.* Au menu : les *calçots,* c'est-à-dire des oignons nouveaux grillés au feu de sarments, qu'il faut littéralement « décalotter » de leur peau première et déguster religieusement (c'est délicieux), trempés dans la fameuse sauce *romesco.* Ensuite, *botifarra* et *llonganissa* (saucisses) avec des haricots secs et côtes d'agneau grillées. Le tout arrosé de vin de Tarragone, le Priorat.

Pour terminer ces agapes, crème catalane avec l'incontournable *cava,* puis café, cognac et... *puro* (cigare). À l'heure actuelle, avec l'usage de la congélation, la *calçotada* se sert toute l'année, car on congèle les *calçots* (oignons) au moment de la récolte. Dernière chose, ce repas nécessite un bavoir pour chaque convive et des serviettes en papier. Mais on s'amuse bien !

– **Conill amb cargols :** lapin cuit dans une sauce très parfumée avec des escargots.

– **Eisqueixada :** délicieuse salade à base de morue dessalée, accompagnée de tomates, oignons...

– **Sarsuela :** un plat dont l'origine remonte à la fin du XIXᵉ siècle, à base de poissons à chair ferme revenus à l'huile d'olive, puis mitonnés avec tomates concassées, ail, oignons, cannelle, *jérez,* laurier et paprika. À la fin, on flambe au rhum ou au brandy et on ajoute langoustines, calamars, moules et petites palourdes.

– **Suquet de peix :** bouillabaisse locale.

– **Fideuà :** un plat semblable à la paella, avec crevettes, langoustines et poulet, poivrons et tomates, mais dans lequel les pâtes (une sorte de vermicelles) remplacent le riz. On déguste ce plat tout le long de la côte méditerranéenne, jusqu'à Valence.

– **_Parillada :_** assortiment de poissons et crustacés simplement grillés _(a la plancha)_ et arrosés d'huile d'olive fruitée. On trouve ce plat tout le long des côtes espagnoles. Assez cher, c'est souvent extraordinaire.

– **_Escudella i carn d'olla :_** le pot-au-feu local. Des viandes, des saucisses et des légumes cuits ensemble dans une grande marmite. Le bouillon est consommé en entrée, accompagné de pâtes. Pour Noël, il est accompagné d'une dinde farcie aux prunes, pommes, abricots, pignons et saucisse !

– **_Peus de porc estofat :_** pieds de porc à l'étouffée, purée d'oignons, tomates, ail, vin et _picada_ (voir plus loin).

– **_Arròs negre :_** riz à la seiche, cuisiné avec l'encre de la bestiole (ce qui lui donne une couleur noire, d'où son nom).

– **_Faves ofegades :_** plat de fèves tendres aux lardons et à la _botifarra_ noire et blanche, petits pois frais et menthe.

– **_Bacallà a la llauna :_** morue _(bacallà)_ cuite sur une plaque _(llauna)_ et arrosée de sauce à l'ail, au piment et aux tomates, accompagnée de poivrons grillés.

– **_Bacallà amb panses i pinyons :_** morue farinée aux raisins, pignons de pin, sauce tomate et œuf mollet.

– **_Mariscada :_** plateau de fruits de mer, où les langoustines et crevettes (et homard, s'il y en a) sont passés à la poêle, avec de l'huile d'olive et de l'ail.

– **_Daurada a la sal :_** daurade en croûte de sel.

– **_Niu :_** morue séchée, entrailles de morue et petits oiseaux (pour les courageux seulement !).

– **_Picada :_** sauce préparée avec des amandes, de l'ail, des pignons, des noix, des noisettes, du pain et du persil, le tout pilé dans un mortier avec de l'huile.

– **_Sofregit_** _(sofrito_ en castillan) **_:_** sauce à base de tomates et oignons hachés menu et frits dans l'huile d'olive.

– **_Samfaina :_** ratatouille catalane.

– **_Tiró amb naps :_** canard aux navets.

– **_Coca de recapte :_** tourte maison composée d'un lit d'oignons, d'aubergines, de piments rouges pelés...

– **_Cassola del tros :_** civet de porc confit, de lapin, d'escargots accompagnés de pommes de terre, épinards, poivrons grillés... hmm !

– **_Allioli :_** ici, on le prépare avec de l'huile d'olive et de l'ail, sans jaune d'œuf.

Desserts

– **_Crema catalana :_** notre crème brûlée nationale s'est inspirée de la catalane ! Précisons quand même que la recette originale est beaucoup plus savoureuse, et parfumée à l'anis, à la cannelle ou à la vanille.

– **_Mel i mató :_** fromage blanc de brebis qui a la texture de la _ricotta_ italienne et arrosé de miel.

– **_Pastisset :_** gâteau moelleux à l'anis.

– **_Menjar blanc :_** à base d'amandes et de cannelle.

– Et encore les _braços de gitanos,_ les _becs d'Arbeca_ et les _cremes cremades_ des grand-mères.

Autres spécialités culinaires nationales

– **_La tortilla :_** omelette servie froide ou chaude, le plus souvent avec pommes de terre _(patatas),_ voire aux fines herbes, aux queues d'écrevisses (rare), au chorizo ou encore aux oignons, tomates, lardons, petits pois, etc.

– **_Le cocido_** _(pot-au-feu) :_ plat de résistance servi partout, avec des variantes.

– Côté douceurs, les **_churros,_** ces bâtons de pâte à crêpes frits, les **_porras_** (gros _churros)_ et les **_buñuelos_** (beignets) sont probablement les meilleures pâtisseries de la péninsule. Trempés (sans honte) dans le traditionnel chocolat chaud bien épais, c'est le petit Jésus en culotte de velours ! Autres délices, le plus souvent à base de lait et d'œufs : la **_leche frita,_** sorte de béchamel sucrée et épaisse d'origine andalouse, refroidie puis coupée en gros carrés frits dans l'huile et ensuite saupoudrés de sucre ; le ***tocino del cielo*** (gâteau aux cheveux d'ange) ; les ***natillas,*** crème anglaise épaisse et parfumée à la cannelle ou au citron ; l'***arroz con leche*** (riz au lait) ; les ***torrijas,*** l'équivalent de notre pain perdu...

Les tapas

D'où vient la tradition des tapas ? Sachez que, dans les couloirs de la rédaction du *Guide du routard,* une querelle fait rage. Un peu similaire à celle des Anciens et des Modernes. Les premiers affirment que l'origine des tapas est d'émanation royale. En effet, pour lutter contre l'alcoolisme, un roi dont on a oublié le nom aurait obligé les débits de boissons à poser une assiette avec un en-cas sur le verre de vin. Les modernes, eux, soutiennent que les tapas auraient été créées dans un but uniquement utilitariste, pour éviter que les mouches ne tombent dans le verre de vin. Comme ça faisait un peu tristoune, une soucoupe vide, on ajouta une olive pour faire joli. Dans une théorie comme dans l'autre, *tapar* signifiant « boucher », l'en-cas prit rapidement le nom de *tapas.*

À Barcelone (comme dans le reste de l'Espagne d'ailleurs), tous les bars, populaires ou branchés, proposent des tapas mais ne l'affichent pas forcément. Demander « ¿ de tapeo, qué hay ? ». Parmi les nombreuses spécialités, voici les plus courantes : le ***pa amb tomàquet*** est basique, mais il peut s'accompagner d'***escalivades*** (légumes confits), de *pebrots* (poivrons ou ***pimientos*** en castillan), d'***anxoves*** (anchois ou *boquerones*). On trouve aussi des olives, des portions de ***bacallà*** (morue ou *bacalao*), des parts de *tortilla* (délicieuse omelette aux pommes de terre et oignons), des ***buñuelos*** (beignets aux légumes, au fromage, à la saucisse...), des ***amanides*** (salades ou *ensaladas*) au riz, poivrons, fruits de mer ***(mariscades),*** etc. La simple salade de tomates et petits morceaux de fromage, arrosée d'huile d'olive, est délicieuse. Sans oublier les assortiments de charcuteries ou de fromages. On peut, selon l'importance de son appétit ou tout simplement pour goûter à plusieurs spécialités, commander ***una tapa*** (une toute petite portion), ***una mitja ració*** (une demi-assiette ou *media ración*) ou ***una ració*** (une assiette entière ou *ración*). Autrefois, le prix des tapas était compris avec la boisson. Mais aujourd'hui, les tapas sont facturées à part, à l'exception des olives et cacahuètes servies parfois gracieusement avec la bière.

Si c'est la 1re fois que vous débarquez en Espagne, vous vous demanderez probablement pourquoi le soir, quel que soit le jour, les bars sont bondés. Tout simplement parce que les Espagnols ont l'habitude de téléphoner à leurs potes pour « aller de tapas en tapas » *(ir de tapas).* Ils se donnent tous rendez-vous dans leur bar favori et parcourent les ***mesones*** au gré de leurs envies et des spécialités des maisons. Ici ***morcillas,*** là ***tortillas.*** On mange debout en s'essuyant le coin du bec avec les serviettes en papier cigarette, c'est souvent moins formel qu'un resto où l'on doit s'asseoir et attendre les plats, faire risette au serveur, se faire servir du vin. Pour les néophytes, il ne faut pas avoir peur d'insister auprès des serveurs. Ils sont souvent débordés et il leur arrive d'oublier carrément la commande.

– À Barcelone, nombre de bars branchés servent maintenant des ***pintxos,*** sorte de tapas nouvelle version, souvent sous forme de petits canapés, percés d'une petite pique en bois. Chauds ou froids, ils arrivent au bar sur de grands plateaux, et c'est à chacun de se servir. Une fois rassasié, vous réglez l'addition *(la cuenta)* en annonçant vous-même le nombre de *pintxos* consommés (en gros, chaque *pintxo* coûte environ 1 €, parfois 2 € pour les préparations chaudes ou plus élaborées). Gardez précieusement les piques plantées dans les *pintxos,* le calcul sera plus facile. C'est quand même très beau la confiance...

Les charcuteries ibériques

L'Espagne est célèbre pour ses jambons depuis la plus haute Antiquité. Si le *Serrano* est un bon jambon de montagne, à l'ancienne, on est très loin du trésor gastronomique que peut être le jambon ibérique. Le porc ibérique est une race rustique, proche du sanglier, élevé en liberté dans le Sud-Ouest espagnol, dans la *Dehesa*. Assez loin donc de Barcelone et de la Catalogne. Pourtant, pas un resto, pas un bar à tapas digne de ce nom n'oublierait d'inscrire ce pur délice à sa carte. Se nourrissant de glands et d'herbes sauvages, sa chair et sa graisse ont un parfum et un fondant exceptionnels. Il n'a pas d'équivalent et certains le considèrent d'ailleurs comme le meilleur jambon du monde... On l'appelle aussi communément **pata negra** (allusion à la race de porc) ou **jabugo** (du nom d'un des villages producteurs). Sa qualité est certifiée par le label *Real Ibérico* ; le terme *bellota* désigne le top du top... Comme ailleurs, ce cochon avait failli disparaître au profit de races plus productives. Il représente aujourd'hui plus de 5 % du cheptel et son goût incomparable fait sans cesse de nouveaux adeptes... Le pari semble gagné.

Après deux ans de longue maturation, le jambon est enfin prêt à être dégusté, à température ambiante, coupé à la main, en tranches fines, en le laissant fondre dans la bouche afin de bien s'imprégner des parfums.

Ce jambon haut de gamme est bien sûr hors de prix. Si vous voulez rester sage, vous pouvez aussi vous rabattre sur l'épaule, bien moins chère... Souvent décriée, la chair peut en être tout aussi savoureuse.

Le porc ibérique ne produit pas seulement d'excellents jambons. On trouve également du *lomo* (filet mignon de porc fumé), du *chorizo* et toutes sortes de saucisses et saucissons... Là aussi, la différence est nette.

Et on mange où ?

Voici, en résumé, les différents établissements que vous rencontrerez...
Parmi les **bars,** plusieurs variétés :
– **Tasca :** bar dédié aux tapas, on mange accoudé au comptoir.
– **Cervecería :** bar à bière.
– **Bodega :** cave à vin.
– **Taberna :** taverne.
Parmi les **restaurants,** on distingue également :
– **Mesón :** resto fonctionnant sous la même enseigne qu'un bar mitoyen, normalement assez bon marché et préparant une cuisine typique.
– **Comedor :** salle à manger dans un établissement hôtelier ou dans un bar. Un peu le même principe que le **mesón.**
– **Marisquería :** resto de poisson.
– **Restaurante :** on trouve de tout sous cette dénomination, du plus simple au plus chic et gastronomique. Plus c'est cher, moins il y a de chance d'y trouver un comptoir à tapas.

On s'explique : les **cerveseries** (cervecerías), comme leur nom l'indique, servent de la bière (cerveza), mais aussi toutes sortes de boissons, sodas, cafés, vins, etc., comme d'ailleurs les **tabernas** (tavernes) et les **tascas** (snack-bars). On y propose aussi les fameuses tapas (voir ci-dessus). Le plus agréable : s'asseoir à la *barra* (le comptoir), et choisir de visu parmi les merveilles qui vous attendent. Enfin, les *entrepans* (ou *bocadillos*), ces sandwichs au chorizo, au jambon ou au fromage que l'on mange froids ou chauds ont le mérite de tenir au corps et de freiner (pour combien de temps encore ?) l'invasion des hamburgers. On se répète, ne pas confondre *bocadillo* avec *sandwich* (en espagnol) signifiant toast ou croque-monsieur, ni avec *torrada* (ou *tostada*) qui signifie pain grillé.

Pour un repas complet, on ira dans un **restaurant,** pour un repas de fruits de mer, dans une **marisquería.** Le **mesón** ou la **casa** sert une cuisine familiale : elle est au resto ce que la pension est à l'hôtel. La **bodega** est un bar à vin, le **chiringuito** une gargote en bord de mer, et la **fonda** une auberge.

Les **granges** (ou *granjas*) sont des sortes de petits cafés, où les Catalans viennent prendre le goûter : on y déguste chocolat chaud à la cannelle, thé ou café, *churros* (beignets), *tortells* (beignets à la crème) ou *coques* (de grandes langues plates, ornées de pignons, de fruits confits ou de sucre) et d'autres pâtisseries suivant l'époque : chaque fête a son gâteau.

Enfin, une dernière remarque sur laquelle on aurait bien voulu faire l'impasse... Nombreuses sont les lettres des lecteurs nous indiquant une nette dégradation dans la qualité de la nourriture et surtout dans le service. Force est de constater que dans cette ville commerçante et habituée à accueillir plus de touristes qu'elle ne compte d'habitants, la courtoisie fait souvent défaut. Et si derrière une décoration fort plaisante se cache hélas une nourriture quelque peu industrialisée, de même les beaux sourires des serveurs et serveuses philippins ou latino-américains masquent une gestion tyrannique des patrons locaux.

ÉCONOMIE

La Catalogne fait preuve d'un dynamisme envié dans la péninsule. Ne dit-on pas que les Catalans sont capables de transformer des cailloux en pains, à force de travail ? Au point qu'on les juge parfois un peu trop durs à la tâche et âpres au gain...

Quoi qu'il en soit, les résultats sont là : la Catalogne comptabilise toujours un taux de chômage inférieur au taux national. Car elle n'est autre que la 1re région économique d'Espagne, réalisant ainsi 18,6 % du PIB national.

L'industrie est son fer de lance, puisqu'elle générait 25,7 % de la valeur ajoutée brute (VAB) de la région en 2004, contre 19 % pour l'Espagne tout entière. Construction automobile, électronique, chimie et agroalimentaire constituent le fleuron de la région, qui mise sur des activités à haute valeur ajoutée. Le textile reste présent malgré la crise du secteur. Et depuis quelques années, l'aéronautique s'affirme de plus en plus dans le tissu économique catalan. Les services représentent près de 64 % de l'activité, l'industrie et le bâtiment 35 % et l'agriculture moins de 1,5 %.

Sous l'impulsion de capitaines d'industrie plus européens qu'espagnols, la Catalogne s'est associée au Languedoc-Roussillon et à la région Midi-Pyrénées pour former une euro-région. Elle a d'autre part constitué avec la Lombardie, la région Rhône-Alpes et avec le Land de Bade-Wurtemberg le club des « Quatre moteurs pour l'Europe ». Grâce à sa situation géographique, ses infrastructures et ses partenariats intra-européens, la Catalogne s'est transformée en une véritable plaque tournante pour l'économie espagnole. Côté échanges extérieurs, la France occupe la 1re place de sa liste de clients (19,7 % des ventes) et la 2e place de fournisseur, derrière l'Allemagne. Et la communauté autonome a drainé, en 2004, 14 % des investissements étrangers dédiés à l'Espagne.

La région, et Barcelone en particulier, attend avec impatience son raccordement au réseau ferré européen à grande vitesse via Perpignan, qui ne devrait cependant pas être effective avant 2010...

Enfin, n'oublions pas que vous contribuez à grossir les recettes touristiques catalanes, même si vous toucherez du doigt l'inflation locale, un vrai « point noir ». En 2006, la Catalogne reste la 1re destination touristique espagnole pour les visiteurs étrangers, dont 26 % environ viennent de France.

ENVIRONNEMENT

La Catalogne, à l'instar de la majorité des régions et des pays côtiers, souffre de ce que l'on appelle la *littoralisation* des hommes et des activités : la tendance humaine à habiter et à travailler en bord de mer. Et Barcelone (qui concentre la moitié des 6,7 millions d'habitants de la Communauté autonome), coincée entre mer et montagne, doit régler les problèmes liés à la *surconcentration* et à la compétition pour l'espace entre les activités industrielles, les infrastructures de transport et l'agriculture, qui ne peut faire le poids. L'agriculture périurbaine irriguée du delta du Llobregat recule donc devant les assauts de la métropole, et a perdu une bataille décisive avec la création de l'aéroport. Au nord de la ville, la production de légumes et de fleurs se réfugie sur les versants des collines et montagnes côtières, chassée de l'étroite plaine littorale par l'expansion des stations touristiques.

Autre point noir, la pénurie d'eau qui menace toute l'autonomie. Les solutions envisagées rivalisent d'imagination : désalinisation, réutilisation, mais surtout un projet de transvasement de l'eau du Rhône, sur lequel les esprits se chamaillent. La gestion de l'eau, c'est près de 57 % des investissements réalisés en matière d'environnement ! Côté développement durable et énergies renouvelables, la prise de conscience est avérée. En 2000, Barcelone joue les précurseurs. Par arrêté municipal, tout nouveau bâtiment appelé à consommer plus de 2 000 litres d'eau chaude par jour est tenu d'installer des chauffe-eau solaires. Une mesure adoptée depuis par 25 municipalités catalanes.

HISTOIRE

Quelques dates

– **Néolithique :** des peuplades d'Ibères, sans doute venues d'Afrique, s'établissent dans le sud et dans l'est de l'Espagne.

– **202 av. J.-C. :** occupation romaine.

– **484 apr. J.-C. :** le royaume des Wisigoths s'étend sur toute l'Espagne.

– **711 :** premières invasions des Maures venus d'Afrique du Nord.

– **756 :** le calife de Damas s'établit à Cordoue et sera l'artisan du rayonnement de la civilisation arabe en Espagne.

– **1000-1500 :** les royaumes chrétiens du nord de la péninsule reprennent progressivement possession des territoires perdus : c'est la « Reconquête » sur l'Espagne musulmane.

– **1469 :** mariage de Ferdinand d'Aragon et d'Isabelle de Castille, les fameux « Rois Catholiques ». Réunion des deux puissants royaumes longtemps rivaux.

– **1478-1479 :** mise en place de *l'Inquisition* par Tomás de Torquemada, et qui subsista même après sa disparition dans les pays voisins jusqu'à une époque encore récente, mais sous une forme plus politique.

– **1492 :** chute du royaume d'Al Andalus après la prise de Grenade le 2 janvier 1492. Dans le même temps, découverte de l'Amérique par Christophe Colomb pour le compte des Rois Catholiques. Expulsion des juifs « pour protéger l'unité religieuse de l'Espagne » (200 000 environ partiront pour l'Afrique du Nord, l'Italie et l'Empire ottoman). À son retour du Nouveau Monde, Christophe Colomb se rend à Barcelone où résident les souverains (d'où la colonne de Colomb sur le port).

– **1512 :** la Navarre est absorbée par la Castille.

– **1516-1556 :** règne de l'empereur Charles Quint (Charles Ier pour les Espagnols), petit-fils d'Isabelle la Catholique. Domination d'un immense empire, tant en Europe qu'en Amérique, « où jamais le soleil ne se couche ».

– **1588 :** désastre de l'Invincible Armada, ruine de la marine espagnole.

– **1656 :** Velázquez peint *Les Ménines* et la famille de Philippe IV.

– **1700 :** avènement au trône d'Espagne de Philippe V, petit-fils de Louis XIV, à l'origine de la guerre de Succession d'Espagne (1701-1714), qui se termine par la perte des Pays-Bas et du royaume de Naples.

– **1714 :** le 11 septembre, la ville de Barcelone plie devant Philippe V et la Catalogne perd son indépendance.

– **1808 :** Napoléon nomme son frère Joseph roi d'Espagne, surnommé « Pepe Botella ». Madrid, occupé par les troupes françaises, se soulève. Début de la guerre d'indépendance.

– **1813 :** victoire de l'armée anglo-portugaise de Wellington, jointe aux Espagnols. Ferdinand VII retrouve le trône d'Espagne.

– *1814-1833 :* morcellement de l'empire espagnol d'Amérique en États indépendants.

– *1898 :* indépendance de Cuba et perte de Porto Rico et des Philippines.

– *1902-1931 :* règne d'Alphonse XIII, marqué par un renouveau économique et un régime dictatorial (entre 1923 et 1930) sous l'autorité de Primo de Rivera.

– *1931 :* aux élections municipales, la gauche l'emporte dans les grandes villes et réclame la république. Abdication du roi.

– *1935 :* constitution du *Frente Popular,* groupant syndicats et partis de gauche.

– *1936 :* les élections de février sont un succès pour le *Frente Popular.* Très vite se dessine une réaction ; à l'assassinat du chef de l'opposition monarchiste José Calvo Sotelo, l'armée du Maroc donne le signal du soulèvement. Dirigé par le géné-ral Francisco Franco, ce soulèvement s'étend très rapidement. C'est le début de la guerre civile, qui durera 3 ans. L'Espagne va devenir un banc d'essai des grandes puissances qui offrent une aide importante aux deux parties.

– *1939 :* Barcelone, où le gouvernement républicain était replié, est pris par les nationalistes. Le gouvernement républicain se réfugie en France. Le 28 février, chute de Madrid, dernier point de la résistance républicaine.

– *1969 :* le général Franco désigne officiellement son successeur en la personne du prince Juan Carlos, petit-fils d'Alphonse XIII.

– *1975 :* mort de Franco, le 20 novembre. Le 22 novembre, Juan Carlos devient roi d'Espagne.

– *1977 :* reconnaissance officielle du parti communiste espagnol.

– *1978 :* la nouvelle Constitution d'un État espagnol, « social et démocratique », entre en vigueur.

– *1982 :* victoire du PSOE (socialiste), Felipe González devient Premier ministre.

– *1986 :* entrée de l'Espagne dans la Communauté économique européenne.

– *1992 :* Exposition universelle à Séville (avril à octobre) ; Jeux olympiques à Bar-celone (juillet).

– *1996 :* après 13 années de pouvoir, défaite du socialiste Felipe González face à José María Aznar, du Parti populaire (droite). Le nouveau Premier ministre négocie le soutien des nationalistes et surtout des Catalans menés par Jordi Pujol, qui n'hésite pas à comparer son idée de la Catalogne avec le Québec...

– *Octobre 1997 :* mariage de l'infante d'Espagne avec un handballeur. Tout fout l'camp !

– *Septembre 1998 :* les partis nationalistes basques signent la déclaration de « L'Izarra » qui s'inspire du processus de paix nord-irlandais.

– *Octobre 1999 :* visite officielle de Jacques Chirac à Madrid. Les vieilles querelles napoléoniennes sont enfin digérées. « Il n'y a plus de Pyrénées », a titré le quotidien catalan *La Vanguardia.*

– *Mars 2000 :* le Parti populaire (PP) d'Aznar remporte les élections législatives.

– *17 mars 2003 :* dans un sommet organisé aux Açores, José María Aznar parade dans le camp des va-t-en-guerre en Irak, aux côtés de George W. Bush et de Tony Blair, et entraîne le pays dans le conflit irakien, malgré une très forte opposition populaire.

– *Novembre 2003 :* Jordi Pujol, à la tête du gouvernement de la Catalogne depuis 23 ans, passe la main. Le 16 novembre, à la tête d'une alliance de gauche « plu-rielle », le leader socialiste et ancien maire de Barcelone, Pasqual Maragall, rem-porte la majorité des suffrages. Vieux routard de la politique (il a été maire de Bar-celone de 1982 à 1997) et fédéraliste convaincu, il souhaite avant tout renforcer encore le rôle de la Catalogne dans la politique nationale.

– *11 mars 2004 :* à la veille des élections législatives espagnoles, un terrible atten-tat à Madrid fait 192 morts et plus de 2 000 blessés dans des trains de banlieue. Le PP désigne immédiatement l'ETA alors que l'enquête démontre très vite la cul-pabilité des islamistes. Suite à un spectaculaire revirement de l'opinion, le PSOE gagne les élections et *José Luis Zapatero,* qui s'était engagé à sortir du conflit irakien, devient Premier ministre du nouveau gouvernement.

– **Fin mai 2004 :** il n'y a plus de soldats espagnols en Irak. Noces royales du prince Felipe de Bourbon (le fils de Juan Carlos Ier et donc le futur roi d'Espagne) avec Letizia Ortiz, une charmante journaliste.

– **20 février 2005 :** l'Espagne vote « oui » lors du référendum sur la Constitution européenne.

– **Juin 2005 :** adoption au Parlement espagnol de la loi légalisant le mariage homosexuel, adoptée par le Sénat en décembre.

– **31 octobre 2005 :** la naissance de l'infante Leonor, fille de Felipe de Bourbon et de Letizia Ortiz, initie une polémique. En effet, de vieux vestiges de loi salique, dans la Constitution espagnole, empêcheraient l'infante, malgré son rang d'aînée de Felipe, d'accéder un jour au trône s'il lui naissait un petit frère : il lui serait alors préféré ! Faut-il ou non réformer la Constitution, le débat fait rage, d'autant que les protocoles de révision sont extrêmement complexes.

– **3 novembre 2005 :** le Parlement espagnol accepte l'ouverture d'une discussion sur le projet de réforme du statut de la communauté autonome catalane. Ce projet, soutenu par M. Zapatero et par les nationalistes catalans, prévoit une indépendance accrue de la Catalogne, en particulier la possibilité de lever et percevoir directement l'impôt, mais suscite de très grandes réserves dans le monde politique espagnol, y compris au sein même du PSOE. Ses opposants, le PP en tête, considèrent ce texte comme une modification de la Constitution espagnole, et craignent « un risque réel de fracture nationale », selon les termes de M. Aznar, ancien Premier ministre du pays.

– **2006 :** le gouvernement entre en négociation avec l'ETA ; une trêve, fragile mais bien réelle, est décidée. Dans le même temps, débat houleux sur le nouveau statut d'autonomie de la Catalogne (approuvé en juillet par référendum local), qui divise et mine une Espagne soucieuse de son unité. Commémoration des 70 ans de la guerre civile espagnole, alors que, peu à peu, le pays commence à regarder en face cette histoire encore très douloureuse, et envisage d'en dédommager les victimes.

– **2007 :** rupture de la trêve avec l'ETA suite à l'attentat à l'aéroport de Barajas en janvier. Commémoration des 30 ans du retour à la démocratie. Le 15 juin 1977, les Espagnols purent enfin aller aux urnes après 41 longues années de silence électoral.

Barcelone, la ville d'Hamilcar ?

Barcelone est l'une des plus anciennes villes d'Espagne : la légende chuchote même que c'est Hercule qui l'aurait fondée. Plus sérieusement, on ignore si Barcelone était habitée avant la période romaine, mais certains historiens émettent l'hypothèse de l'établissement d'un camp vers 230 av. J.-C. par le Carthaginois Hamilcar Barca, sur la colline de Montjuïc. C'est lui qui aurait donné son nom à la ville.

Les Romains fondent en tout cas une ville autour du mont Taber, au Ier siècle av. J.-C. : les vestiges de la muraille et des colonnes, que l'on voit dans le Barri Gòtic actuel, montrent que cette colonie, qui avait pour nom Barcino, était assez importante. La ville était prospère, tirant ses revenus de la pêche et de la production agricole.

Les invasions

Rome tremble ? Voici les Alamans et les Francs qui arrivent pour chasser ses légions ; entre 260 et 270 apr. J.-C., Barcelone et Tarragone sont dévastées. Pendant un siècle et demi, la Catalogne est envahie et occupée successivement par **les Suèves, les Vandales, les Alains, les Germains**. Puis par **les Wisigoths**, en 413. Lesquels se font d'ailleurs joyeusement la guerre entre eux ! En 715, c'est au tour des musulmans de s'approprier Barcelone, en la rebaptisant au passage Barjalonah. Puis le roi franc Louis le Pieux s'empare de la ville en 801. Les Carolingiens vont établir un réseau de comtés, avec à leur tête des vassaux originaires de la région. Barcelone devient une ville-frontière dans la Marche d'Espagne, cette **zone tampon** au sud des Pyrénées, destinée à servir de bouclier en cas d'éventuelles invasions.

Naissance d'une autonomie

Attardons-nous sur un personnage important et, pour tout dire, assez rigolo. C'est le fils du comte d'Urgell, nommé Guifré el-Pilòs, c'est-à-dire **Guifre le Velu** (qui portait remarquablement son nom avec son corps couvert de poils à la mode préhistorique...). Né en 865, ce joyeux drille conquiert avec ses frères les bastions catalans voisins, dont Barcelone. Il crée de nombreuses fondations religieuses dans la ville et la région.

En 988, Borrell II, comte de Barcelone, décide de rompre avec le régime de vassalité qui le liait jusque-là à Hugues Capet, roi des Francs. C'est le 1er acte d'autonomie catalane ! Son comté agit alors en toute indépendance, en resserrant les liens avec les comtés voisins. Au XIIe siècle, le mariage de **Raymond Béranger IV,** comte de Barcelone, avec Pétronille d'Aragon donne naissance à la Confédération catalo-aragonaise.

Durant le règne de Jacques Ier (1213-1276), la Confédération devient une grande puissance méditerranéenne : elle annexe en effet Majorque en 1229, Valence en 1238, la Sicile en 1282, la Corse en 1297. Voilà d'ailleurs pourquoi on parle le catalan dans les îles Baléares et à Valence. Au XIVe siècle, il y aura aussi l'annexion de la Sardaigne (1323) et des territoires grecs d'Athènes et Néopatrie (1387). Puis c'est Naples qui tombe dans l'escarcelle de la Confédération. En fait, chaque possession garde son autonomie et ses institutions. Ce qui fait la richesse de la région, ce sont les échanges commerciaux des marchands catalans avec les pays du Nord de la Méditerranée, mais aussi l'Afrique et le Proche-Orient. C'est sous le règne de Pierre III le Cérémonieux, à la fin du XIVe siècle, que se forme la **Generalitat,** organisme délégué des *Cortes* (assemblées) : elle exerce des fonctions exécutives en matière de droit, de politique et de finances.

Le déclin

C'est vers la moitié du XVe siècle que deux événements historiques marquent le déclin de la Catalogne. En 1469, le mariage d'Isabelle de Castille et Ferdinand d'Aragon annonce un début d'unité entre les deux royaumes les plus prospères de l'Espagne, la Castille et la Confédération catalo-aragonaise. Et la découverte de l'Amérique a pour conséquence de déplacer les échanges commerciaux vers l'Atlantique, au détriment de la Méditerranée. Or, la monarchie interdit à ses sujets catalans le commerce avec l'Amérique : ils se trouvent alors exclus de juteuses opérations économiques et financières. Malgré tout, jusqu'à la fin du XVIIe siècle, la Generalitat parvient à maintenir sa souveraineté politique et juridique : la Catalogne conservera jusqu'au début du XVIIIe siècle une monnaie, une langue et un système fiscal à part.

En 1640 éclate la **revolta dels Segadors** (révolte des Moissonneurs), 1er épisode d'une guerre contre le roi d'Espagne qui durera 12 ans et se terminera quand la Catalogne, exsangue, déposera les armes. En 1705, elle est impliquée dans un conflit international : la guerre de Succession au trône d'Espagne. En effet, à la mort de Charles II, deux prétendants se disputent la Couronne : Philippe d'Anjou, petit-fils de Louis XIV, et l'archiduc Charles d'Autriche. Les Catalans soutiennent ce dernier, les armes à la main, et essuient une sérieuse défaite lors du siège de Barcelone en septembre 1714. Philippe d'Anjou est intronisé roi d'Espagne sous le nom de Felipe V et instaure le décret de Nova Planta, un ensemble de décrets qui abolissent les structures juridiques et administratives de la Catalogne. Il supprime la Generalitat et érige un énorme fort, la Ciutadella, pour surveiller la ville. Le catalan est interdit dans l'administration, la justice et l'enseignement, au profit du castillan. La Catalogne, bon gré mal gré, est soumise à la monarchie espagnole.

Croissance industrielle... et misère ouvrière

Malgré tout, Barcelone ne perd pas courage : une croissance s'amorce, et l'on construit en 1753 le quartier ouvrier de la Barceloneta. En 1778, la levée de l'interdiction de commercer avec l'Amérique stimule l'économie de la ville. Au début du XIXᵉ siècle, la *guerra del Francès* (la « guerre du Français », le Français en question étant, bien sûr, Napoléon) marque douloureusement la ville et la région. Vers 1830, Barcelone développe l'industrie du liège tandis que la viticulture prend son essor, avant que les guerres dites « carlistes » ne freinent une nouvelle fois le développement économique de la région. Les « carlistes » sont les partisans de Charles de Bourbon, qui se proclame héritier de son frère Ferdinand VII, puisque celui-ci n'a qu'une fille, Isabelle. À la mort du roi, la guerre civile éclate, les carlistes contre les pro-isabelliens. Il faut attendre 1839 pour que les droits de la reine soient officiellement reconnus.

L'industrialisation de la Catalogne reprend son essor, on rapporte d'Angleterre de nouvelles machines à tisser, les machines à vapeur prennent le relais des chevaux. Mais on vit très mal dans les quartiers populaires. Les salaires ont beau être plus élevés qu'à Madrid, les ouvriers vivent dans des logements insalubres et exigus, les enfants sont mal nourris et mal soignés : les multiples révoltes qui éclatent régulièrement sont généralement réprimées dans le sang. En 1843, Barcelone sera bombardée du haut de la colline de Montjuïc, après plus de deux mois de grèves et de manifestations. À côté de cela, des industriels comme *Eusebi Güell,* le mécène de Gaudí, tentent d'inventer des systèmes un peu plus humains pour les ouvriers. Ils créent des *colònies industrials.* Celle de Güell est située à Santa Coloma de Cervelló, sur les rives du Llobregat, et a été construite en partie par Gaudí. L'usine, les maisons des ouvriers, l'église, l'école et la maison du directeur sont réunies à l'intérieur d'une même enceinte, et les enfants bénéficient d'un enseignement gratuit.

Extension et Exposition universelle

Au milieu du XIXᵉ siècle, la superficie de Barcelone était de 427 hectares tandis que Paris s'étendait sur 7 802 hectares, et Londres sur 31 685 hectares. Une petite ville comme Florence disposait d'une surface dix fois plus grande que Barcelone ! La population augmentait de 28 % par an, le problème de l'habitat devint une effrayante réalité sociale. Les gens vivaient entassés dans des taudis insalubres. Il fallait d'urgence agrandir la ville. Comment ? Des projets grandioses jaillirent des esprits les plus exaltés.

Un concours destiné à ébaucher les plans futurs de la ville est ouvert en 1859. C'est finalement le projet d'Idelfons Cerda qui est retenu pour *l'Eixample* (l'Extension). Avec son quadrillage régulier, il était, sur le papier, aéré par des jardins publics et des parcs. Hélas, la spéculation immobilière aidant, les espaces verts furent peu à peu grignotés pour faire place à de superbes maisons bourgeoises, parfois de style moderniste. La ville en profita pour accueillir l'Exposition universelle de 1888, une folie financière qui faillit la laisser sur la paille, Madrid ayant accordé une subvention dérisoire à sa vieille rivale. L'avingunda del Paral-lel, le monument à la gloire de Christophe Colomb et l'Arc de triomphe sont édifiés également à cette époque.

La Renaixença

Sur cette lancée, Barcelone va mieux : elle exporte du vin et du liège un peu partout dans le monde. Les bénéfices de ces ventes sont investis dans l'industrie textile qui devient le moteur de l'économie catalane. Mais, surtout, un mouvement littéraire et social naît au milieu du XIXᵉ siècle : la Renaixença, en même temps que le romantisme européen. Il verra fleurir des poèmes, des journaux et des magazines, écrits en catalan, les intellectuels donnant ses lettres de noblesse à une langue qui n'était jusque-là que parlée, car interdite dans l'enseignement et l'administration. C'est le réveil de la « catalanitude ». Le mouvement se veut aussi social, allant de pair avec l'émergence de syndicats. Un vent de progrès souffle sur la Catalogne. C'est aussi la naissance du modernisme, ce mouvement artistique dont Barcelone a été le plus beau théâtre (voir ci-dessus la rubrique « Architecture et design »).

Anarchie, grèves et coup d'État

Mais revenons aux anarchistes. Il semble que les Catalans aient été séduits par leurs thèses, bien plus que par celles des socialistes : leur volonté d'autonomie trouvait un écho dans le projet anarchiste de municipalités indépendants et souveraines. Jusqu'au début du XXe siècle, la ville sera le théâtre d'attentats anarchistes : on la surnomme même « La Rose de Feu » à cause des explosions et bombes en tout genre. Précisons qu'il faudra attendre 1907 pour que la journée de travail des femmes soit réduite à 11 heures et que l'emploi des enfants de moins de 10 ans soit interdit.

Le prolétariat de Barcelone augmente : la ville passe de 115 000 habitants en 1800 à 500 000 en 1900, accueillant les paysans pauvres de Catalogne et d'autres régions d'Espagne, sans compter les quelques immigrants de Cuba et Porto Rico dépossédés par les États-Unis qui s'étaient emparés des dernières colonies espagnoles. En 1909, Madrid décidant une nouvelle mobilisation des Barcelonais pour aller rétablir l'ordre au Maroc, le peuple se révolte et c'est la *Semana trágica* (Semaine tragique) : des dizaines d'édifices religieux sont saccagés, et plusieurs ouvriers exécutés en représailles.

En 1914 est créée la *mancomunitat de Catalunya* qui réunit les 4 provinces catalanes, un parlement sans pouvoir réel qui exige néanmoins la création d'un État catalan au sein d'une fédération espagnole. Des grèves terribles éclatent dans les années 1919-1920, à tel point que l'état de guerre est déclaré à Barcelone et que 229 personnes y trouvent la mort. Le coup d'État du capitaine général de Catalogne, Miguel Primo de Rivera, impose une dictature de 7 ans à l'Espagne tout entière. Il interdit la *mancomunitat*, le puissant syndicat anarchiste CNT, et même le football-club de Barcelone (!), symbole de la « catalanitude ». C'est lui qui appuie la candidature de la ville pour accueillir une nouvelle Exposition universelle, qui a lieu à Montjuïc en 1929. L'effarant Palau nacional, édifice néoclassique immense et pompeux, est édifié en un temps record pour accueillir les cérémonies d'ouverture. On en fera plus tard le Museu nacional d'Art de Catalunya.

La guerre civile

À la chute de Rivera en 1930, et après la formation de la seconde république d'Espagne en 1931, les nationalistes catalans de gauche (ERC), conduits par Francesc Macià, un personnage populaire et charismatique surnommé Avi (grand-papa) par les Catalans, et Lluís Companys, proclament la république de Catalogne ! Un nouveau gouvernement régional, la Generalitat, est créé. Mais il s'agit d'un monstre de papier. Madrid tient encore les rênes du pouvoir. Ce n'est pas encore, loin s'en faut, l'autonomie tant désirée. À la mort du président Macià, c'est *Luís Companys* qui lui succède et proclame à nouveau l'État catalan à la fédération espagnole. Madrid répond en condamnant les membres de la Generalitat à 35 ans de prison. Lorsque le Front populaire remporte les élections, en 1936, la Generalitat est restaurée, et les prisonniers libérés : la Catalogne bénéficie, pour peu de temps, d'une réelle autonomie.

Mais Franco, qui a soulevé l'armée d'Afrique au Maroc, et rallié à lui nombre de places militaires en Espagne, dont celle du quartier de Pedralbes, à Barcelone, étouffe ce fragile espoir dans l'œuf. En mars 1938, les nationalistes franquistes lancent une offensive en Aragon et le front de l'Èbre devient le théâtre de batailles sanglantes et atroces. Mal armées, mal équipées, les forces catalanes en déroute abandonnent la ville fin 1938 aux nationalistes.

L'ère Franco

Deux cent mille Catalans choisissent l'exil, près de 200 000 autres sont tués lors d'une impitoyable répression. Companys, réfugié en France, sera livré aux autorités espagnoles par la Gestapo et fusillé sur la colline de Montjuïc. L'ère Franco signifie un sévère tour de vis pour les Catalans : le catalan est banni des écoles, interdit dans la rue ; même la sardane est prohibée. Toutefois, les Catalans ne sont pas tous hostiles au régime franquiste : de nombreuses familles de la bourgeoisie adoptent le castillan, et l'Église coopère le plus souvent. Parmi les opposants, le docteur Jordi Pujol, emprisonné en 1960 pour avoir chanté un air catalaniste au cours d'une visite de Franco à Barcelone. Trois ans plus tard, il fonde une banque pour soutenir l'économie catalane. Pendant les dernières années du régime franquiste, l'opposition s'organise : *l'assemblea de Catalunya* est créée en 1971. Les militants se réunissent pour scander « Amnistie, Liberté, Autonomie » et chanter à pleins poumons la chanson de Lluís Llach, *L'Estaca* (« Le Pieu »). Mais c'est la maladie, et non les opposants, qui aura raison du vieux dictateur : il s'éteint le 20 novembre 1975.

L'autonomie, enfin !

Aujourd'hui, l'Espagne est divisée en 17 « régions et nationalités autonomes » *(comunidades autónomas)* qui disposent, grâce, notamment, à la pression des Basques et des Catalans, du droit de s'autogouverner. Si le gouvernement autonome de la Catalogne (la Generalitat) a les mains libres pour la culture, l'urbanisme, le commerce, le tourisme et les affaires sociales, il partage le pouvoir en ce qui concerne les transports et l'énergie, par exemple. Il perçoit directement des impôts spécifiques, plus un tiers de l'impôt sur le revenu auprès de l'État. Autonomie encore renforcée par l'adoption, en 2006, d'un nouveau statut, soumis à référendum.

En 1982, c'est Barcelone qui est choisie pour accueillir les *Jeux olympiques de 1992.* Pour la ville, c'est l'occasion de se faire connaître des investisseurs, de construire des hôtels et d'améliorer les voies d'accès. Partout est affiché le slogan *Barcelona, posa't guapa* (« Barcelone, fais-toi belle ») et la ville tout entière résonne de coups de truelle et de marteaux-piqueurs, elle ravale ses façades, nettoie ses rues, ses plages, réorganise et agrandit son port. Comme une cocotte sans couvercle, la métropole, depuis la mort de Franco, bouillonne d'une intense activité culturelle et artistique. D'ailleurs, pour la plupart, les maisons d'édition (plus de 700) et studios d'enregistrement espagnols ont leur siège à Barcelone et non à Madrid. Autre conséquence des Jeux olympiques, le développement du tourisme. Avant 1992, Barcelone n'attirait que peu de touristes, les plages de la Costa Brava constituant la principale attraction. Après le grand toilettage provoqué par les Jeux, Barcelone s'est réveillée métamorphosée, et elle est ainsi devenue une séduisante destination touristique urbaine à part entière, au même titre que Bruges, Florence ou Amsterdam.

La capitale catalane a continué de manifester sa vivacité et son dynamisme au travers de nombreuses manifestations. Après avoir célébré Gaudí en 2002, Dalí et le Forum en 2004, 2005 et 2006 furent consacrées à la Gastronomie, et 2007 aux Sciences et au Sport.

HOMOSEXUALITÉ

Sous Franco, pas question d'être homosexuel(le) – ou du moins de s'afficher comme tel(le). Aujourd'hui, avec le retour de la démocratie, les relations homosexuelles sont légales dans la péninsule Ibérique, du moment que les partenaires sont âgés de 16 ans au moins. La Catalogne, comme toujours progressiste, avait voté une loi en 1998 qui reconnaissait les couples gays ou lesbiens, même si le droit catalan n'accordait pas aux homosexuels la possibilité de se marier, ni d'adopter des enfants. Avec la nouvelle loi proposée par le gouvernement de José Luis Zapatero, présentée et votée début 2005, même la tolérance catalane est largement dépassée : il s'agit d'une légalisation totale du mariage homosexuel, offrant aux couples du même sexe exactement les mêmes droits qu'aux autres, en matière de succession, de retraite, de veuvage, de nationalité, d'adoption, etc. Une vraie révolution, lorsque l'on se souvient que jusqu'en 1978 l'homosexualité était encore un délit passible de prison. Pour en revenir à la Catalogne, Barcelone est un endroit apprécié des homos qui y trouvent bon nombre de bars et boîtes gays très tendance. La ville s'est d'ailleurs imposée comme l'une des principales destinations « homos » en Europe.

Quelques guides spécialisés et gratuits pour ceux qui veulent tout savoir sur la vie gay barcelonaise : le *Barcelona Gay* gratuit, en espagnol et anglais, édité par l'office de tourisme ou encore le *Gaycelona* disponible dans tous les bars, boutiques et boîtes. Sinon, le *Nois* (garçon en catalan), une revue assez complète qui recense les lieux spécialisés (bars, restos, boîtes, saunas, boutiques, etc.). En catalan (courage !) et en anglais.

MATCH BARCELONE-MADRID

Comme toutes les vieilles querelles, l'antagonisme Barcelone-Madrid remonte à la nuit des temps. En 1640, Barcelone se soulève déjà contre la tentative de centralisation de l'État de Felipe IV. Au XIXe siècle, le pouvoir bombarde la ville à plusieurs reprises du haut du château et de la citadelle du Montjuïc, symboles toujours détestés des Barcelonais.

Madrilènes fainéants, vivant aux crochets du pays, contre Barcelonais égoïstes et radins mais vivant de leur travail, l'antipathie a parfois quelque chose de pathologique. Et l'ère de Franco n'a rien arrangé. Les Catalans paranos soupçonnèrent longtemps Madrid de vouloir transformer la province en une terre de paysans et de bergers pour éviter toute contestation... Inutile de dire qu'on en est loin !

De tout temps, les clubs de foot furent à couteaux tirés : dans les années 1920, le stade de Barcelone est fermé parce qu'on y chante l'hymne national catalan. Et le Barça n'a jamais pardonné au Real de lui avoir piqué, dans les années 1950, un joueur de légende, l'Argentin Di Stefano, qui permit à la capitale de rafler la Coupe d'Europe des clubs champions 5 années de suite (de 1956 à 1960)...

Aujourd'hui, Barcelone se plaint du peu d'empressement de Madrid à l'aider à éponger ses dettes des Jeux olympiques, et à investir dans les infrastructures (aéroport, etc.). Quant à certains Madrilènes « expatriés » à Barcelone, ils pestent de voir leurs enfants obligés d'apprendre le catalan à l'école. Et les deux villes se tirent la bourre comme des gamins pour savoir qui immatricule le plus de voitures par an !

MÉDIAS

Programmes en français sur TV5MONDE

TV5MONDE est reçue dans le pays par câble, satellite et sur Internet. Retrouvez sur votre télévision : films, fictions, divertissements, documentaires – qui témoignent de la diversité de la production audiovisuelle en langue française – et informations internationales.

Le site • tv5.org • propose de nombreux services pratiques aux voyageurs (• tv5.org/voyageurs •) et vous permet de partager vos souvenirs de voyage sur • tv5.org/blogosphere •

Pensez à demander dans votre hôtel sur quel canal vous pouvez recevoir TV5MONDE et n'hésitez pas à faire vos remarques sur le site • tv5.org/contact •

Presse

L'Espagnol lit peu mais lit proche. Les deux grands quotidiens nationaux, *El Mundo* (1,2 à 1,3 millions de lecteurs), de sensibilité libérale droitière, et *El País* (2 millions), plus socialisant, n'atteignent ces chiffres de diffusion que grâce à leurs éditions régionales (15 pour le premier, 7 seulement pour le second). Dans tous les cas, ils sont désormais dépassés par certains gratuits, au premier titre desquels *20 Minutos* (2,4 millions de lecteurs). Dans les hôtels, les restos, les campings, les quotidiens régionaux se taillent la part du lion et, le plus souvent, on ne trouve qu'eux. Mais ils dépassent rarement les 200 000 exemplaires et ne s'intéressent guère qu'à l'actualité d'une ou deux provinces. D'où une foultitude de titres. Pour la plupart, ils traitent avec soin des nouvelles internationales (surtout européennes, en fait) et nationales, mais y ajoutent d'innombrables pages locales. Pour le voyageur, ce peut être une aubaine : le moindre événement, le moindre concert, la moindre foire artisanale ou le moindre marché sympa est signalé. Ajoutons les annonces publicitaires, les agendas culturels souvent très détaillés (cinés, spectacles...), les pages TV... Bref, une mine d'infos, même si, il faut bien le dire, elle est encore plus conservatrice que la presse régionale française.

Le poids lourd de la presse catalane, c'est le *Periodico de Catalunya,* avec 240 000 exemplaires et deux éditions, l'une en catalan, et l'autre en castillan. Ce qui n'empêche pas de trouver une multitude de titres locaux en catalan, dont la diffusion ne dépasse pas le périmètre d'une ville.

Côté magazines, la presse « people » caracole en tête derrière le vétéran *¡ Hola !* et ses 730 000 exemplaires. Les concurrents sont nombreux : *Semana, Diez minutos, ¿ Qué me dices ?...* La presse « people » espagnole fouille nettement moins dans les poubelles que ses homologues européens. Certes, on y parle des top models et de Caroline de Monaco, mais ce qui plaît aux Espagnols, ce sont les infos (pas les ragots) sur les toreros, les grands chanteurs de flamenco et les rejetons de la noblesse (la famille royale d'Espagne en particulier). Bref, la tendance serait plus *Point de Vue* que *Gala.* Et quand la fille de la duchesse d'Albe épouse le fils d'un grand torero remarié avec une chanteuse de flamenco, c'est du délire ! En fait, c'est un bon moyen d'entrer dans la société espagnole par la petite porte.

Télévision

Une surprise : les petits tirages de la presse TV. *Teleprograma,* le leader, plafonne à 250 000 exemplaires. Les Espagnols regarderaient-ils peu la télé ? Certes non. Dans les bars, les restos, les campings, il y a toujours une télé allumée, de préférence à fond. C'est même une des plaies des campings espagnols. Mais la télé espagnole est simple : sports, séries, jeux, journaux télévisés, corridas et quelques films. Dans l'intervalle, des débats pour passer le temps.

Il y a 5 chaînes principales : TVE 1, TVE 2 et Antena 3, des chaînes d'État (la dernière avec des décrochages régionaux), Tele 5 (assez proche de notre M6) et Canal Plus, plus quelques chaînes locales assez peu regardées, sauf au Pays basque. Les horaires des programmes sont indiqués dans le journal local, donc pas besoin de journal spécialisé. Sachez que les journaux télévisés suivent l'heure des repas (15h et 21h sur TVE 1 ou Antena 3, 22h sur TVE 2). Ce qui plaît le plus aux Espagnols à part le foot, les corridas et le cyclisme, ce sont les émissions « people » (décidément, c'est leur truc) comme *Gente* sur TVE 1 ou *Rumore, rumore* sur Antena 3. Soyez certain que le patron du petit bistrot dans lequel vous dînez tranquillou va zapper d'un match de foot à une course cycliste, même de seconde catégorie, avant de vous infliger les amours de Lola Flores et la fin de la superbe corrida de Valence.

Radio

De ce côté-là, c'est un peu le bazar. Des centaines de miniradios inondent la bande FM. Pour écouter de la musique locale, c'est l'aubaine, sauf en voiture car le *cantaor* au *duende* fabuleux se trouve soudain remplacé par un débat sur la culture des olives au détour d'une colline. Une valeur sûre : *Radio Clasica.*

HOMMES, CULTURE ET ENVIRONNEMENT

PERSONNAGES

Dans l'ordre alphabétique :

– **Ricardo Bofill** (1939) : cet architecte surdoué et séduisant a dessiné le nouvel aéroport de Barcelone, le Palais national des congrès à Madrid, le quartier d'Antigone à Montpellier, la place de Catalogne à Paris ou encore celle du Marché-Saint-Honoré. Et aussi des HLM qui ont des airs de châteaux forts. Il aime les villes néo-antiques, les immeubles à colonnes et les décors de théâtre dans lesquels on peut habiter. Il crée le *Taller de Arquitectura* en 1963, un atelier qui compte aujourd'hui une quarantaine de personnes. Pour lui : « L'architecture est un combat contre le destin : elle doit arrêter le temps ou y périr... »

– **Montserrat Caballé** (1933) : la cantatrice barcelonaise s'est révélée aux yeux du public néophyte par son duo avec Freddie Mercury, le chanteur défunt du groupe *Queen*. Sa grande technique vocale, la versatilité de sa tessiture et sa prestance lui ouvrent bien des rôles, des romantiques primesautières aux sombres vengeresses. *La Tosca* de Puccini, *Aïda* de Verdi ou encore *Salomé* à l'Opéra de Vienne en 1959. Mais c'est *Lucrèce Borgia,* au Carnegie Hall de New York, en 1965, qui la consacre véritablement auprès du public.

– **Pau Casals** (1876-1973) : violoncelliste, compositeur et chef d'orchestre né à El Vendrell, près de Tarragone. Avant l'âge de 12 ans, il quitte sa ville natale pour Barcelone, où il suit pendant cinq ans les cours de l'école municipale de musique. C'est là qu'il découvre les *Six suites pour violoncelle seul* de Bach, qui vont bouleverser sa vie. Il les lit, les relit des heures entières, les travaille pendant 12 ans avant de les jouer en concert, puis les fait découvrir au monde entier. En 1939, il fuit le régime franquiste et s'installe à Prades, dans les Pyrénées-Orientales, donnant des concerts au profit des réfugiés espagnols. Toujours en Catalogne, mais de l'autre côté de la frontière ! Il refusera d'ailleurs longtemps de jouer à l'étranger tant que les grandes nations n'auront pas aidé l'Espagne à retrouver sa liberté... Le festival créé à Prades en 1950 par Pau Casals, qui porte d'ailleurs son nom, réunit les plus grands musiciens de son époque (Yehudi Menuhin, Isaac Stern...) et attire les plus grands ensembles classiques.

– **La Chupa Chups :** c'est au milieu du XIXe siècle que Josep Bernat, un petit confiseur de Barcelone, invente le bonbon-caramel, une boule de sucre caramélisé. Dans les années 1950, son petit-fils Enric rachète la société *Granja Asturias,* productrice de pâtes de fruits, et commande une étude de marché : si les enfants raffolent de ses bonbons, les mamans les apprécient beaucoup moins, vu qu'ils salissent les mains et les habits de leurs chers petits ! Il trouve la solution : piquer ses caramels sur un bâtonnet. La première sucette est lancée sous le nom « Gol », à cause de sa forme de ballon de foot, avant de s'appeler *Chups,* nom trouvé par une agence de pub locale en 1958. Dalí dessinera son logo, la célébrissime marguerite, et les amateurs la rebaptiseront « Chupa » (tétine, en espagnol). La petite sucette ronde, suçotée par des générations entières de gourmands, vendue dans 164 pays au monde (y compris la Chine et la Russie), atteint des ventes spectaculaires, avec plus de 40 milliards d'unités !

– **Salvador Dalí** (1904-1989) : né à Figueres, dans la province de Gérone, Dalí a une dette particulière envers Barcelone, c'est là qu'il montera ses premières expos, chez le galeriste Dalmau. Il y rencontre Miró, de 8 ans son aîné, qui le prend sous son aile. À Paris, il est sous son parrainage amical, et celui de Picasso. Miró lui fait connaître les surréalistes, dont Dalí deviendra une figure de proue... avant de se fâcher avec eux ! Outre la peinture, le maître de l'excentricité touche à tout : il coécrit des scénarios avec Luis Buñuel *(Un chien andalou),* se lance dans des happenings, tourne une pub pour les pralinés Lanvin (grand moment de TV)... mais reste inlassablement fidèle à sa femme, sa muse, Gala. Contrairement à Picasso ou Miró, il ne critiquera jamais ouvertement le pouvoir franquiste et fera même, à la fin de sa vie, un éloge du Caudillo. D'ailleurs, voici en quels termes Dalí parlait de Picasso : « Picasso est espagnol. Moi aussi. Picasso est un génie. Moi aussi. Picasso est communiste. Moi non plus ! » L'État espagnol est devenu à sa mort son héritier universel, un héritage estimé à quelque 850 millions de francs de l'époque. Le Teatre-Museu de la ville de Figueres, où il naquit et passa ses dernières années, est le musée le plus visité d'Espagne après le Prado, et représente une des étapes du « triangle dalínien » en Catalogne.

– *Antoni Gaudí (1852-1926) :* il paraît que Picasso le détestait. Aujourd'hui, le peintre n'apprécierait guère de voir les œuvres de l'architecte devenues les emblèmes de Barcelone (qui plus est largement fêté en 2002 pour le 150e anniversaire de sa naissance) ! Gaudí étudia l'architecture et la philosophie, ce qui explique cette fusion de la technique et du spirituel. Il dépassa rapidement le rationalisme d'un Viollet-le-Duc pour se lancer dans une œuvre de visionnaire qui inquiéta quelque peu ses contemporains. Il puisa dans toutes les sources offrant l'occasion d'enrichir son inspiration : architecture du passé, procédés techniques et utilisation des matériaux, exploitation de toutes les possibilités du végétal, pour aboutir à des formes dynamiques et originales, audacieuses pour l'époque, et qui font de lui l'un des plus grands architectes de tous les temps. Est-ce un hasard si trois de ses œuvres, le palau Güell, le parc Güell et la casa Milà (connue comme *la Pedrera*), ont été classées « Biens culturels du Patrimoine mondial » ? Celui qui devait mourir en 1926 sous les roues d'un tramway consacra les dernières années de sa vie à son chef-d'œuvre inachevé, la Sagrada Família, allant même jusqu'à dormir sur le chantier ! Comme les cathédrales de naguère, la construction de la Sagrada risque de durer encore un bon demi-siècle, d'autant plus que les plans ont disparu dans un incendie. La couverture de la nef est toujours en cours de réalisation et si l'entrée principale fait partie des projets les plus immédiats, on n'en est pas encore là ! Pendant longtemps encore, le visiteur vivra dans la poussière et les étincelles des soudeurs. Le nouveau pape Benoît XVI étudie le dossier de béatification de Gaudí, qui n'était certes pas un saint mais qui mena une vie ascétique orientée vers le dépouillement individuel. Est-ce suffisant pour qu'un artiste atteigne la sainteté ?

– *Lluís Llach (1948) :* les Catalans disent de ce chanteur sexagénaire qu'il a le *duende,* un frisson dans la voix, un supplément d'âme qui touche et fait frémir. Il a toujours milité pour la Catalogne autonome et chanté en catalan : le vieux Franco avait interdit de parler la langue en public... mais avait oublié de la prohiber dans les chansons ! Chanter, c'est donc une manière de résister (ce qui n'évita pas à Lluís Llach de s'exiler une première fois à Paris en 1970, puis à Londres en 1974 après avoir été déclaré « chanteur interdit »). *L'Estaca* (« Le Pieu ») devient l'hymne de la résistance antifranquiste : un vieil homme attaché à un pieu appelle les gens à tirer dans le même sens pour le faire tomber. Lluís Llach a un jour refusé un contrat mirifique de CBS qui lui demandait de chanter en castillan. Depuis, il est devenu une vraie gloire pour les Catalans, attirant 100 000 personnes au stade Nou Camp et jouant à guichets fermés lors de ses concerts. Et en 1999, l'Unesco lui décerne le titre d'« Artiste pour la paix ».

– *Sergi Lopez (1965) :* acteur fétiche de Manuel Poirier (depuis 1992, il a tourné plusieurs films avec le réalisateur de *Western*), Sergi Lopez est avant tout catalan et fier de l'être. Dans ses films, il ne perd jamais une occasion de clamer son identité : « Je suis catalan, pas espagnol. » Sa brillante prestation dans *Harry, un ami qui vous veut du bien,* de Dominik Moll, fut à juste titre récompensée par le César du meilleur acteur en 2001. Aussi à l'aise dans la peau des gentils que dans celle des méchants, il ne cesse de tourner !

– *Xavier Mariscal (1950) :* il est né à Valence (dans une famille de onze enfants), mais son cœur bat pour Barcelone ! C'est la ville qu'il adopte pour y mener une carrière de créateur tous azimuts : souvenez-vous, la mascotte Cobi, rendue célèbre lors des J.O. de 1992, c'est lui. Mais c'est lui aussi qui signe un dessin animé iconoclaste, *Los Garriris,* avec ses héros vagabonds, lui encore qui imagine un tabouret aux pieds ondulés ou une affiche à la gloire de la ville, avec ce slogan « Bar-cel-ona » (en catalan : « Bar, ciel, vague »). Et en plus, il fait partie des talents qui ont investi le Palo Alta, dans le Poble Nou, réanimant ainsi la vieille friche industrielle de Barcelone.

– **Eduardo Mendoza** (1943) : les stendhaliens et les bovarystes accordent leurs goûts, une fois n'est pas coutume, sur la production littéraire de cet auteur barce- lonais. Il cultive sciemment et très discrètement son image de provocateur gentle- man en écrivant en castillan à l'heure où le catalan n'a jamais été autant à la mode. Titilleur professionnel mais loyal, un peu à la manière d'Albert Londres, dans La Vérité sur l'affaire Savolta, il s'étend à loisir sur la bourgeoisie et les anarchistes de l'année 1917. Il sait aussi souligner le fait que les fortunes colossales de la cité catalane se sont bâties sur l'indigence du petit peuple de la Ville des Prodiges, ou encore vitupérer la Catalogne à l'heure du franquisme (L'Année du déluge). Avocat en droit international, Mendoza avait également ses entrées dans les arcanes du pouvoir. Il assista, entre autres, Felipe González aux États-Unis, lors de sa rencon- tre avec Ronald Reagan.

– **Joan Miró** (1893-1983) : il a passé son enfance carrer de Ferran, dans le centre de Barcelone, bercé par les tic-tac familiers des mécanismes chers à son horloger de père. Très vite, Miró comprend que son goût pour les formes abstraites, les explosions de couleurs, dénote et détonne ! Son passage aux cours de la Llotja, où il est mal noté par ses professeurs, en témoigne. Il rencontre Gaudí au Cercle artís- tic de Sant Lluc, avant de partir pour Paris, à l'instar de ses amis peintres : c'est là qu'il rencontre Picasso, de 12 ans son aîné, avant de revenir à Barcelone au début de la Seconde Guerre mondiale. Pendant la guerre civile, il se bat avec ses affiches pour seules armes, afin d'alerter l'opinion internationale, de même qu'il soutiendra la cause catalane pendant la période du franquisme.

– **Manuel Vázquez Montalbán** (1939-2003) : l'écrivain est né dans une Barcelone qui léchait ses plaies comme un chat blessé, quand la ville se remettait tout juste des drames de la guerre civile. Son père étant originaire de Galice, Montalbán écrit en castillan, la langue de sa famille, mais reste un ardent défenseur de la culture catalane, avec « une certaine distance émotionnelle » en plus. Journaliste, poète, romancier et même chroniqueur gastronomique, il s'engage en politique aux côtés du PSUC (parti socialiste unifié catalan à sensibilité communiste). Il reçoit quelques- uns des plus grands prix littéraires, comme le Planeta (équivalent du Goncourt fran- çais) en 1979 et le Grand Prix de littérature policière en 1981. Son héros fétiche, Pepe Carvalho, connaît Barcelone comme sa poche, et son péché mignon, entre deux enquêtes désabusées, est de mitonner quelque succulente recette catalane ou de partir en balade autour du monde... Tout comme Montalbán, qui s'est éteint à l'aéroport de Bangkok.

– **Pablo Picasso** (1881-1973) : Picasso est né à Málaga, en Andalousie, mais sa première expo, il la monte à Barcelone, sur les murs du café Els Quatre Gats, un peu l'équivalent de notre Chat Noir montmartrois. Lorsque le jeune Pablo arrive à Bar- celone, il a 14 ans. Il habite alors avec ses parents carrer de la Mercé, près des quais, puis suit les cours de l'école des Beaux-Arts de la Llotja, où son père est professeur. On peut voir des œuvres de jeunesse, des scènes de rue, des croquis de pigeons de l'élève Picasso au musée qui porte son nom dans le quartier Ribera. Si son style s'est affirmé à Paris, Picasso a toujours aimé Barcelone, laquelle, avec ses rues vivantes, son port, ses carrioles et ses chevaux a été sa première source d'inspiration.

– **Jordi Pujol** (1930) : certains affublent ce médecin catholique catalan du sobri- quet de « Napoléon catalan » ! À la fois fort en gueule et rusé, il est au pouvoir depuis 20 ans. Mais il était connu bien avant : en 1960, devant le Caudillo, il se fait remarquer en chantant le Cant de la Senyera (l'hymne au drapeau catalan). Franco n'a pas l'humeur badine et Pujol écope de 7 ans de prison avec quelques sévices en prime, histoire de lui faire ravaler son insolence. Il ne purge pas sa peine jusqu'au bout et reprend son « activité » de résistant au sein de la Banque catalane fondée par son père en 1959. Son leitmotiv ? Fer país, « construire le pays », en reconnais- sant la différence catalane via son particularisme et l'originalité historico-culturelle de sa nation. En 1974, Pujol fonde le parti Convergència Democràtica de Catalunya qui, en 1978, devient Convergència i Unió (CIU). Dès lors, plus rien ne semble l'arrêter. Pas même le scandale sur les malversations financières de la *Banque catalane*. Il demeure, de 1980 à 2003, président de la Generalitat et représente, avec ses 16 députés, moins de 5 % des voix espagnoles. C'est donc vers lui que se tournent les chefs de gouvernement pour former une nécessaire alliance. Pujol, fin stratège, a tout compris et n'hésite pas à retourner sa veste quand il faut, apportant son soutien tantôt à la gauche (de 1993 à 1996), tantôt à la droite (avec la victoire d'Aznar en 1996). Tout le monde y trouve son compte... Ex-président de l'Assemblée des Régions d'Europe, cet homme de terrain (depuis son investiture, il se rend chaque semaine dans un village différent de Catalogne) a réussi à imposer, en 1983, que sa langue soit généralisée à l'ensemble de la province, et son enseignement obligatoire à l'école primaire. Beaucoup pensent que l'ambition de Pujol est sans limite. Il n'est pas seulement le gouverneur de Catalogne, il en est le symbole, son incarnation. En 23 ans de pouvoir, Pujol aura vu passer 5 présidents américains, 5 chefs soviétiques et 3 présidents français ! En 2003, âgé de 73 ans, il préfère se retirer du devant de la scène et passer la main à la nouvelle génération : c'est donc Artur Mas qui a pris la tête de la liste de Convergència i Unió lors des élections régionales de novembre 2003, avec un net recul du parti fondé par Jordi Pujol.

– ***Jordi Savall*** *(1941) :* né à Igualada, dans la province de Barcelone, ce violiste (entendez par là « joueur de viole ») s'initie dès l'âge de 6 ans à la musique. Il suit des études au conservatoire de Barcelone jusqu'en 1965, et pousse jusqu'à la Schola Cantorum Basielinsis en Suisse pour compléter sa formation. Il remet alors au goût du jour la viole de gambe, instrument du XVe siècle tombé dans les oubliettes, et recrée, entre 1974 et 1989, un répertoire allant du Moyen Âge au XIXe siècle. Dès lors, les critiques internationaux sont unanimes. Considéré comme l'un des plus grands interprètes de viole de gambe, il participe activement aux bandes originales des films *Tous les matins du monde* (1992) d'Alain Corneau, *Jeanne la Pucelle* (1993) de Jacques Rivette et *Marquise* (1997) de Vera Belmont, pour n'en citer que quelques-uns...

– ***Antoni Tàpies*** *(1923) :* Tàpies et ses toiles non figuratives, ses sculptures étranges et non dénuées d'humour, sont encore une création toute barcelonaise. Dans les années 1950, ce jeune artiste était considéré comme l'héritier de Miró, car il faisait preuve, comme lui, d'un tempérament inquiet et novateur. Sa fondation, carrer Aragó, dans le quartier de l'Eixample, abrite une collection permanente, mais aussi des œuvres d'artistes contemporains, comme Miquel Barceló. On peut voir sur le passeig de Picasso, près du parc de la Ciutadella, un « Hommage de Barcelone à Pablo Picasso » signé Tàpies : un bassin rempli d'eau, avec un étrange bric-à-brac fait d'un vieux buffet, de chaises et de draps griffonnés.

– Et aussi : l'ex-directeur de l'Unesco, ***Fèderico Mayor*** *;* ***Joan Antonio Samaranch***, *ancien directeur du CIO* ; les champions de tennis ***Sergi Bruguera*** et ***Arantxa Sánchez-Vicario*** ; le ténor ***José Carreras***.

POPULATION

Le Catalan est le résultat d'invasions successives, depuis les Phéniciens jusqu'aux Arabes, sans oublier les Romains. Un peuple avec une tradition et une culture qui lui sont propres. Contrairement aux Basques, les Catalans ont trouvé leur identité dans l'histoire et non dans une homogénéité ethnique. Comme eux, en revanche, ce sont de grands navigateurs qui ont développé très tôt un sens aigu du commerce et de la finance ; ils parcoururent les pays méditerranéens et parfois s'y installèrent. Ce n'est d'ailleurs pas un hasard si Barcelone et Bilbao sont aujourd'hui les deux grands ports espagnols.

Si vous interrogez un Catalan sur les particularités de son peuple, il ne résiste pas bien longtemps à vous révéler le secret des gens d'ici : un savant dosage de *seny* (le bon sens) et de *rauxa* (la démesure, la folie des grandeurs). Et de vous citer Dalí, Gaudí ou Bofill comme exemples de cet étonnant cocktail qui fait tout le charme du caractère catalan !

HOMMES, CULTURE ET ENVIRONNEMENT

Il vous dira encore qu'il se sent plus européen qu'espagnol. Cela dit, à côté de ces Catalans « de souche », on trouve depuis un siècle des gens venus des régions les plus pauvres de la péninsule, attirés par la richesse de la région. Ces immigrants-là ne parlaient que castillan et ont dû se mettre au catalan, parfois avec réticence. Les syndicats ont joué un rôle important pour calmer le jeu entre les deux communautés qui se tiraient dans les pattes.

La centralisation du pouvoir sous le régime de Franco avait fait de la Catalogne un pôle d'opposition au franquisme. Auparavant, du moins jusqu'au début du XVIIIe siècle, elle avait ses propres institutions, retrouvées un moment en 1931 avec la création de la Généralité de Catalogne. La mort de Franco et l'avènement d'une monarchie parlementaire allaient conduire à la renaissance de la Généralité (Generalitat). Le statut d'octobre 1979 crée un parlement catalan qui élit le président de la Généralité.

Les petites tensions entre les Catalans et le pouvoir central résultent évidemment du degré d'autonomie financière et politique que ce dernier veut bien concéder. Mais, dans l'ensemble, ça se passe plutôt bien. Et pour cause : la Catalogne est une alliée indispensable au gouvernement madrilène. Il ne faut pas oublier qu'Aznar doit sa victoire de 1996 à l'appui que lui a fourni Jordi Pujol. Et ça, Pujol l'a très bien compris et a su en jouer. Puisqu'il aidait Madrid, il en tirait tout ce qu'il pouvait. D'ailleurs, contrairement au Pays basque, la Catalogne ne prône pas l'indépendance. Elle veut (et elle a obtenu) plus d'autonomie, mais sa politique n'est pas une politique séparatiste.

RELIGIONS ET CROYANCES

À ce propos, les clichés ont la vie dure : l'Espagne apparaît pour beaucoup comme un pays très catholique, très empreint de religiosité, où toutes les femmes s'appelleraient María Dolores et les hommes Jesús ou José. Qu'en est-il réellement ? Certes, d'après de récents sondages, 80 % (94 % officiellement) des Espagnols se reconnaissent de confession catholique, ce qui laisse peu de place pour les autres confessions religieuses. Mais ce chiffre, qui donne l'image d'un catholicisme triomphant, cache une baisse prononcée de la fréquentation des églises, notamment lors de la messe dominicale, et surtout chez les jeunes. D'ailleurs, 12 % des Espagnols s'affirment agnostiques et 4 % athées. Se déclarer catholique ne signifie cependant pas forcément avoir la foi, mais plutôt être de culture catholique et se conformer à certains rites. Et dans ce domaine, en revanche, on peut affirmer que le pays demeure très traditionaliste et très attaché à certaines cérémonies et manifestations religieuses. Le baptême, la communion, le mariage à l'église sont autant d'événements sociaux incontournables dans la vie de tout Espagnol qui se respecte. Leur fonction consiste plutôt à étaler ses richesses et impressionner sa famille et ses voisins qu'à manifester sa foi. Il suffit pour s'en convaincre de jeter un œil sur les accoutrements des communiants : costume de capitaine de frégate pour lui, le plus cher possible, robe de mariée pour elle, couverte de fanfreluches ; c'est clairement l'exhibition méditerranéenne (que l'on retrouve aussi en Italie, par exemple). Un rôle social, donc. Preuve de cette distance, peut-être, le peu de résultat des vigoureuses protestations de l'Église espagnole en 2005, au moment où la loi autorisant le mariage homosexuel était discutée... elle est bel et bien passée, cette loi !

En fait, la religion reste souvent le meilleur prétexte pour faire la fête : aux nombreux jours fériés à caractère religieux s'ajoutent les différentes fêtes des villes et des villages données en l'honneur du saint patron local, tandis que la Semaine sainte et ses processions mettent les cités andalouses dans un état proche de l'hystérie collective.

Et les non-catholiques dans tout ça ? Eh bien, on compte un peu moins d'un million de musulmans dans tout le pays, issus pour la plupart de l'immigration, bien que se développe un îlot de nouveaux convertis à Grenade. Les quelques protestants et mormons égarés dans le pays (environ 310 000) sont également pour moitié des immigrés, en provenance de l'Europe du Nord. Les juifs seraient entre 40 000 et 50 000. Quant aux sectes, elles paraissent peu implantées, et souvent liées aux mouvements d'extrême droite.

SARDANE

La sardane est la danse nationale catalane, originaire de la région de l'Empordà, au nord de la Catalogne. Spécifique au Bassin méditerranéen, elle se dansait déjà, paraît-il, chez les Étrusques et dans la Grèce antique. Codifiée par Pep Ventura au XIXe siècle, elle fut largement médiatisée lors de la cérémonie d'ouverture des J.O. de 1992. Rien à voir avec les démonstrations flamboyantes du flamenco : c'est une danse sobre, que l'on interprète toutes générations mélangées. Mais pas aussi simple qu'elle en a l'air, puisque tous les pas et les pointes sont comptés. Les rondes se forment à l'appel du *flabiol* (petite flûte). Puis, un à un, tous les instruments de la *cobla* (l'orchestre) le rejoignent. Les danseurs entament une série de pas vers la droite, puis en arrière, et exécutent la même chorégraphie de l'autre côté.

Au début, la danse est lente, puis la musique accélère, les pas s'enchaînent et deviennent de plus en plus compliqués, alternant sauts et mouvements des bras. Puis la musique ralentit à nouveau et on revient aux pas du début. D'autres danseurs peuvent entrer dans le cercle sans que la danse s'arrête, on leur fait simplement de la place : certains y voient un symbole de l'accueil chaleureux envers les étrangers, de l'ouverture d'esprit qui caractérise la société catalane.

Chaque sardane est composée de deux unités mélodiques distinctes. Les points courts, qui font usage de refrain comme dans une chanson, et les points longs, sorte de couplet.

L'usage a voulu qu'une sardane commence par les courts (2 fois), les longs (2 fois), les courts (2 fois), et finalement les longs (4 fois). Les seules interruptions ont lieu uniquement après le deuxième et le troisième des 4 derniers longs, par 2 arrêts nommés contrepoints. Le musicien fixe le nombre de courts et de longs de chaque sardane, suivant son inspiration, mais la moyenne habituelle, imposée par le délai du temps à jouer (environ 12 mn par sardane) est de 21 à 45 courts et de 51 à 95 longs.

Pour voir danser la sardane à Barcelone

– *Plaça Catedral :* de février à juillet, le samedi à 18h30 ; de septembre à novembre, les dimanche et jours fériés à 12h.
– *Plaça Sant Jaume :* le dimanche à 18h30.
– *Parc de la Ciutadella :* de janvier à février, le dimanche à 12h ; 1er dimanche de mars.
– *Parc de l'Espanya Industrial :* de mi-avril à fin septembre, le vendredi à 19h30.
– *Parc de Joan Miró :* de décembre à mars, les 2e et 4e dimanche à 12h ; en avril et d'octobre à novembre, les 1er et 3e dimanche à 12h.
– *Parc de les Tres Xemeneies (Poble Sec) :* de décembre à juillet, le 2e dimanche du mois à 12h.
En août, la sardane est réservée aux fêtes locales (voir « Fêtes et jours fériés » dans « Hommes, culture et environnement »).

SAVOIR-VIVRE ET COUTUMES

Quelques particularités

– Dans les hôtels comme dans les restos, il faut souvent ajouter à la note une **taxe** *(IVA)* qui va de 7 % (normale) à 12 % dans certains restos chic. Bon à savoir aussi, le pain est généralement facturé à Barcelone, il s'agit souvent de *pa amb tomàquet*.

– Le *pourboire* n'est pas inclus dans la note : il n'est pas obligatoire, mais il est courtois de laisser quelque chose (jusqu'à 10 % de l'addition). N'oubliez pas que les salaires sont ici moins élevés qu'en France.

– Il est un rituel que l'on retrouve dans toute la péninsule Ibérique, celle du *paseo* (littéralement la promenade). Vers 19h-20h, avant le dîner, les Barcelonais ont l'habitude de déambuler sur les sacro-saintes *ramblas* jusqu'au bord de mer, en famille ou entre amis. L'élégance est de mise, chez les grands comme chez les petits. C'est un moment très convivial, souvent ponctué de retrouvailles : on croise un voisin, on dit bonjour à une cousine : « Et comment va Isabel ? », et on finit par s'asseoir sur un banc pour regarder les autres passer... Un spectacle à ne pas manquer.

– Le *tutoiement* est presque toujours spontané, sauf si l'on s'adresse à une personne plus âgée.

– Il y a peu de *w-c publics,* mais on peut plus facilement qu'en France utiliser les w-c des cafés et restos.

– Quant à la *voiture,* les Espagnols se garent n'importe où, y compris en double ou triple file, mais jamais sur les emplacements réservés aux personnes handicapées qu'ils respectent scrupuleusement.

– En somme, rien de bien différent de toute l'Europe : on se salue quand on se rencontre, on s'excuse quand on se bouscule et on se remercie.

– Enfin, on fait attention à *sa tenue* quand on entre dans une église (les jambes nues sont mal vues et il vaut mieux couvrir bras et épaules).

Fêtes à toutes les sauces

De toute façon, tous les prétextes sont bons en Espagne pour organiser une fête. Bien sûr, tous les saints y passent mais aussi les escargots, les ânes, les récoltes, les taureaux ! Il y en a pour tous les goûts et pour toutes les folies. L'origine de ces fêtes est avant tout religieuse. Un catholicisme très fort a récupéré toutes les fêtes païennes pour se faire accepter et, au contraire du protestantisme de l'Europe du Nord, est resté attaché à toutes les commémorations et à tous les rites ancestraux. Une vieille formule romaine ne disait-elle pas : « Pour le peuple : du pain et des jeux » ? N'empêche que les vieilles fêtes religieuses ont considérablement dévié au point de provoquer les critiques de l'Église.

Pour Gil Calvo, sociologue : « La base réelle [de la fête], c'est qu'il n'y a pas assez de travail pour tout le monde ; les Espagnols compenseraient donc ce manque d'activité par la fête. » Fait paradoxal, la chape de plomb franquiste une fois levée n'a pas eu d'effet sur la ferveur des fêtes, idem pour la déchristianisation de la péninsule. Preuve que ni les dictatures ni les dogmes n'ont altéré l'attachement des habitants à leurs traditions, à cette volonté de se retrouver ensemble. Comme le souligne Philippe Noury, du *Monde* : « Pas touche à des choses aussi sérieuses ! Devant les assauts de l'Europe puritaine, l'Espagne dressera encore longtemps son mur de fêtes et de beauté. »

Vie nocturne

Ici, on ne dort pas ! Pour ceux qui sont venus chercher le soleil, une surprise les attend : c'est la nuit que les villes s'éveillent vraiment. On finit même par dormir éveillé. La vie nocturne barcelonaise (et espagnole en général) est certainement l'une des plus développées d'Europe, voire du monde. La nuit, la rue appartient aux noctambules qui fourmillent dans les quartiers les plus animés. Barcelone, outre toutes les fêtes religieuses ou commémoratives, a comme particularité d'être une ville très branchée, voire *hype,* l'un des temples européens de la techno, *Sonar* oblige ; on ne compte donc plus les bars et les boîtes, et la ville attire chaque année des milliers de jeunes venus s'éclater aux rythmes des derniers DJs, dans des ambiances et des cadres aussi variés que leurs envies ! Tout cela commence fort tard (en général, pas la peine de s'y pointer avant 2h ou 3h) et se termine forcément au petit matin, c'est logique...

SITES INSCRITS AU PATRIMOINE MONDIAL DE L'UNESCO

Organisation
des Nations Unies
pour l'éducation,
la science et la culture

En coopération avec
le centre du patrimoine mondial de l'UNESCO

Pour figurer sur la Liste du patrimoine mondial, les sites doivent avoir une valeur universelle exceptionnelle et satisfaire à au moins un des dix critères de sélection. La protection, la gestion, l'authenticité et l'intégrité des biens sont également des considérations importantes.

Le patrimoine est l'héritage du passé dont nous profitons aujourd'hui et que nous transmettons aux générations à venir. Nos patrimoines culturel et naturel sont deux sources irremplaçables de vie et d'inspiration. Ces sites appartiennent à tous les peuples du monde, sans tenir compte du territoire sur lequel ils sont situés. Pour plus d'informations ● http://whc.unesco.org ●

– Les œuvres d'Antoni Gaudí (1984, 2005) : park Güell, palau Güell, casa Milà (la Pedrera), casa Vicens, Sagrada Família (façade de la Nativité et crypte), casa Batlló et colònia Güell (la crypte).
– Le palau de la Música et l'Hospital de Sant Pau (1997).

SPORTS ET LOISIRS

Le football *(fútbol)*

On trouve en Espagne les plus grands stades européens (rappelez-vous le Mundial de 1982), et les grands clubs sont l'orgueil des villes. Barcelone vibre au rythme du Barça, club de foot-phare du pays et symbole de la résistance catalane face au pouvoir de Madrid. Vainqueur pour la 17e fois du championnat national (la *Liga*) en 2005 devant son éternel rival le Real Madrid, le Barça (FC Barcelone) a fêté en 1999 ses 100 ans au Nou Camp, le plus grand stade d'Europe après celui de Moscou, en s'offrant une affiche commémorative dessinée par le peintre Antoni Tàpies, enfant de la ville. Et la guéguerre contre Madrid continue !

Les joueurs au maillot bleu et rouge peuvent s'enorgueillir d'avoir décroché les 3 grands trophées européens : la coupe de l'UEFA, la Coupe des coupes et la Coupe des champions. Il faut dire que le Barça a toujours accueilli de grosses pointures, parmi lesquelles l'Argentin Diego Maradona, et, toujours présents, le Brésilien Ronaldinho, le Camerounais Samuel Eto'o ou le français Lilian Thuram, et on en passe. Peu de gars du pays finalement... Les aficionados en quête d'identité se rabattront sur l'autre club de la ville, l'Espanyol, peut-être moins performant mais plus authentique !

Malgré les stars galactiques du Real Madrid (Mouhamadou Diarra, ou Raúl), le Barça se classe à présent au premier rang du foot en Espagne, devant son rival de toujours.

UNITAID

« L'aide publique au développement est aujourd'hui insuffisante » selon les Nations unies. Les objectifs principaux sont de diviser par deux l'extrême pauvreté dans le monde (1 milliard d'êtres humains vivent avec moins de 1 $ par jour), de soigner tous les êtres humains du sida, du paludisme et de la tuberculose, et de mettre à l'école primaire tous les enfants du monde d'ici à 2020. Les États ne fourniront que la moitié des besoins nécessaires (80 milliards de dollars).

HOMMES, CULTURE ET ENVIRONNEMENT

C'est dans cette perspective qu'a été créée, en 2006, UNITAID, qui permet l'achat de médicaments contre le sida, la tuberculose et le paludisme.

Aujourd'hui, plus de 30 pays se sont engagés à mettre en œuvre une contribution de solidarité sur les billets d'avion, essentiellement consacrée au financement d'UNITAID. Ils ont ainsi ouvert une démarche citoyenne mondiale, une première mondiale, une fiscalité internationale pour réguler la « mondialisation » : en prenant son billet, chacun contribue à réduire les déséquilibres engendrés par la mondialisation.

Le fonctionnement d'UNITAID est simple et transparent : aucune bureaucratie n'a été créée puisqu'UNITAID est hébergée par l'OMS et sa gestion contrôlée par les pays bénéficiaires et les ONG partenaires.

Grâce aux 300 millions de dollars récoltés en 2007, UNITAID a déjà engagé des actions en faveur de 100 000 enfants séropositifs en Afrique et en Asie, de 65 000 malades du sida, de 150 000 enfants touchés par la tuberculose, et fournira 12 millions de traitements contre le paludisme.

Le Guide du Routard soutient, bien entendu, la réalisation des objectifs du millénaire et tous les outils qui permettront de les atteindre !

Pour en savoir plus : ● unitaid.eu ●

BARCELONE

Pour se repérer, voir le plan général de la ville, le plan centre
et le plan des transports en commun en fin de guide.

Barcelone, si proche de la montagne, a toujours la cote. Elle ne cesse d'être
plébiscitée par les touristes du monde entier venus chercher un compromis
entre macadam et plage dans ce melting-pot grouillant de vie nocturne, de
shopping et d'attractions culturelles. Capitale de l'une des régions les plus
prospères de la péninsule, la ville a entamé le XXIe siècle en misant sur le
tertiaire et les loisirs (dont le tourisme qui joue un rôle non négligeable), laissant à Madrid son rôle de capitale administrative et économique. Il faut dire
que, par son emplacement privilégié, Barcelone respire un air de vacances
perpétuelles, avec les maisons espiègles de Gaudí cohabitant paisiblement
avec l'architecture gothique, le front de mer bordé de palmiers et de bars-
restos design, ainsi que les multiples événements qui se succèdent du printemps jusqu'à l'automne. En résumé, une destination vivante affichant une
tolérance prisée des jeunes (pas mal d'étudiants Erasmus en goguette...) et
des moins jeunes qui trouvent ici une Espagne actuelle et entreprenante, toutefois moins folklorique, volontairement à l'écart des nouveaux clichés du
torero jetsetteur ou de la chanteuse flamenco-punk almodovarienne. Mais à
force de vouloir plaire au plus grand nombre, ne serait-elle pas devenue trop
aseptisée, trop prévisible peut-être ?
Le centre historique s'organise autour de la *Rambla,* véritable artère palpi-
tante qui mène de la place de Catalogne au port, avec ses fleuristes et ses
marchands d'oiseaux, où les sifflets des mainates répondent aux jacasseries
des *mamás.* Le soir, les Barcelonais s'y livrent à leur sport national, le *paseo* :
on défile sur la Rambla en admirant au passage les exploits du marionnettiste
et de sa grenouille musicienne, la statue de Colomb qui vous salue ou le chanteur de vieux tubes américains en fauteuil roulant.
Ajoutez à cela des transports en commun efficaces – dont un métro d'une
simplicité élémentaire ouvert jusqu'à 2h du mat' le week-end –, des merveilles
architecturales signées Gaudí, comme la *Pedrera* ou le *park Güell,* une pagaille
de restos, cafés, terrasses et salles de concert, des téléphériques, des funiculaires, un tramway, des bateaux, et vous aurez une idée du charme de Barcelone. Huit bâtiments sont classés au Patrimoine mondial de l'humanité par
l'Unesco : un record mondial pour une ville ! Heureux hasard ou véritable prise
de conscience de l'importance de cette architecture, il s'agit tous de bâtiments modernistes : le palais de la Musique catalane, la *Pedrera,* la *casa Batlló,* le *park Güell,* le palau Güell, la Sagrada Família, l'hôpital de Sant Pau et la
casa Vicens.

ADRESSES ET INFOS UTILES

Arrivée à l'aéroport

✈ *L'aéroport* se situe à **El Prat de Llobregat,** à 12 km du centre-ville. ☎ 93-298-
38-38. ● *aena.es* ● On trouve de tout dans le grand hall, dont deux stands de l'office
de tourisme *(terminaux A et B ; tlj 9h-21h, plan de la ville)*, une consigne *(terminal B ;*

4,10 €/j.), des bureaux de change *(tlj 7h-22h)* et un distributeur de billets qui accepte les cartes *Visa* et *MasterCard.* Indications en catalan, castillan et anglais.

Comment se rendre en ville ?

➢ *Navette Aerobus :* ☎ 93-415-60-20. • emt-amb.com • 5h30-minuit en sem et 6h30-minuit sam, dim et j. fériés, ttes les 15 mn. Le ticket s'achète directement dans le bus *(3,90 €).* Arrêts dans l'ordre : Plaça-d'Espanya ; Gran Vía-Urgell ; Gran Vía-Universitat ; Plaça-de-Catalunya. Env 30-40 mn pour gagner le centre-ville.

➢ *En train :* • renfe.es • Liaison directe ttes les 30 mn, 6h10-22h40. Trajet : 20-25 mn. Le plus économique : 2,60 € (attention, le billet aller-retour n'est valable que dans la même journée). Entre les deux terminaux, prendre l'escalator menant au tunnel surélevé rouge et blanc. Arrivées à la gare Sants Estació, Passeig de Gràcia, plaça de Catalunya, Arc de Triomf, Clot Aragó.

➢ *En bus :* possibilité de gagner la pl. d'Espanya avec la ligne 46, départs ttes les 30 mn, tlj 5h-23h20. Le ticket s'achète directement dans le bus (1,25 €). Ou bus nocturne N 17 (tlj 22h05-05h dans le sens aéroport-Plaça de Catalunya, et 23h-5h dans le sens ville-aéroport).

➢ *En taxi :* évidemment la solution la plus chère (voir n°s de téléphone et tarifs dans la rubrique « Transports urbains » dans « Barcelone utile »).

Infos touristiques

Infos sur Barcelone

À noter, ces offices de tourisme ont tous un numéro de téléphone commun : ☎ 93-285-38-34.

🛈 *En plein centre (plan général et centre E3, 1) :* pl. de Catalunya, 17 S (au sous-sol). ☎ 93-285-38-34. Ⓜ Catalunya. Tlj 9h-21h. Fermé 25 déc et 1er janv. Bureau spécialisé sur Barcelone où les hôtesses, très efficaces, parlent le français. On y trouve un distributeur automatique, une boutique, et un guichet spécialisé dans l'information hôtelière (possibilité de réserver une chambre « dernière minute »). Organise des visites guidées à pied de la ville (en particulier du Barri Gòtic, ainsi qu'un circuit qui vous mène sur les pas de Picasso). Vend tous les forfaits et *pass* cités ci-après *(guichet spécial* Ruta del modernisme *: lun-sam 10h-19h ; dim 10h-14h).* Il édite plusieurs brochures (gratuites ou alors vendues pas bien cher et qui sont vraiment bien faites), notamment celles sur la Barcelone romaine ou gothique, avec petit historique, photos et plan. Succinct mais indispensable.

🛈 *Dans le centre historique (centre E4, 2) :* c/ de la Ciutat, 2, à l'angle de la pl. Sant Jaume I (pl. de l'Hôtel-de-Ville). ☎ 93-285-38-34. Ⓜ Jaume-I. Lun-ven 9h-20h ; sam 10h-20h ; dim et j. fériés 10h-14h. Fermé 25 déc, 1er et 6 janv.

🛈 *Dans la gare Barcelona-Sants (Estació de Sants ; plan général B2, 3) :* ☎ 93-285-38-34. Ⓜ Sants-Estació. De mi-juin à mi-sept tlj 8h-20h (14h w-e et j. fériés). Fermé 25-26 déc et 1er et 6 janv. C'est là qu'arrive le train en provenance de l'aéroport, avant de continuer vers la plaça de Catalunya.

🛈 *Point d'info touristique :* fin juin-fin sept tlj 9h-20h près de la Sagrada Família (plan général G2).

– En été également, on croise souvent dans le Barri Gòtic, sur la Rambla et le passeig de Gràcia des *hôtesses en uniforme rouge* avec un badge « Turisme de Barcelona ». N'hésitez pas à vous adresser à elles.

Infos générales sur la Catalogne, Barcelone et le reste de l'Espagne

🛈 *Dans l'Eixample (plan général E1-2, 4) : Viajeteca,* palau Robert, passeig de Gràcia, 107. ☎ 93-238-40-07. • gencat. net • Ⓜ Passeig-de-Gràcia ou Diagonal.

Lun-sam 10h-14h, 15h-19h ; dim et j. fériés 10h-14h. Derrière, un petit parc bien agréable. Consultation de cartes, guides, livres, dépliants touristiques, etc.

🔲 *À l'aéroport :* terminaux A et B. Tlj 9h-21h. Fermé vendredi saint, 1er mai, 11 sept, 25-26 déc et 1er janv.

Infos en ligne

🔲 *Sites internet de la ville :* il en existe deux. Le premier ● bcn.es ● est celui de la mairie. Le second ● barcelonaturisme. cat ● est beaucoup plus complet pour le tourisme. Infos sur les héberge-ments, les choses à voir, les circuits tou-ristiques, etc.

Cartes et *pass*

La plupart des *offices de tourisme* distribuent de bons plans de la ville.
– C'est également auprès d'eux que vous vous procurerez les divers *pass* touristi-ques : *Barcelona Card, ARTicket* ou *pass-kit Ruta dél modernisme.* On peut y ache-ter également le billet combiné *(5,25 €)* pour accéder au **mirador de Colom** *(tlj 11h-18h)* et au **mirador de Collserola** *(mer-dim 11h-18h, ● torredecollserola. com ●).* Pour plus de détails, se reporter à la rubrique « Musées et sites. *Pass* et autres tickets groupés » dans « Barcelone utile ».

Agendas culturels

– **Agenda cultural :** agenda culturel bimensuel, gratuit et très bien fait, édité par *Barcelona Turisme.* À demander dans les offices de tourisme.
– **AB :** mensuel gratuit bien connu des Barcelonais, dans lequel beaucoup de desi-gners, journalistes et chroniqueurs ont fait leurs premières armes. Grande qualité graphique. Reportages et critiques. Distribué dans tous les endroits *fashion* (bars, restos, boutiques, etc.).
– **B-guided :** le guide qui fait référence, décliné en plusieurs rubriques sympas (b-inspired, b-ing, b-wear, b-served, b-seen...). Guide en anglais et en espagnol gratuit, car largement payé par la pub et plutôt orienté design, zique et fringues (euh... que des fringues de marque, ¡ claro !).
– **Butxaca :** mensuel gratuit où l'on retrouve l'actualité culturelle de la ville (musi-que, théâtre, expos, ciné...).
– **Gig :** encore un mensuel gratuit, en catalan et anglais cette fois-ci, pour les sor-ties musique exclusivement.
– **Modo sonoro :** mensuel gratuit indispensable pour suivre l'actualité musicale de la ville et connaître les dates de concerts. Disponible chez les disquaires et dans les bars.
– **Pilote Urbain :** mensuel, gratuit et en français ! Maquette allégée néanmoins, concis et avec plein d'infos intéressantes.
Et si, malgré tous vos efforts, vous n'avez pas réussi à trouver un seul de ces gra-tuits, il reste **La Guia del Ocio,** l'équivalent de notre *Officiel des spectacles* pari-sien. En vente le jeudi. Beaucoup plus conventionnel, il va sans dire.

Services

✉ **Grande poste** *(centre E-F5) :* pl. Antonio López, 1. ☎ 93-486-80-50. Ⓜ Barceloneta ou Jaume-I. Près du port, à l'extrémité de la vía Laietana. *Lun-sam 8h30-21h30 ; dim 8h30-14h30,* mais accès par la vía Laietana.

Les autres postes ferment à 20h. Poste restante lun-sam (guichet n° 3). Pour encaisser des chèques postaux, **ban-que BBVA,** juste à côté, à l'angle de la c/ Ample, lun-ven 8h30-14h15 (sam 8h30-13h).

ADRESSES ET INFOS UTILES

– *Téléphone :* plein de cabines à pièces et à carte (à acheter dans les offices de tourisme ou dans les kiosques à journaux – *quioscos*). Sinon, pas mal de *locutorios* (demander la liste complète à l'office de tourisme). Possibilité de PCV – *cobro revertido* – (composer le ☎ 1005 ou 1008). Et partout des cabines qui fonctionnent avec de la monnaie ou des cartes à acheter dans les bureaux de tabac (*estancos*).

■ *Laveries automatiques :* **Lavapress**, c/ Ferlandina, 34. Ⓜ *Universitat. Tlj 8h-23h. Une autre adresse dans le quartier Gòtic : c/ Nou de Sant Francesc, 5 (centre E4, 15).*

■ *Consigne :* à la gare de **Passeig de Gràcia** *(plan général E2)* ou à la **Estació de França** *(centre F5).* Ⓜ *Barceloneta. Tlj 6h30-23h. Env 4,50 €/j.*

Internet

Les points Internet sont de plus en plus nombreux à Barcelone, tout comme les bars et restos wi-fi. N'oubliez pas que beaucoup d'AJ et certains *hostals* offrent des accès gratuits à leurs clients. Quelques lieux parmi d'autres :

@ **Bornet** *(centre F4, 6)* **:** *Barra de Ferro, 3.* ☎ 93-268-15-07. Ⓜ *Jaume-I. Lun-ven 9h-22h ; w-e 10h30-22h. Petit centre Internet, avec une quinzaine d'ordinateurs, caché dans une ruelle, tout près du musée Picasso.*

@ **Easy** *(plan général E3, 7)* **:** *ronda de la Universitat, 35.* ☎ 93-301-00-56. *Dans* le centre, entre les pl. Universitat et pl. de Catalunya (et les stations de métro éponymes). Tlj 8h-2h. Trois cents ordinateurs répartis sur 2 niveaux à un prix correct, variable selon l'heure à laquelle vous vous connectez et l'affluence. Autre adresse : La Rambla, 31. Ⓜ *Liceu.*

Représentations diplomatiques

■ *Consulat de France (plan général E3, 8) : ronda de la Universitat, 22B, 4°.* ☎ 93-270-30-00. *Pour obtenir des infos pratiques :* ● *consulfrance-barcelone.org* ● Ⓜ *Catalunya. Lun-ven 9h-13h30 (permanence l'ap-m et sam mat mais slt pour les cas d'urgence).* Hors des horaires d'ouverture, le répondeur du consulat donne des solutions aux cas urgents. Le consulat peut notamment, en cas de difficultés financières, vous indiquer la meilleure solution pour que des proches puissent vous faire parvenir de l'argent, ou encore vous assister juridiquement en cas de problème.

■ *Consulat général de Suisse : Gran Vía de Carles III, 94, 7°.* ☎ 93-409-06-50. ● *vertretung@bar.rep.admin.ch* ● *Lun-ven 9h-12h30.*

■ *Consulat de Belgique (plan général F3, 9) : Diputació, 303, 1°.* ☎ 93-467-70-80. ● *barcelona@diplobel.org* ● *Lun-ven 9h-13h.*

■ *Consulat du Canada : Elisenda de Pinós, 10.* ☎ 93-204-27-00. *Fax :* 93-204-27-01. *Lun-ven 10h-12h.*

Urgences

■ *Police :* ☎ *091, pour les agressions et vols, ou* ☎ *092 (police municipale). Sinon, vous pouvez vous rendre au commissariat de la carrer Nou de la Rambla, n° 80, mais il faudra prévoir 2 à 4h d'attente.*

■ *Informations médicales :* ☎ *061.*

■ *Urgences (ambulances, pompiers,* police, etc.) : ☎ 112.

■ *Ambulances de la Croix-Rouge :* ☎ 93-300-20-20.

■ *Secours divers : guàrdia urbana,* ☎ 092.

■ Il existe un *service d'assistance* aux victimes de vol, d'agression ou d'accident, en cas de perte des papiers, des

bagages ou en cas de problème médical : **Turismo Atención** *(plan général E4), La Rambla, 43.* ☎ 93-256-24-30. *Ce service dépend de la* guàrdia urbana *et est ouv tlj, 24h/24.*
■ **Hôpital** *(dans l'Eixample ; plan général D1,* **10***) : Hospital clínico, Villarroel, 170.* ☎ 93-227-54-00.
■ **Pharmacies :**
– **Farmacia Clapés Antoja** *: La Rambla, 98 (juste à côté du musée de l'Érotisme).* ☎ 92-301-28-43. *Ouv 24h/24.*
– *Passeig de Gràcia, 26.* ☎ 93-302-11-24. *Ouv dès 9h, et jusqu'à 23h ven, jusqu'à minuit sam. Fermé dim.*
■ *Organisme d'information susceptible de vous diriger sur un hôpital :* **Barcelona Centro Médico,** *av. Diagonal, 612.*

☎ 93-414-06-43, ▤ 63-930-34-64 *(24h/24). Fax : 93-414-04-57.* Attention ! En urgence, la facture est parfois salée...
■ **Objets perdus :** *pl. Carles Pi i Sunyer, 8 (ce service dépend de la mairie).* ☎ 010. *Lun-ven 9h-14h. Objets perdus dans le métro :* ☎ 010 *ou 93-318-70-74. Objets perdus à l'aéroport :* ☎ 93-298-33-49. *Dans le taxi :* ☎ 93-223-40-12.
■ **Fourrière :** *si vous retrouvez à la place de votre voiture un autocollant bleu triangulaire, vous n'avez plus qu'à bondir (en taxi !) à l'adresse indiquée sur ledit triangle bleu (et même en pleine nuit : la fourrière est payante à l'heure !). Quand on vous dit qu'il vaut mieux se passer de voiture à Barcelone...*

Loisirs

■ **Photo :** on trouve pellicules et appareils jetables à prix très corrects partout en ville, en supérette ou en grand magasin (genre *Corte Inglés*) ; en revanche, pour du matériel plus pointu (genre diapos...), les boutiques les plus intéressantes sont *Fotoprix (sur Diagonal, 380),* ou *Pelai 6 (Consell de Cent, 309).* Éviter les magasins de souvenirs.
■ **Librairie Altair :** *Gran Vía, 616.* ☎ 93-342-71-70. Ⓜ *Universitat ou Catalunya. Entre Balmès et rambla de Catalunya, en face du superbe cinéma*

Coliseum. *Lun-sam 10h-14h, 16h30-20h30.* Une super librairie de voyage où vous trouverez toutes les cartes dont vous aurez besoin et des livres de voyage. Et si vous vous faites voler votre guide préféré, vous en retrouverez un ici.
■ **Journaux internationaux :** vous trouverez la presse étrangère du jour dans les kiosques de la plaça Catalunya et de la Rambla (ouverts quasiment toute la nuit pendant l'été). Ailleurs, c'est souvent l'édition de la veille.

Transport ferroviaire

Un petit tuyau pour gagner du temps : même lorsque les départs ne se font que de Sants, on peut toujours acheter à l'avance ses billets aux guichets de passeig de Gràcia ou de estació de França : non seulement c'est plus central, mais il y a surtout beaucoup moins de files d'attente ! Attention, ça ne vaut que pour les trajets nationaux, pas pour l'international.

■ **Info et vente de billets RENFE :** ☎ 90-224-02-02. ● renfe.es ● *Appeler au moins 24h avt pour l'achat de billets.*
🚆 **Estació de Barcelona-Sants** *(plan général B2) :* Ⓜ *Sants-Estació. Vente des billets 7h-22h. Consigne gardée 5h30-23h (env 4 € par bagage et par 24h).* Toutes les grandes lignes nationales (Madrid, Andalousie, Pays basque) et internationales (Trainhôtel *Elipsos* quotidien pour Paris et Genève). De

France, si la station est desservie, descendez à Passeig-de-Gràcia, beaucoup plus central.
🚆 **Estació de França** *(centre F5) :* Ⓜ *Barceloneta. Infos et vente des billets 7h-22h. Gare ouv 6h30-23h30 ; on peut alors accéder aux guichets automatiques. Consigne.* Trains de et vers la France. Entièrement reconstruite et transformée en gare nationale et internationale.

🚂 *Passeig de Gràcia (plan géné-ral E2) :* certains trains à destination de la France s'y arrêtent. Consigne.

🚂 *Plaça de Catalunya (centre E3) :* cette importante station de métro dessert aussi les plages. Trains pour Mataró, Blanes, costa del Maresme...

Dessert aussi les villes-frontières françaises (Puigcerdà et Latour-de-Carol) avec correspondance pour Toulouse et Paris, et l'aéroport. Ces destinations sont également desservies par la gare centrale Sants.

Autres moyens de transport

⛴ *Lignes maritimes :* rens sur place pour tt ce qui touche au transport maritime (y compris comment transporter sa voiture ou son vélo) au ☎ 93-298-60-00 ; lun-ven 8h15-19h.

➢ *Vers les Baléares (Palma, Mahón, Ibiza) :* **Trasmediterranea,** moll de Sant Bertran (plan général D5, **11**), ☎ 93-295-91-00 (ou 07) ou 90-245-46-45 pour l'international. ● transmediterranea.es ● Vente de billets lun-ven 9h-14h, 16h-21h ; sam 10h-14h, 16h-21h. Aussi les compagnies Iscomar ● *is comar.com* ● et Balearia ● *balearia. com* ● Également avec la compagnie **Euro-Mer,** représentant français de Gestion Naviera, le groupement des compagnies maritimes des Baléares : rens auprès d'Euro-Mer (5, quai de Sauvages, CS 10024, 34078 Montpellier Cedex 3) ; ☎ 04-67-65-67-30 ou 95-13. ● euromer.net ● Traversées quotidiennes au départ de Barcelone (ou Valence) à des prix très compétitifs (et liaisons inter-îles également). Du navire classique (9h de traversée) au ferry rapide (4h30 de trajet), avec véhicule dans les 2 cas. La traversée rapide permet de courts séjours sur les îles (Majorque, Ibiza ou Formentera). Nombreuses réductions : aller-retour, jeunes, retraités, familles, réservations... Euro-Mer propose aussi sur toutes les îles des hôtels 3 ou 4 étoiles à prix intéressants. Pour plus de détails, voir le *Guide du routard Baléares.*

■ *Consigne* gardée à la Estación marítima de Baleares, moll de Barcelona.

🚌 *Bus nationaux et internationaux :* Estació del Norte (plan général G3), Ali Bei, 80. ☎ 90-226-06-06. ● barcelonanord.com ● Ⓜ Arc-de-Triomf. Billetterie tlj 7h-21h. Tous les départs et toutes les arrivées, nationaux ou internationaux (Madrid, Pays basque, Pyrénées, Maroc...) se font ici. De plus, toutes les compagnies y ont au moins un guichet. La gare est neuve, spacieuse, bien organisée et centrale, et certains tarifs sont imbattables. Les compagnies Eurolines et Julià proposent des billets pour des destinations européennes à des tarifs intéressants. Les navettes pour Gérone de la compagnie low-cost Ryan Air arrivent et partent d'ici aussi.

✈ *Compagnies aériennes :*
– *Iberia :* ☎ 90-240-05-00 (résa et infos) ou 93-412-00-86 (groupes). Bureau en ville (plan général E3) : Gran Vía de les Corts Catalanes, 629. Lun-ven 9h-18h.
– *Air France :* à l'aéroport slt. ☎ 93-298-35-85 ou 93-214-79-20. ● airfrance.es ●

Location de vélos et de voitures

Pour les cyclistes, Barcelone dispose de tout un réseau de pistes cyclables qui vous emmèneront du palau de Pedralbes à Montjuïc, au parc de la Ciutadella, à la Barceloneta et aux plages au-delà de la villa Olímpica (hors plan général par G5).

■ *Budget Bikes (plan général D4, **12**) :* c/ Marquès de Barberà, 15. ☎ 93-304-18-85. Ⓜ Liceu. Tlj 10h-14h, 16h-20h. Compter env 3 €/h, 15 €/j. Bon matériel, vélos assez neufs et accueil en français.

■ *Bicitram (centre F4, **13**) :* passeig de Picasso, 46. 📱 607-226-069. Ⓜ Estació-de-França. W-e slt 10h-19h (21h en été). Par vélo, compter env 4 €/h, 17 €/j.

Fournissent des chaînes et des cadenas, compris dans le prix. Location de vélos et tandems, mais aussi trottinettes et rosalies pour les amateurs.

■ *Location de voitures Vanguard* (plan général C1) : c/ Viladomat, 297. ☎ 93-439-38-80. • *vanguardrent.com* • Un des moins chers.

OÙ DORMIR ?

Dans cette ville architouristique, on n'a pas encore trop de problème pour trouver un logement à prix correct car l'offre est conséquente. De la chambre la plus rudimentaire, où vous vous entasserez à 4 copains, à la pension bourgeoise et cossue, Barcelone offre un large éventail de logements. Pour ceux qui cherchent des chambres doubles à petits prix, les auberges de jeunesse offrent souvent un meilleur rapport qualité/prix que les *hostales* ou *pensiones* où les tarifs, surtout en haute saison, s'alignent sur ceux des hôtels deux étoiles, le confort en moins et un accueil pas toujours très mémorable. Aussi, dans les hôtels bon marché, est-il conseillé de visiter plusieurs chambres avant de poser ses valises. À prix équivalent, le confort n'est pas toujours le même.

Autre avertissement : en période de congés scolaires, il est franchement préférable d'avoir réservé bien à l'avance si l'on veut économiser plusieurs heures de galère. Il faut alors verser des arrhes et ne surtout pas oublier de demander un reçu.

LES AUBERGES DE JEUNESSE

Nous vous proposons ici des auberges situées dans le centre ou à proximité. Toujours y arriver avant 11h. Attention, sur la Rambla, bruit perpétuel 24h/24.

🛏 *Albergue de la juventud Kabul* (centre E4, **30**) : pl. Reial, 17, 08002. ☎ 93-318-51-90. • info@kabul.es • kabul.es • Ⓜ Liceu. Résa possible par Internet ; sinon, se présenter tôt le mat (pas après 11h ; au mieux, avt 8h). Nuit 16-30 €/pers selon saison, petit déj inclus. Prévoir une caution pour les clés. Dispose d'une cuisine et d'un chef qui propose (9h-22h) de bons plats, copieux, et assez bon marché. Draps disponibles (payants slt la 1ʳᵉ nuit). La mieux située de toutes : certains dortoirs donnent sur l'une des places les plus charmantes de la ville (dommage, ce sont les plus grands). Le patron parle bien le français, comme une partie du personnel d'ailleurs. Environ 200 lits en chambres de 2, 4, 8 ou en grands dortoirs de 10 et 20 (sans AC). Douche chaude, grandes consignes, laverie, bar, billard, grand écran de TV, plusieurs ordinateurs avec accès gratuit à Internet dans la salle commune. Le gros avantage sur les concurrents : on rentre à l'heure que l'on veut et on peut dormir tard le matin ! Ambiance jeune évidemment. En revanche, éviter l'annexe, toute récente mais moins sympa.

🛏 *Alberg Palau* (centre E4, **31**) : c/ Palau, 6, 08002. ☎ 93-412-50-80. • palau@bcnalberg.com • bcnalberg. com • Ⓜ Liceu ou Jaume-I. Couvre-feu 3h-7h. Compter 17-20 € la nuit, petit déj compris. Consignes, Internet et cuisine complète à disposition 19h-22h. Dans une rue tranquille, une auberge bien tenue, aussi centrale que l'*Albergue de la juventud Kabul*. Chambres de 4 à 8 personnes, salles de bains dans le patio. Salle à manger propice aux rencontres. Bon accueil.

🛏 *Albergue de la juvenil New York* (centre E5, **32**) : c/ d'En Gignàs, 6-8, 08002. ☎ 93-315-03-04. • newyork@ bcnalberg.com • bcnalberg.com • Ⓜ Drassanes ou Jaume-I. Ouv 24h/24. En hte saison, env 22 €/pers, petit déj inclus ; 17 € hors saison. Ajouter 2 € pour la loc de draps (payants slt la 1ʳᵉ nuit). Petite salle commune avec cuisine accessible 6h-22h. Peut-être pas la plus belle, mais l'une des plus pratiques avec 33 chambres (99 lits). Chambres de 2, 4, 5 ou 6 personnes très bien tenues. Prévoir un cadenas pour la consigne. Sanitaires impeccables. Terrasse sur le toit. Quelques denrées de base sont à la disposition des résidents. Autre avantage : il n'y a pas de couvre-feu ! Accueil jovial.

🛏 **Center Ramblas** (centre E4, **33**) : c/ Hospital, 63, 08001. ☎ 93-412-40-69. ● reservas@center-ramblas.com ● center-ramblas.com ● Ⓜ Liceu. En face de la très belle église de l'hôpital et à deux pas de la Rambla, donc tt proche du Barri Gòtic. Affilié FUAJ : nuitée 19 € moins de 26 ans, env 24 € pour les autres ; petit déj compris. On dort dans des dortoirs de 4 à 10 personnnes. Les chambres ne sont pas très grandes, mais peintes de couleurs fraîches et gaies, et disposent de tout le confort : bar, laverie, salon TV (satellite), Internet, consigne, location de draps et serviettes. Accueil jeune et agréable.

🛏 **Gothic Point** (centre F4, **34**) : c/ Vigatans, 5, 08003. ☎ 93-268-78-08. ● info@gothicpoint.com ● gothicpoint.com ● equity-point.com ● Ⓜ Jaume-I. Ouv 24h/24. Nuitée 18,50-24 €/pers avec petit déj. AJ privée : pas besoin de carte. Dans une ancienne usine textile, une ruelle à deux pas du musée Picasso. L'architecture est donc superbe, mais en plus l'aménagement est complètement dément. Les dortoirs de 6 à 16 personnes sont organisés comme une ruche ; les lits s'empilent jusqu'au plafond : à chacun son alvéole ! Douche sur le palier, w-c dans le dortoir. On peut louer des draps. Bonne ambiance. Distributeur de boissons, consignes, location de vélos et Internet gratuit 24h/24.

🛏 **Barcelona Mar Youth Hostel** (plan général D4, **35**) : c/ Sant Pau, 80, 08001. ☎ 93-324-85-30. ● info@barcelonamar. com ● barcelonamar.com ● Ⓜ Liceu ou Parral-lel. ♿ Réception ouv 24h/24, check out 10h. Selon saison, nuitée 16-24 €/pers, petit déj inclus. Doubles 42-54 €. Bien située, à 300 m de la Rambla à peine, et dans le quartier qui bouge, le Raval. AJ récente, avec des parties communes propres et agréables. Plusieurs dortoirs de 4 à 12 lits superposés avec rideaux pour donner l'illusion d'une relative intimité. Douches communes à l'extérieur. Chauffage et AC, TV, accès

Internet, laverie, tout y est.

🛏 **ABBA-Back Packers Youth Hostel** (centre E5, **36**) : passeig de Colóm, 9, 08002 (entrée par la c/ de la Plata). ☎ 93-319-45-45. ● info@abbayouthostel. com ● abbayouthostel.com ● Ⓜ Drassanes ou Barceloneta. Bien située face au port. Nuitée 17-24 €/pers selon saison, petit déj env 3 €. Loc de draps 2 €. N'accepte que les étudiants. Une AJ affiliée au réseau officiel, qui manque un peu de charme. Une cinquantaine de lits répartis en dortoirs de 8 à 16 lits, avec à disposition un frigo, un micro-ondes, des consignes gratuites, Internet, laverie, et un patron qui s'occupe de ses hôtes. Si c'est complet, une autre adresse en ville, juste à côté de la plaça Reial.

🛏 **Backpackers BCN** (plan général F3, **37**) : c/ Diputació, 323, pral 1ª, 08009. ☎ 93-488-02-80. ● bookabed@backpac kersbcn.com ● backpackersbcn.com ● Ⓜ Tetuan ou Girona. À 10 mn à pied de la pl. de Catalunya, au 1er étage. La moins centrale. Fermé pdt vac de Noël. Selon saison, 16-26 €/pers en chambre de 6 ou 8 lits, ou 19-29 €/pers en double. Inclus petit déj (sommaire), utilisation libre de la cuisine et Internet. Cette petite auberge abrite des chambres doubles, 2 dortoirs et plusieurs salles de bains communes. Salon, laverie et grande terrasse. Une bonne alternative pour les petits budgets si les adresses plus centrales sont complètes.

🛏 **Sea Point Youth Hostel** (plan général F6, **54**) : pl. del Mar, 1-4, 08003. ☎ 93-231-20-45. ● info@seapointhostel. com ● seapointhostel.com ● Ⓜ Barceloneta. En face de la plage de San Sebastián. Nuitée 16,50-21,50 €/pers avec petit déj. Ajouter 1,20 € pour un casier, 1,80 € pour des draps et autant pour une serviette. Une auberge à proximité de la Barceloneta. Dortoirs de 6-8 lits disposant chacun de sa salle de bains. Très propre, déco discrète dans les tons bleus un peu raides mais salle de petit déjeuner plus chaleureuse. Internet gratuit. Les gérants sont jeunes et parlent plusieurs langues.

LES LOCATIONS D'APPARTEMENTS

Une formule de plus en plus prisée, en couple ou en meute, d'autant plus intéressante qu'on fait des économies sur la tambouille (à tour de rôle, sinon c'est plus des vacances !).

■ *Apartaments Unió* (centre E4, **38**) : c/ Unió, 18-20, 08002. ☎ 93-317-34-63. ● info@pensionmariluz.com ● pensionmariluz.com ● Ⓜ Liceu. Selon confort et saison, 65-96 €/j. pour 2 pers ; draps et serviettes inclus. Loc à la journée, à la sem et au mois. Même proprio que la *Pensión Mari-Luz*. Du studio à l'appartement de 2 chambres avec terrasse, ces logements sont repartis dans deux immeubles très bien situés juste derrière le théâtre Liceu. Ascenseur au n° 20 mais pas pour ceux sis au n° 18. Cuisine équipée, AC et chauffage, connexion wi-fi et certains appartements ont même un lave-linge.

■ *Apartments ramblas* : c/ Nou de la Rambla. ☎ 93-301-76-78. ● info@apartmentsramblas.com ● apartmentsramblas.com ● Pour des séjours de 2-3 nuits min, 62-130 €/j. (selon taille de l'appartement et saison) + une charge fixe pour le nettoyage. Loc à la sem et au mois. Environ 150 appartements à louer, dans divers quartiers, de toutes les tailles, de tous les genres, pour 2, 3, 4 personnes (et plus), à vous de choisir vos priorités : avec ou sans terrasse, ADSL, lecteur DVD, etc. Nombreuses promotions sur le site. Accueil en français. Site internet très bien fait.

■ *Rent a flat in Barcelona* : Fontanella, 18, 08010. ☎ 93-342-73-00, 🖷 617-97-34-19. ● info@rentaflatinbarcelona.com ● rentaflatinbarcelona.com ● Séjour de 3 j. min et, en hte saison, max 15 j. ou 1 mois. Nuit 2 pers 80-110 € selon standing, 15 €/pers supplémentaire. Une petite agence dynamique à visage humain, celui d'Itziar qui vous accueille chaleureusement et dans un très bon français, s'il vous plaît ! Une quinzaine d'appartements tout confort, bien équipés (TV, hi-fi, lave-linge), dans des quartiers au cœur de la vie barcelonaise.

■ *Phile As Frog* : 23, rue la Condamine, 75017 Paris. ☎ 01-45-22-86-38. ● phileasfrog.com ● travel-solutions.fr ● Ⓜ La Fourche. Appartements à Barcelone pour 1 à 4 pers, sur la célèbre Rambla. Lun-ven 10h-18h ; sam 10h-14h. Prix compétitifs (compter entre 250 et 300 €/pers pour 1 sem).

HÔTELS ET PENSIONS

Dans la vieille ville

Assez bon marché (moins de 50 €)

🏠 *Pensión Mari-Luz* (centre E4, **41**) : c/ Palau, 4, 08002. ☎ 93-317-34-63. ● info@pensionmariluz.com ● pensionmariluz.com ● Ⓜ Jaume-I ou Drassanes. Au 2ᵉ étage. Derrière l'hôtel de ville. Selon saison, 15-21 €/pers en dortoirs de 3 à 6 lits, doubles 35-53 € avec lavabo. AC dans toutes les chambres. Deux dortoirs disposent de leur salle de bains. Des chambres assez petites mais claires et impeccables. Vous pourrez laisser vos objets de valeur en sécurité dans des armoires fermant à clé disposées dans chaque chambre. Service blanchisserie et frigo à disposition. Wi-fi gratuit. Loue aussi des appartements de 2 à 6 personnes, dans la rue Unió (voir ci-dessus).

🏠 *Pensión Francia* (centre F5, **42**) : c/ de Rera Palau, 4, 08003. ☎ 93-319-03-76. ● Ⓜ Barceloneta. Doubles min 45 € avec lavabo, jusqu'à 57 € avec salle de bains et TV satellite. Triples 60-65 €.

Moins cher hors saison. Pas loin de la plage et au cœur de l'irrésistible et animé quartier de la Ribera. Une bonne adresse : beaucoup de lumière, très propre, bien aménagé et accueil chaleureux. La différence de prix étant assez importante entre les chambres avec ou sans salle de bains, n'hésitez pas à choisir les secondes : les douches et sanitaires du couloir sont eux aussi impeccables.

🏠 *Pensión Alamar* (centre E4, **47**) : c/ Comtessa de Sobradiel, 1, 08002. ☎ 93-302-50-12. ● pensioalamar@hotmail.com ● Ⓜ Jaume-I ou Drassanes. Doubles min 45 € en hte saison (36 € hors saison), 25 € pour 1 pers (18 € hors saison). Sur présentation de ce guide, réduc de 10 % en basse et moyenne saison à partir de la 7ᵉ nuit. Dans une vieille maison. Chambres petites mais impeccables, certaines avec un minuscule balcon. Cuisine, TV et machine à laver à disposition. Salles de bains communes. Le patron confie volontiers les clés de la pension, afin de laisser le maximum de liberté aux oiseaux de nuit. Attention cependant, accueil variable (donc pas toujours terrible), et quelques problèmes de cartes de paiement et de réservation dernièrement.

≜ **Hostal Fernando** (centre E4, **45**) : c/ Ferrán, 31, 08002. ☎ 93-301-79-93. ● reservas@hfernando.com ● hfernando.com ● Ⓜ Liceu. ♿ Hostal « 2 en 1 » : côté albergue, dortoirs 4-8 lits 16,50-21,50 €/pers avec douche et w-c dans la chambre ; côté hôtel classique, doubles avec ou sans douche 55-65 €, triples 62-80 €. Pas de petit déj. Consigne et Internet. Donne sur une des rues les plus animées de la vieille ville ; penser aux boules Quies. Excellent accueil et bon rapport qualité-prix.

≜ **Hostal Avinyó** (centre E4, **46**) : c/ Avinyó, 42 pral, 08002. ☎ 93-318-79-45. ● reservas@hostalavinyo.com ● hostalavinyo.com ● Ⓜ Liceu. Résa conseillée. Doubles 30-45 € avec lavabo, 44-62 € avec douche et w-c selon saison. Apartamentos 90-110 €. Sur présentation de ce guide, réduc de 20 % sur les apartamentos 7 janv-7 fév. Dans la rue la plus centrale de Barcelone, pension typique, sur 3 étages. Un vrai bon rapport qualité-prix. Les chambres, quel que soit leur confort, ont bénéficié d'un réel effort de déco et d'équipement (coffre-fort, ventilo et même un petit balcon pour certaines) et ont des fenêtres insonorisées. Les n°s 103 à 105, près de la réception, sont les plus bruyantes. Distributeur de boissons chaudes et froides. Accueil en français. On nous signale quand même quelques vols.

≜ **Pensión Lourdes** (centre F4, **48**) : c/ Princesa, 14, 08003. ☎ 93-319-33-72. Ⓜ Jaume-I. Au 1er étage. Doubles de 40 (avec lavabo) à 50 € (avec douche). CB refusées. Sanitaires sur le palier. Dans le quartier populaire de la Ribera. Gascón Gimeno, le patron, parle un peu le français. Très à cheval sur la propreté, il tient sa maison comme il faut mais malgré le nom du lieu, les chambres ne font pas de miracle : elles sont simples, de bon aloi et d'un confort suffisant. Attention, celles situées près de l'entrée sont plus bruyantes.

≜ **Pensión Aris** (centre E-F3, **49**) : c/ Fontanella, 14, 08010. ☎ 93-318-10-17. Ⓜ Catalunya. Au 3e étage. Très bien placé, à deux pas de la pl. de Catalunya. Doubles 45-55 € avec douche et w-c sur le palier ou à l'intérieur. CB refusées. Réduc de 10 % sur les doubles tte l'année sur présentation de ce guide. Petite pension simple, chambres correctes, sans plus. On vous demandera de régler cash-pistache en arrivant... pas un vrai geste commercial, mais au moins c'est dit poliment...

≜ **Pensión Europa** (centre E4, **51**) : c/ Boquería, 18, 08002. ☎ 93-318-76-20. Ⓜ Liceu. ● hostalresidenciaeuropa@hotmail.com ● hostalresidenciaeuropa.com ● Selon saison, doubles 46-52 € avec douche et w-c. CB refusées. Près de la Rambla. Appartient à la même famille que l'Hostal-residencia Lausanne (voir ci-dessous). Immeuble banal à l'intérieur comme à l'extérieur, mais chambres simples et propres, à la décoration minimaliste (tout comme la taille des chambres, par ailleurs). Bon accueil.

≜ **Hostal-residencia Rembrandt** (centre E4, **52**) : c/ Puertaferrisa, 23, 08002. ☎ 93-318-10-11. ● info@hostalrembrandt.com ● hostalrembrandt.com ● Ⓜ Liceu. Dans une rue perpendiculaire à la Rambla, donc central mais très mouvementé. Au 1er étage. Doubles 45-60 €, triples env 65 €. CB refusées. Chambres avec ou sans salle de bains, bien tenues mais vraiment trop petites pour y rester la journée. Certaines donnent sur la ruelle, la n° 3 est à éviter. En dépannage.

De prix moyens à chic (de 50 à 85 €)

≜ **Pensión Canadiense** (centre E4, **56**) : baixada Sant Miquel, 1, 08002. ☎ 93-301-74-61. Ⓜ Jaume-I. Doubles 62-72 €. Certaines sans w-c moins chères. Au-dessus du Grand Café, en plein quartier Gòtic, une bonne pension dans un vieil immeuble patiné par le temps. C'est le fils de la famille qui reçoit. Accueil jovial. Chambres doubles (et triples) entièrement refaites et bien équipées avec salle de bains, AC et chauffage en hiver. La plupart ont un balconnet donnant sur la cour, les autres donnent sur l'arrière.

≜ **Hostal Layetana** *(centre F4,* **50***) : pl. Ramón Berenguer el Gran, 2, 08002.* ☎ *93-319-20-12.* ● *info@hostallayetana. com* ● *hostallayetana.com* ● Ⓜ *Jaume-I. À quelques pas de la station de métro. Au 1er étage, 3e en réalité avec l'entresuelo et le principal. Lit en dortoir 29-33 €/pers, doubles 50-68 € selon confort et saison.* Dans un bel immeuble ancien, prendre l'escalier de gauche ou l'antique ascenseur quelque peu capricieux. Un *hostal* avenant, dont certaines chambres donnent sur les murailles de la cathédrale ou sur une grande place (pas des plus calme !). Grand salon et terrasse agréables. Accueil sans façon mais avec quelques mots de français.

≜ **Hostal La Terrassa** *(centre E4,* **40***) : c/ Junta de Comerç, 11, 08001.* ☎ *93-302-51-74.* ● *reservations@laterrassa-barcelona.com* ● *laterrassa-barcelona. com* ● Ⓜ *Liceu. Doubles 48-84 € avec douche et w-c.* Ancienne pension devenue hôtel modeste, qui s'améliore au fil des ans. Mobilier réduit à l'essentiel, mais chambres propres et plutôt agréables. Demandez celles du 2e étage, et de préférence avec vue sur l'église Sant Agustin. Quelques problèmes de réservation récemment, nous signalent nos lecteurs.

≜ **Pensió 2000** *(centre F4,* **44***) : c/ Sant Pere Més Alt, 6, 08003.* ☎ *93-310-74-66.* ● *infocartas@pensio2000.com* ● *pensio2000.com* ● Ⓜ *Urquinaona. Face au palais de la Musique catalane. Doubles 55-70 € avec ou sans salle de bains ; petit déj 5 €. Café et petit déj offerts sur présentation de ce guide.* Le plus de cette adresse est sa situation assez centrale mais dans un coin calme.

Ambiance de pension de famille dans un salon plein de vie aux tons méditerranéens. Les chambres sont bien entretenues, vastes et agréables. Petit déj servi dans une courette.

≜ **Hostal-residencia Lausanne** *(centre E3-4,* **43***) : av. Portal de l'Àngel, 24, 08002.* ☎ *93-302-11-39.* Ⓜ *Catalunya. Doubles 48-57 € selon confort (avec ou sans douche et w-c).* Un bel immeuble avec marbre, vitraux et céramiques, et de la lumière qui entre par un grand puits. Demander à voir plusieurs chambres avant de faire son choix, certaines sont très étroites. Chambres sommaires, sans déco, sans vue, mais correctes. Éclairage au néon à revoir...

≜ **Hostal Benidorm** *(centre E4,* **57***) : rambla dels Caputxins, 37, 08002.* ☎ *93-302-20-54.* ● *info@hostalbenidorm.com* ● *hostalbenidorm.com* ● Ⓜ *Liceu ou Drassanes. Sur la Rambla, autrement dit au cœur de l'action, à l'angle de Nou de la Rambla. Doubles 60-65 € selon saison ; également quelques triples. Consignes à disposition pour les bagages.* Occupe un petit immeuble sans charme particulier, dont l'intérêt réside principalement dans sa situation avantageuse. Chambres fonctionnelles, toutes avec AC, un peu étroites mais impeccables, toutes équipées de salle de bains. Certaines donnent sur l'arrière du palau Güell et les cheminées bariolées de Gaudí. Bonne humeur garantie dès le réveil !

≜ **Hotel Peninsular** *(centre E4,* **55***) : c/ Sant Pau, 34, 08001.* ☎ *93-302-31-38.* ● *reservas@hpeninsular.com* ● *hpeninsular.com* ● Ⓜ *Liceu. Doubles 58-70 € selon confort.* Un ancien couvent, avec un patio et des passerelles qui desservent des chambres sobres et confortables (douche, w-c et AC). Un bon prix pour le centre-ville, ce qui fait presque oublier la routine de l'accueil.

Chic (de 70 à 100 €)

≜ **Bonic Barcelona** *(centre E5,* **39***) : c/ Josep Anselm Clavé, 9, 08003.* 📱 *626-053-434.* ● *reservas@bonic-barcelona. com* ● *bonic-barcelona.com* ● Ⓜ *Drassanes. Doubles 75-85 € selon saison, petit déj inclus.* Au 1er étage d'un immeuble de caractère, très central ; toutefois dans une rue calme à deux pas

de la Rambla et du port. Six chambres d'hôtes partageant deux salles de bains et tenues impeccablement par Fernando et sa compagne francophone. Très jolie déco et succulent petit déj. Plein d'attentions, de bons conseils et de gentillesse ; bref, une adresse à visage humain, des prix raisonnables et des prestations dignes d'un 3-étoiles ! Bravo, et que ça continue !

🏠 *Hotel Banys Orientals (centre F4, 61) :* c/ Argentería, 37, 08003. ☎ 93-268-84-60. • *reservas@hotelbanysorientals.com* • *hotelbanysorientals.com* • Ⓜ *Jaume-I.* ♿ *Juste au-dessus du resto Senyor Parellada. Doubles env 100 € ; petit déj 10 €.* La décoration est ultra-contemporaine et du plus beau design. Du subtil camaïeu de gris et de mauves s'exhale un sentiment de douceur et de bien-être. Le décorateur a réussi à donner de la chaleur et du caractère à l'hôtel. Belles photos noir et blanc et gravures dans les chambres. Et contrairement à d'autres hôtels design

de Barcelone, celui-ci pratique encore des prix raisonnables.

🏠 *Hotel Jardí (centre E4, 58) :* pl. Sant Josep Oriol, 1, 08002. ☎ 93-301-59-00. • *reservations@hoteljardi-barcelona.com* • *hoteljardi-barcelona.com* • Ⓜ *Liceu. Doubles 72-98 € selon vue ; petit déj 6 €.* Très belle façade ancienne pour cet hôtel situé sur une place ravissante, qui devient un lieu enchanteur le soir. Chambres fonctionnelles, propres et bien équipées (salle de bains, TV satellite, AC...). Certaines donnent sur la basilique et sa placette. Les couche-tôt préféreront les chambres sur l'arrière, moins bruyantes le soir. Au rez-de-chaussée, petit bar très sympa.

Plus chic (à partir de 110 €)

🏠 *Hotel España (centre E4, 63) :* c/ Sant Pau, 9-11, 08001. ☎ 93-318-17-58. • *hotelespanya@hotelespanya.com* • *hotelespanya.com* • Ⓜ *Liceu. Doubles min 115 €, petit déj inclus.* Un magnifique hôtel de l'époque moderniste (1902), décoré par Lluís Domènech (l'architecte du palais de la Musique catalane). La décoration style Art nouveau et les grandes chambres à l'ancienne raviront les voyageurs esthètes. Le confort est standard et de bon niveau. Au rez-de-chaussée et dans la salle de resto, remarquables boiseries précieuses et superbes fresques aquatiques.

🏠 *Hotel Chic & Basic (centre F4, 74) :* Princesa, 50, 08003. ☎ 93-295-46-52. • *chicandbasic.com* • Ⓜ *Jaume I ou Arc-de-Triomf. Doubles 110-180 € selon taille.* À côté du resto tout blanc,

l'entrée de l'hôtel est plutôt discrète. Jeux de lumière et architecture design sautent aux yeux une fois la haute porte franchie, en accédant dans les étages. Devant l'entrée des chambres, un rideau de cristal plastifié, qu'on retrouve à l'intérieur, entre le lit et la salle de bains. Les spots diffusent des lumières colorées, dont on peut régler l'intensité, pour une ambiance plus ou moins chic et chaude. Côté basic, la déco très contemporaine et épurée a fait l'impasse sur les rangements et le mobilier. Mais les fashionistas trouveront l'essentiel : l'écran plat dans les chambres, une salle de gym, un accès Internet et un salon, le tout dans un cadre contemporain où pourtant, ne détonnent ni le vaste escalier, ni les moulures. Préférer les chambres avec balcon.

Très chic (plus de 150 €)

🏠 *Nouvel Hotel (centre E3, 64) :* c/ Santa Ana, 18-20, 08002. ☎ 93-301-82-74. • *info@hotelnouvel.com* • *hotelnouvel.com* • Ⓜ *Catalunya ou Liceu. Doubles avec salle de bains 150-165 €, avec petit déj.* Un bel hôtel, élégant, construit au début du XXᵉ siècle dans le style Art nouveau. Les 76 chambres de bon confort sont décorées sans originalité. Certaines sont plus grandes, l'une dispose d'un petit salon, une autre d'un jacuzzi (plus chères que la moyenne,

évidemment). AC et TV satellite. Excellent accueil. On y parle le français.

🏠 *Casa Camper (centre E3, 53) :* c/ Elisabets, 11, 08001. ☎ 93-342-62-80 • *barcelona@casacamper.com* • *casacamper.com* • Ⓜ *Universitat. Doubles 210-250 € selon saison.* Dans un coin du Raval branché, les 25 chambres de la Casa Camper sont reparties sur 6 étages et disposées de manière originale de part et d'autre de chaque couloir. Le petit salon avec balcon est situé côté rue (blanc), tandis que la chambre se trouve au calme, côté cour (rouge). Déco sobre mais plein de détails tendance écolo (le fabricant de chaussures s'est associé à *Vinçon*, la référence espagnole en matière de design). Pas de petit déj ni de repas servis de manière traditionnelle, mais un espace snack ouvert 24h/24, gratuit et très bien fourni, à côté de la réception. Accueil souriant.

Dans l'Eixample

La ville « neuve » a également ses attraits (maisons de Gaudí et de ses confrères, bars et restos à la mode...) et un gros avantage sur la vieille ville : peu de délinquance. Mais les prix sont plus élevés, et, autour du passeig de Gràcia, c'est parfois un peu bruyant...

De prix moyens à chic (de 45 à 80 €)

🛏 *Hostal BCN Port* (plan général D5, 62) : av. Paral·lel, 15, 08004. ☎ 93-324-95-00. • hostal@hostalbcnport.com • hostalbcnport.com • Ⓜ Drassanes. Au 1er étage. À proximité du Musée maritime. Doubles 45-75 € avec lavabo, 60-107 € avec salle de bains. Un *hostal* dans un immeuble moderne et central, dont l'avantage réside dans les installations flambant neuves et tout confort. Les chambres ne sont pas très vastes, mais la déco aux couleurs soutenues et l'ameublement les rendent très fonctionnelles. Accueil jeune et sympathique.

🛏 *Hostal Oliva* (plan général E3, 68) : passeig de Gràcia, 32, 08007. ☎ 93-488-01-62 ou 17-89. • hostaloliva@lasguias.com • hostaloliva.com • Ⓜ Catalunya ou Passeig-de-Gràcia. Au 4e étage. Résa impérative pdt vac, en versant des arrhes : 15 j. à l'avance un mandat dont la somme correspond à 1 nuit. Simples 35 € ; doubles 60-75 € selon confort. Pas de petit déj. CB refusées. Une pension charmante dans un immeuble ancien (noter la belle cage d'escalier et le superbe ascenseur d'un autre âge). Très grandes chambres, avec lavabo ou salle de bains, meublées en style vieillot et disparate, mais ni lugubres ni tristes pour autant. Préférer celles donnant sur l'arrière, moins bruyantes. Dommage que les prix ne cessent d'augmenter !

🛏 *Hotel Amrey Sant Pau* (hors plan général par G1, 60) : Sant Antoni Maria Claret, 173, 08041. ☎ 93-433-51-51. • hotelsantpau@grupoamrey.com • amrey-hotels.com • Ⓜ Sagrada-Família. Tt près de la Sagrada Família. Doubles 50-150 € selon confort (terrasse) et saison. Cet hôtel de chaîne, moderne et fonctionnel, n'est pas pour autant dépourvu d'un certain charme. Est-ce peut-être le fait de sa situation dans un quartier résidentiel, donc moins touristique ? En tout cas, tout le confort est, et un accueil très aimable en prime.

🛏 *Hotel-residencia Neutral* (plan général E2, 69) : La Rambla de Catalunya, 42, 08007. ☎ 93-487-63-90. • hostalneutral@arrakis.es • Ⓜ Passeig-de-Gràcia. À l'angle de c/ del Consell de Cent. Doubles 57 € avec douche, 60 € avec baignoire ; également des simples et des triples ; petit déj 8 € (pas terrible !). Malgré son nom, l'endroit n'est pas si neutre que ça. Petit hôtel familial à taille humaine, il offre un aspect vieillot qui n'est pas désagréable. Chambres de tailles différentes aux plafonds hauts, certaines avec de beaux carrelages à l'ancienne. Les chambres côté rue sont assez bruyantes. Accueil francophone.

🛏 *Hotel Universal* (plan général F2, 70) : c/ Aragó, 281, 08009. ☎ 93-487-97-62. • hoteluniversal@arrakis.es • Ⓜ Passeig-de-Gràcia. Au 2e étage. Doubles avec salle de bains 65 €. Pas de petit déj. Mêmes patrons que l'*Hotel-residencia Neutral*, et, comme lui, assez central, mais un peu plus cher. Chambres avec TV, plus calmes côté cour mais avec deux lits seulement (mieux vaut avoir le sommeil lourd si on est amoureux !). Propreté et accueil corrects, sans plus.

De chic à plus chic (de 60 à 130 €)

🛏 *Hostal Palacios* (plan général E3, **72**) : La Rambla de Catalunya, 27, 08007. ☎ 93-301-30-79. • info@hostalpalacios. com • hostalpalacios.com • Ⓜ Catalunya ou Passeig-de-Gràcia. Doubles 90-120 € ; petit déj 4,50 €. Quelques triples. Dès l'arrivée, on est séduit par le charme rétro du hall et de la cage d'escalier. Les chambres, de divers volumes, évoquent celles d'un vieux palais vénitien, avec leurs meubles anciens, leur belle hauteur sous plafond et leur atmosphère surannée (avec TV satellite, AC et wi-fi pour le côté moderne).

🛏 *Ana's Guest House* (plan général F1-2, **59**) : av. Diagonal, 345, 08037. ☎ 93-476-11-41. • ana@anasguesthou se.com • anasguesthouse.com • Ⓜ Verdaguer. Doubles 60-100 € selon saison, avec petit déj. CB refusées. Séjour min 2 nuits. Au 1er étage d'un bel immeuble du début du XXe siècle avec ascenseur typique. Une guesthouse charmante dans un coin résidentiel chic, tenue par une dame et sa fille, très accueillantes et pleines de bons conseils. Quatre chambres seulement, mais arrangées avec goût, sobres, chaleureuses et fraîches. Deux salles de bains, cuisine et salle à manger avec bibliothèque accessibles.

Plus chic (plus de 130 €)

🛏 *Jazz Hotel* (plan général E3, **66**) : Pelai, 3, 08001. ☎ 93-552-96-96. • jazz@nnhotels.es • nnhotels.es • Ⓜ Universitat. Doubles 130-230 € selon saison. Malgré sa façade moderne et un peu bunker, la situation de cet hôtel tout neuf est on ne peut plus centrale et le confort proposé impeccable. Ambiance feutrée et sobre dans les chambres aux tons marron-beige très reposants. Bon petit déj-buffet. Accueil pro.

🛏 *Hotel Granvía* (plan général E-F3, **73**) : Gran Vía de les Corts Catalanes, 642, 08007. ☎ 93-318-19-00. Résa au ☎ 93-302-50-46. • hgranvia@nnhotels. es • nnhotels.es • Ⓜ Passeig-de-Gràcia. Doubles standard env 140 € ; petit déj 10 €. Très central. Dans un bel édifice du XIXe siècle, au hall d'entrée lumineux et aéré, à la décoration très classique, voire vieillotte. Les chambres s'avèrent plus pimpantes mais petites, avec salle de bains, TV satellite. Terrasse, jardin, parking pas loin. Accueil courtois ; une partie du personnel parle le français.

🛏 *The 5 Rooms* (plan général F3, **65**) : c/ Pau Claris, 72, 08010. ☎ 93-342-78-80. • info@the5rooms.com • the5rooms. com • Ⓜ Catalunya. Au 1er étage. Doubles 135-165 € selon confort, avec petit déj-buffet. CB refusées. Cinq chambres seulement dans ce B & B élégant, sorte de petit hôtel de charme tenu par une proprio très dévouée. Volumes amples, chambres hautes de plafond, excellente literie et plein de détails de bon goût. Ne pas hésiter à demander conseil sur les itinéraires en ville, Yessica est une vraie mine d'infos sur sa ville !

🛏 *Hotel Axel* (plan général D2, **67**) : c/ Aribau, 33, 08011. ☎ 93-323-93-93. • in fo@hotelaxel.com • hotelaxel.com • Ⓜ Universitat. Doubles 130-185 € avec petit déj-buffet. Ce bel immeuble de l'Eixample a été transformé en hôtel à la déco contemporaine (le styliste de Kenzo y a mis sa touche) destiné à la clientèle homosexuelle. Six étages avec des chambres de tailles diverses et un dernier étage avec une belle piscine, un sauna et un sky-bar très branché. Ambiance décontractée et bon accueil, avis aux amateurs...

Où camper dans les environs ?

Voici quelques campings, mais rien d'extraordinaire à l'exception du Masnou ; les autres ont tous des défauts : bruit, accueil expéditif, sanitaires moyennement entretenus... Mieux vaut camper à Sitges (voir « Dans les environs de Barcelone. Sitges »).

Au nord de Barcelone

⚕ **Camping Masnou :** ctra nacional II, km 633, 08320 El Masnou. ☎ 93-555-15-03. • masnou@campingsonline. com • campingsonline.com/masnou • À 11 km de Barcelone, face à la plage. Pour y aller en voiture, autoroute AP 7, sortie 13 à Granollers ou autoroute C 32, sortie 86 à Alella. De Barcelone, train Rodallies (sorte de RER ou Transilien) depuis la pl. de Catalunya, direction Mataró, jusqu'à El Masnou (env 25 mn de trajet, gare à 300 m). Ouv de mi-mars à mi-oct. Env 28 € pour 2 pers, avec tente et voiture. Quelques chambres doubles, 45-55 € avec ou sans salle de bains. Bien placé, verdoyant et ombragé, les espaces de camping sont un peu en retrait de la nationale. Bar, resto, supérette, jeux pour enfants, billard et piscine très propre. Très bon accueil en français.

⚕ **Camping El Vedado :** ctra Masnou à Granollers, km 7,2, 08188 Vallromanes. ☎ 93-572-90-26. • info@campingelvedado.com • campingelvedado.com • À env 18 km de Barcelone. En voiture, belle route à travers les vignes : de Barcelone, prendre l'A 2 ou la C 32 vers le nord, et sortir à hauteur d'Alella ; de là, il reste à peu près 6 km jusqu'au camping (un peu avt Vallromanes). De Barcelone, autobus L95 depuis Ronda Universitat (attention, slt les billets T10 sont valables, pas les pass de 2 à 5 j.). Ouv de mars à mi-nov. En hte saison, 2 bus mat et soir depuis Barcelone-plaça de Catalunya (2,50 € env 40 mn). La station de train la plus proche est Alella. Env 28 € pour 2 pers, avec tente et voiture. Petits bungalows en bois 4-6 pers, min 92 € pour 4 pers. Un camping populaire et à taille humaine (170 emplacements), situé en pleine nature, au milieu des bois, et donc très ombragé. À 7 km de la côte. Piscine, terrains de sport et resto. Aspects négatifs : l'eau chaude est rationnée, l'entretien est franchement léger, et l'été, les sanitaires souffrent clairement de la suroccupation de l'espace.

Au sud de Barcelone

Attention, vous êtes dans une zone très urbanisée, ne vous attendez donc pas à un calme bucolique et champêtre !
– Il y a aussi deux bons campings ombragés et bien équipés à *Sitges*, à 10 km au sud de Castelldefels (voir « Dans les environs de Barcelone. Sitges »).

⚕ **Camping 3 Estrellas :** autovía de Castelldefels, km 13,2 (ou 186,2 de la C 31), 08850 Gavà. ☎ 93-633-06-37. • info@camping3estrellas.com • camping3estrellas.com • En bord de plage, le long de l'autovía de Castelldefels, à env 12 km du centre-ville. De Barcelone et de la pl. d'Espanya (plan général B3), C 31, direction Castelldefels/aeropuerto et prendre la sortie 13. Ensuite faire « demi-tour » en passant sur le pont. Sinon, bus L95 : ttes les 30 mn en saison 6h30-22h30 ; 20-30 mn de trajet (vérifier tt de même les horaires sur place). Ouv de mi-mars à mi-oct. Env 23-30 € pour 2 pers avec tente et voiture, selon saison. Au milieu d'une pinède, bien entretenu (sanitaires impeccables), un immense camping bien équipé : épicerie, snack-bar, resto, Internet, grande piscine, jeux pour enfants... avec la mer toute proche. Également des mobile homes et des bungalows à louer. Un seul bémol, l'aéroport et ses nuisances sonores : il est tout proche.

OÙ MANGER ?

Bars à tapas

Depuis quelques années, d'immenses bars à tapas poussent comme des champignons aux quatre coins de la ville. Certains sont agréables et design, d'autres moins, mais aucun ne dégage l'atmosphère patinée des vieilles maisons. Comme souvent, vous pouvez opter pour des rations et demi-rations (*raciones* ou *media raciones*) de plats mitonnés, salades, charcuteries ou fromages. Barcelone étant une ville maritime, on vous conseille les tapas poissons et fruits de mer, en général très fraîches. Avant de sortir, commencez par dévorer le chapitre consacré aux tapas dans « Hommes, culture et environnement. Cuisine ».

Dans le Barri Gòtic et la Ribera

Assis ou debout

|●| 🍷 *El Xampanyet (centre F4, 90) :* c/ Montcada, 22. ☎ 93-319-70-03. Ⓜ Jaume-I. Fermé l'ap-m, dim soir, lun, j. fériés le soir ; et en août. Une de nos adresses préférées de la Ribera. Dans la rue du musée Picasso et de la galerie Maeght, une maison connue depuis 1929 pour son cidre et ses tapas. Azulejos et barriques tapissent les murs, des gourdes en peau pendent du plafond. Bonnes *tortillas*, *manchego*, jambon de canard, ventrèche de thon...

|●| 🍷 *La Vinya del Senyor (centre F4, 91) :* pl. Santa María, 5. ☎ 93-310-33-79. Ⓜ Jaume-I. Petit bar à vin, où la clientèle détendue lève joyeusement le coude en picorant de délicieux morceaux de charcuterie et de fromage. Agréable petite terrasse face à la superbe basilique Santa María del Mar. Également une petite salle à l'étage.

|●| 🍷 *Xaloc (centre E4, 94) :* c/ de la Palla, 13. ☎ 93-301-19-90. ● xarcute riaxaloc@yahoo.es ● Ⓜ Liceu. 🍴 Tlj. Ración 2,50-6 € ; menu 10-12 €. Apéritif maison offert sur présentation de ce guide. Des jambons au mur, une déco un peu froide, mais les couleurs de la charcuterie rehaussent le ton. Dans cette grande épicerie-bar à vin et à tapas, on s'attable et l'on choisit parmi les *raciones* (ou *media raciones*), assortiments de charcuteries et de fromages, et autres produits catalans de 1re qualité... Pas toujours très copieux.

|●| 🍷 *Kasparo (centre E3, 98) :* pl. Vicenç Martorell, 4. ☎ 93-302-20-72. Ⓜ Catalunya. Tlj 9h-1h. Ración 2,50-7 € ; menu midi env 10 €. Dans cette petite place enclavée entre la Rambla et le MACBA, quelques bars-cafés ont poussé leurs tables sous les arcades, dont le *Kasparo*, le seul à proposer des tapas très fraîches affichées sur l'ardoise. Calme et ombre font que les

Barcelonais s'y installent dès le café du matin. Service gentil et clientèle d'universitaires et jeunes *currantes* (employés).

|●| 🍷 *El Museu de l'Embotit (plan général D3, 96) :* c/ Floridablanca, 131. ☎ 93-325-48-89. Ⓜ Urgell. Tlj sf dim 15h30-23h30. Fermé août. Tapas 2-5 € ; plats 10-15 €. Café offert sur présentation de ce guide. Comme son nom l'indique, la spécialité des lieux est l'*embotit*, autrement dit la charcuterie, sous toutes ses formes, et vous pouvez d'ailleurs aussi en acheter à emporter. Également *lacon* galicien et brandade de morue.

|●| 🍷 *El Tropezón (centre E5, 97) :* c/ del Regomir, 26 ou d'En Gignàs, 20. ☎ 93-310-18-64. Ⓜ Jaume-I ou Barceloneta. 🍴 À mi-chemin entre Avinyó et Laietana. Tlj sf mer, dès midi (jusqu'à 2h ven et sam). Digestif offert sur présentation de ce guide. Un minuscule bar, où le serveur débonnaire laisse un papier et un stylo pour que chacun inscrive la *ración* et la boisson de son choix, et ensuite il n'y a plus qu'à piquer et partager. Les *patatas bravas* sont fameuses et, si elle ne date pas de la veille, il faut goûter à la spécialité maison, la *bomba*, une grosse croquette sphérique à base de patates, de *sobrassada* (sorte de gros chorizo moelleux, spécialité de Majorque) et d'herbes.

|●| 🍷 *El Portalón (centre E4, 95) :* c/ Banys Nous, 20. ☎ 93-302-11-87. Ⓜ Liceu. Lun-sam jusqu'à minuit. Parfois fermé en août. En plein Barri Gòtic. Si vous cherchez la vieille Espagne populaire, vous l'avez trouvée. Un bar à tapas qui n'a pas bougé depuis des lustres. Vieux patron, clients fidèles accoudés au comptoir antique, tables en bois solides et bouteilles poussiéreuses. Tapas très correctes et menu pas cher à midi.

Au comptoir

|●| ⚑ Irati (centre E4, **100**) : Cardenal Casañas, 17. ☎ 902-520-522. ● reser vas@sagardi.com ● Ⓜ Liceu. ⚒ À deux pas de la Rambla, direction pl. del Pi. Tlj. Fermé 25 déc et 1er janv. Pintxo min 1,60 €. Une taverne basque toujours bondée, fréquentée par une clientèle hétéroclite, dont pas mal de touristes. Allez-y à l'inspiration. Toutes ces petites tartines de pain recouvertes de boudin grillé, anchois, petits beignets de poulet, de fromage, de thon à la tomate... sont savoureuses (enfin parfois, il faudra savoir se contenter de la garniture et éviter le pain !). Les débutants ont tout intérêt à se glisser vers le fond, près des cuisines. Les plats arrivent de là : donc, en amont, plus de choix. Si l'estomac vous en dit, c'est l'occasion de goûtez au kalimotcho, un mélange de vin et de coca (sic !) très populaire au Pays basque...

|●| ⚑ Sagardi (centre F4, **101**) : c/ Argentería, 62. ☎ 902-520-522. ● re servas@sagardi.com ● Ⓜ Jaume-I. ⚒ Tlj. Fermé 25 déc et 1er janv. Pintxo 1,60-2 €. Un bar basque qui est une halte appréciée de la clientèle d'habitués. Un long comptoir où, midi et soir, les assiettes de pintxos se succèdent. On paie au pintxo. Arrosez-les donc d'un verre de cidre (dans un gros tonneau) bien rafraîchissant. Au fond, une partie resto (nettement plus chère) où l'on sert de bonnes grillades. Et l'été, quelques tables en terrasse.

|●| ⚑ Txacolín (centre F4-5, **102**) : Marquès de l'Argentera, 19. ☎ 93-268-17-81. Ⓜ Barceloneta. En face de la gare de França. Tlj sf dim soir et lun. Menu env 11,50 € tt compris. Autour du gigan-tesque comptoir en forme de U, employés du quartier et voyageurs en partance jouent des coudes pour accéder aux fameux pintxos basques. Boudin, œufs brouillés, poivrons farcis, croquettes de morue, viandes marinées...

|●| ⚑ Euskal Etxea (centre F4, **103**) : pl. Montcada, 1-3. ☎ 93-310-21-85. ● ja tetxeabcn@euskaletxeak.org ● Ⓜ Jaume-I. ⚒ Tlj sf dim et lun midi 12h-minuit. Fermé 10 j. à Noël. Pintxo 1,30-2 € ; menu 13 €. Resto plutôt cher. Un bar à tapas typiquement basque à la belle déco contemporaine où il vous faudra batailler ferme avant d'atteindre le comptoir. Dès lors, n'hésitez pas, tout est bon, frais et à prix très doux. Les brochettes, poivrons farcis ou tortillas sortent de la cuisine plus rapidement que la vitesse maximale de mastication. Un seul ennemi, le manque d'appétit.

|●| ⚑ Formatgeria La Seu (centre E4, **104**) : c/ Dagueria, 16. ☎ 93-412-65-48. ● laseudagueria16@jazzfree.com ● Ⓜ Jaume-I. Tlj sf lun, dim 10h-12h, 17h-20h. Fermé août. Palette 2,50 € servie 12h-20h avec assortiment de 2-3 fromages du cru, toast et son vin ou vermouth. Une drôle de petite adresse que nous classons dans la rubrique « Bar à tapas », bien qu'on n'y trouve pas de tapas ! Il s'agit en fait d'une petite fromagerie artisanale et Madame la fromagère propose à certaines heures, sur des petites palettes de peintre, des petites lichettes de fromage accompagnées d'un petit verre de vin. Attention, il s'agit plus d'une dégustation que d'une véritable collation. Amusant et original !

Dans l'Eixample

Assis ou debout

|●| ⚑ Cervesería Catalana (plan général E2, **108**) : c/ de Mallorca, 236. ☎ 93-216-03-68. Ⓜ Diagonal ou Passeig-de-Gràcia. Angle rambla Catalunya et c/ de Mallorca. Tlj midi-1h30 du mat. Tapas 2-4 €. À l'image du quartier, un ancien resto de famille relooké en bar à tapas-cave à vin, tout vêtu de bois avec deux comptoirs à l'entrée. Des tapas ultrafraîches et appétissantes, pour tous les goûts, et aux portions généreuses. Quelques tables en terrasse et comptoir toujours bondé.

|●| ⚑ Ciutat Comtal (plan général E3, **93**) : Rambla de Catalunya, 18. ☎ 93-318-19-97. Ⓜ Universitat ou Passeig-de-Gràcia. À l'angle de la Gran Vía de les Corts Catalanes. Lun-ven 8h-0h30 ; w-e 9h-2h. Tapas 3-7 €. Ce bar traditionnel a été modernisé tout en gardant la chaleur du bois, mais avec un éclairage réfléchi et des tabourets et banquettes en skaï. Tout comme la *Cervesería Catalana*, la panoplie de tapas étalées le long du comptoir fait monter l'eau à la bouche. Goûter à celles au poisson et aux fruits de mer. Excellents *montaditos* (canapés) au crabe, au saumon, aux anchois, à la morue au chutney... Service express.

|●| ♈ *Txapela* (plan général E3, *109*) : passeig de Gràcia, 8-10. ☎ 93-412-02-89. Ⓜ *Catalunya. Tlj 8h-1h30.* Pintxos 3-6 €. Dans la lignée des bars à tapas modernes des grandes artères espagnoles. Un lieu à la déco moderne où les plus affamés se pressent dans la bonne humeur autour du grand comptoir. Pour passer la commande, il suffit de désigner les *pintxos* qui sont tous représentés sur les sets de table. Bien pratique pour ceux qui ne parlent pas encore couramment le catalan mais qui veulent s'essayer au basque...

Dans la Barceloneta

Au comptoir

|●| ♈ *Can Paixano* (centre F5, *110*) : Reina Cristina, 7. ☎ 93-310-08-39. Ⓜ *Barceloneta. Tlj sf dim et j. fériés 9h-22h30.* Pintxos 3-6 €. Au beau milieu des revendeurs de hi-fi, un petit bar typique de dégustation où l'on s'empiffre de sandwichs (jambon, saucisse de Francfort) au comptoir, en accompagnant le tout d'un genre de *cava* rosé que l'on

boit dans des coupes très basses. L'endroit rêvé pour ceux qui cherchent l'Espagne traditionnelle. Bonnes odeurs de charcutaille et de fromage qui ravissent une clientèle de quartier, conviviale et urbaine. Au fond du bar, une mini-épicerie vend d'excellents produits du terroir et notamment du *cava* à des prix imbattables.

Vers Poble Sec

Au comptoir

|●| ♈ *Quimet & Quimet* (plan général C4, *111*) : poeta Cabanyes, 25. ☎ 93-442-31-42. Ⓜ *Paral-lel. Tlj sf lun 12h-16h, 19h-22h30.* Pintxos 3-6 €. Au comptoir, assis aux tables hautes, on savoure au coude à coude des tapas aussi appétissantes à voir qu'à dégus-

ter. Tout est délicieux, jusqu'aux petites fantaisies sucrées. Murs décorés par une ribambelle de bouteilles de vin. Ça vaut vraiment la peine de venir jusqu'ici pour goûter ces tapas très fraîches. Un lieu indémodable !

Restos

Barcelone se révèle être une vraie capitale gastronomique européenne. Il s'ouvre au moins un resto par semaine ! Voici cependant quelques valeurs sûres. Nul doute que votre intuition vous en fera découvrir d'autres.

– **Conseil :** évitez cependant les restos de la Rambla, trop exposés au flux touristique, car la qualité y est rarement au rendez-vous et les prix bien plus élevés qu'ailleurs.

– **Usages :** à Barcelone, ville-phare des modes, on mange tard, très tard. Pas vraiment besoin de se présenter dans un resto avant 13h-13h30 pour déjeuner, 21h pour dîner. Et le soir pendant le week-end ou en période de vacances, il vaut mieux réserver, sauf indication contraire dans le libellé.

Dans la vieille ville

Bon marché (de 7 à 14 €)

|●| *Bar Pinotxo* (centre E4, *121*) : *dans le marché de la Boquería, stand 466-470.* ☎ 93-317-17-31. Ⓜ *Liceu. Lun-sam 6h-16h. Fermé 3 sem en août.* Ración 7-10 €. *Pinotxo* est si renommé que le patron vend et dédicace un livre sur l'histoire du bar, dans lequel il va jusqu'à dévoiler quelques recettes. Essayez d'avoir une place sur les grands tabourets du comptoir. Excellente cuisine catalane à base de fruits de mer. Un incontournable de la Boquería. Toujours bondé.

|●| *La Dolça Herminia* (centre E-F4, *122*) : *Magdalenes, 27.* ☎ 93-317-06-76. Ⓜ *Urquinaona. Tlj 13h-15h45, 20h30-23h30. Menu midi en sem env 8 €* (entrée-plat-dessert-boisson) *; carte 20 €.* Décor design et recherché, éclairages en douceur, belle mezzanine, où l'on sert une cuisine catalane correcte à prix justes. Le menu du déjeuner est d'un bon rapport qualité-prix. La salle est vaste, et la mezzanine accueille également quelques tables. Service rapide et efficace.

|●| *Can Lluis* (plan général D4, *124*) : *c/ Cera, 49.* ☎ 93-441-11-87. Ⓜ *Liceu ou Paral·lel. Tlj sf dim 13h30-23h. Fermé 2de quinzaine d'août. À midi, 1er menu env 7,50 €* (mais il faut parfois le réclamer) *; carte 20-30 €.* Une adresse très appréciée des habitants du coin. Sa réputation a depuis longtemps dépassé les frontières du Raval. Sur le coup de 14h, une clientèle de bons vivants déboule et remplit en un clin d'œil les deux petites salles intimes et agréables. Le menu du midi est une aubaine : plats catalans classiques et bien préparés. Accueil enjoué.

|●| *FADfood* (centre E3, *139*) : *pl. dels Angels, 5-6.* ☎ 93-442-41-38. ● *cocina@ giovannizanzi.com* ● Ⓜ *Catalunya.* Il s'agit du resto du centre de design FAD, installé dans le couvent dels Angels, juste en face du MACBA. *Lun-ven midi slt. Deux menus du jour 10 et 13 €.* Intérieur voûté superbement restauré avec une salle résolument contemporaine et un coin-salon. Les plats sont simples et bien préparés, avec beaucoup d'attention sur la présentation. Idéal par grosses chaleurs. Expos temporaires de peinture et de design.

|●| *Ánima* (centre E4, *142*) : *c/ dels Angels, 6.* ☎ 93-342-49-12. Ⓜ *Catalunya. Lun-sam. Menu midi (en sem) 9,50 €* (entrée, plat, dessert) *; carte env 20 €.* Entre le MACBA et le marché de la Boquería, la rue des Anges regroupe une poignée de restos appréciés pour leurs terrasses arborées et calmes. De tous, l'*Ánima* s'impose comme le plus contemporain par le style industriel de son architecture et par le choix d'une gastronomie « déconstruite » dans sa présentation. Tendance et pas mauvais, à condition de faire son choix en regardant la table du voisin.

|●| *Opaqo* (centre E4, *127*) : *c/ Ciutat, 10.* ☎ 93-481-55-35. Ⓜ *Jaume-I. Tlj sf sam midi et dim. Menu du jour 11 €* (midi en sem slt) *; carte 16-25 €.* Apéro maison offert sur présentation de ce guide. C'est une femme, Ana, qui dirige les cuisines tandis qu'une équipe joviale s'affaire pour le service. Cet accueil franc et souriant est apprécié des employés du quartier qui viennent y déjeuner une cuisine catalane goûteuse et de bonne tenue. Le menu change tous les jours. Pas très copieux, mais frais et bien présenté.

|●| *Los Toreros* (centre E4, *126*) : *c/ d'En Xuclà, 3-5.* ☎ 93-318-23-25. ● *restaurante.lostoreros@hotmail. com* ● Ⓜ *Liceu. Tlj à partir de 17h. Menus min 16-17 € ; tapas 2-6 €. CB refusées.* Digestif offert sur présentation de ce guide. À deux pas de la Rambla, un resto authentique où les jeunes Barcelonais côtoient les gens de passage. Ici, les assiettes de tapas sont assez copieuses pour être partagées entre copains. Vaste salle haute de plafond et dédiée à la tauromachie.

|●| *Pizzeria San Marino* (centre E4, *127*) : *c/ de la Ciutat, 12.* ☎ 93-302-01-82. ● *quimcoco@hotmail.com* ● Ⓜ *Jaume-I. Tte l'année tlj jusqu'à 2h du mat.* Pizzas env 5 €. Très centrale, cette petite cantine sans prétention comblera les routards au portefeuille dégarni (et les autres). Dans une petite arrière-salle au cadre banal, le patron, discret

et sympathique, propose des plats italiens simples mais très corrects pour le prix. Clientèle tranquille d'habitués.

|●| Pla dels Angels (plan général D3, **123**) : c/ Ferlandina, 23. ☎ 93-329-40-47. ● pla-dels-angels@semproniana. net ● ⓜ Catalunya. ♿ Tte l'année tlj. Salades et pâtes min 5 € ; petit menu midi max 7 €. Un petit resto en terrasse au pied du musée d'Art contemporain. La cuisine est fraîche, avec des produits de qualité. Dans la salle du fond, une baie vitrée donne sur une cour intérieure pavée de cailloux blancs, où se dressent quelques troncs pétrifiés.

Prix moyens (de 14 à 25 €)

|●| Cuines Santa Caterina (centre F4, **133**) : à l'intérieur du mercat Santa Caterina. ☎ 93-268-99-18. ● cuinessan tacaterina@grupotragaluz.com ● ⓜ Jaume-I. Tlj 12h-minuit. Carte env 15 €. Dans l'une des ailes du marché, ce resto aménagé de manière rustique propose une carte (sur des sets de table) à la manière d'un tableau à double entrée. En haut, les matières premières (légumes, riz, viandes, œufs) ; à gauche, le mode de cuisson (à la méditerranéenne, à l'orientale...). Puis quelques plats locaux comme la butifarra aux haricots, le mille-feuille de sobrassada (saucisson de Majorque) et fromage mahon (de Minorque) ou encore l'escalivada au fromage de chèvre. Tout est de bonne facture et frais. Desserts maison. Bon accueil et service rapide.

|●| Organic (centre E4, **129**) : c/ Junta de Comerç, 11. ☎ 93-301-09-02. ● or ganicrestaurant@gmail.com ● ⓜ Liceu. Tlj 12h-minuit. En sem, menus midi 8,50-10 € ; le soir, menus 12-18 €. Un resto végétarien très tendance, dans la partie nord du quartier du Raval. « Organic is orgasmic » : telle est la devise du chef, qui ne mégote pas avec les sensations et les bienfaits de la cuisine végétarienne, mijotée sans sectarisme macrobiotique. Sélection stricte des produits, tous d'origine bio, pain fait maison. Présentation soignée et ambiance décontractée.

|●| Bar Central (centre E4, **121**) : marché de la Boqueria, stand 494-496 (en plein milieu). ☎ 93-301-10-98. ⓜ Liceu. Tlj sf dim jusqu'à 16h. Plats 8-14 € ; formule 20 €. Un autre comptoir que nous apprécions beaucoup à la Boqueria, pour son atmosphère familiale, la fraîcheur des produits... et le cadre du marché... D'ailleurs, les maraîchers ne s'y trompent pas, et c'est bien là qu'ils se donnent rendez-vous pour le verre de blanc de 11h ! Ils accompagnent le tout de coquillages, de gambas ou autres fruits de mer, de cèpes a la plancha... C'est une adresse où il faut venir tôt (ou tard), par exemple le jour de votre arrivée, quand votre estomac n'est pas encore calé sur l'heure espagnole.

|●| Café de l'Academia (centre E4, **120**) : Lledó, 1. ☎ 93-319-82-53. ⓜ Jaume-I ou Liceu. Près de la mairie, sur la jolie place de l'église Saint-Just. Lun-sam. Fermé j. fériés et 3 sem en août. Résa le soir. Menu midi env 10 € à table, max 9 € au bar ; carte 25 €. Un cadre rustique avec miniterrasse très agréable en été. À 10h, les gourmands qui travaillent à la mairie et à la Generalitat voisines apprécient les meilleurs sandwichs de Barcelone, ou les omelettes aux épinards. À midi, menus goûteux et simples. Bien aussi le soir, pour un repas plus intime, autour de plats plus élaborés.

|●| Agut (centre E5, **130**) : c/ d'En Gignàs, 16. ☎ 93-315-17-09. ⓜ Jaume-I ou Barceloneta. Situé dans une ruelle de la vieille ville entre Avinyó et Laietana. Tlj sf dim soir et lun, jusqu'à minuit. Fermé août. Menu midi min 11 € ; carte 25 €. Depuis 1924, un des restos les plus fréquentés de Barcelone. Vieille maison, très soignée tant dans la cuisine que dans la déco : grande salle voûtée décorée de tableaux. Mélange social bruyant et animé. Authentique cuisine barcelonaise. Les fruits de mer et le poisson sont à un prix étonnant pour l'endroit. Vin blanc de la casa passable. Goûtez, entre autres, la esqueixada (salade typique). Certains serveurs parlent le français. Bon accueil.

|●| Vinateria del Call (centre E4, **131**) : c/ Sant Domènec del Call, 9. ☎ 93-302-60-92. ● lavinateriacall@telefonica.

net ● Ⓜ *Liceu ou Jaume-I. Tt près de la pl. Sant Jaume. Ouv slt le soir à partir de 21h, sf dim en août, et j. fériés (15 août, Pâques, vac de Noël). Résa conseillée. Carte env 17 €.* La Catalogne traditionnelle et joviale se retrouve dans ce resto à la déco rustique. Grand choix de vins et bonne cuisine locale, charcuterie, fromage et autres plats. Ici, on ne sert pas de tapas mais des *raciones* (ou *media raciones*), froides pour la plupart. L'addition, raisonnable, dépendra de votre appétit et de votre gourmandise (excellents desserts maison, avis aux gourmands !). Service jeune et affable.

l●l *El Paraguayo (centre E5, 132) : Parque, 1.* ☎ *93-302-14-41. ● paraguayo@e-paraguayo.com ● Ⓜ Drassanes. Mardim jusqu'à minuit. Pas de menu : plat de viandes grillées 15-18 €, carte 23 €.* Cuisine simple mais goûteuse avec une petite touche uruguayo-argentine. La viande est de 1er choix, cuite à la braise ou pas. Les parts sont généreuses (si vous avez une petite faim, *media ración*). Agréable *vino de la casa*, servi au verre.

l●l 🍷 *Bar Ra (centre E4, 134) : pl. Gardunya, 3.* ☎ *93-301-41-63.* Ⓜ *Liceu. Derrière le marché de la Boqueria. Tlj 9h-2h. Midi et soir, menu 11 € ; carte 15-20 €.* Entre les vieilles maisons du quartier, le marché et face à un parking, voici un café-resto aménagé dans d'anciens entrepôts en pierre, joliment rénovés. Nul rat dans ce *Bar Ra* mais une jeunesse branchée (ou bohème) sur une paisible terrasse ensoleillée. Don-

ner son nom au serveur et attendre sur le muret qu'il vous appelle. Réserver si vous voulez éviter d'attendre. Menus copieux avec entrée, plat, dessert et jus de citron. Bons petits déj, cuisine très correcte, et brunch le dimanche. Service, comme souvent à Barcelone, express, qui rime avec stress. La rançon de la modernité ?

l●l *Can Culleretes (centre E4, 135) : c/ Quintana, 5 ; ruelle donnant sur la c/ de la Boqueria.* ☎ *93-317-64-85. ● culleretes@hotmail.com ● Ⓜ Liceu. Tlj sf dim sem et le soir 13h30-18h, et 21h-23h. Fermé juil. Menu midi complet en sem 12 € ; carte 20-22 €.* Beau petit resto à l'atmosphère populaire et aux murs couverts d'azulejos. Cuisine variée : gazpacho, melon au jambon, belle carte de gibier (civet de sanglier) et de poisson.

l●l *Pla de la Garsa (centre F4, 136) : Assaonadors, 13.* ☎ *93-315-24-13. ● pladelagarsa@gmail.com ● Ⓜ Jaume-I. Entre Montcada et Comerç, au cœur de la vraie vieille ville. Ts les soirs 20h-1h. Fermé 1 sem en juin et 1 sem en août. Venir à partir de 22h. Menus min 17 €, carte 23 €.* Adorable *bar-formatgería* servant des vins et des fromages, dans une salle accueillante aux tables de marbre avec un bel escalier en colimaçon en fer forgé. On dit que cet endroit fut fondé par les anarchistes catalans. Spécialités de plats régionaux, charcuteries en tout genre, entrées froides, parfois un peu chichement servis (surtout dans les menus).

De chic à très chic (de 25 à plus de 40 €)

Dans cette catégorie, des restos presque abordables à midi, et nettement plus onéreux le soir.

l●l *Casa Leopoldo (plan général D4, 140) : c/ Sant Rafael, 24.* ☎ *93-441-30-14.* Ⓜ *Liceu. Petite rue du Barri Xino. De la Rambla, emprunter la c/ de Hospital ou de Sant Pau jusqu'à la c/ Robador, dans laquelle donne la c/ Sant Rafael. Tlj sf lun et j. fériés 13h30-16h et 21h-23h30. Fermé la Semaine sainte et en août. Menu min 48 €, autant à la carte.* Une de nos adresses préférées. La famille Gil tient ce resto depuis 1929, et toujours avec autant de succès. C'est

d'ailleurs le rendez-vous des écrivains barcelonais, comme feu Montalbán et Mendoza. Grandes salles claires et agréables. Jolie déco d'azulejos avec scènes paysannes et de corrida. Tableaux évoquant le vieux Barcelone. Bon menu copieux ou à la carte. À la carte, demander les *albondigas con sepia y gambas* (seiches, crevettes, boulettes de viande et sauce délicieuse), ou les *tripas i cap i pota* (tripes, fromage de tête et queue de porc), et

OÙ MANGER ?

accompagner le tout du succulent *pa torrat amb tomàquet* maison. Accueil excellent, et en français.

|●| *Los Caracoles (centre E4, 141) :* c/ dels Escudellers, 14. ☎ 93-301-20-41. ● loscaracoles@loscaracoles.es ● Ⓜ *Drassanes.* ☼ *Dans la rue des restos, perpendiculaire à la Rambla. Tlj 13h-minuit. Parking gratuit 2h au n° 22 sur la Rambla. Résa conseillée. Entrée + plat 25-30 € ; paella 14 €.* Le resto le plus connu de la ville. Fabuleuse cuisine ouverte, que l'on traverse pour aller dans la salle (au passage, jetez un œil aux *paelleras* culottées – les grandes poêles à paella). Décoration rustico-catalane avec tonnelets peints, jambons au milieu des feuillages, photos des artistes ayant hanté les lieux. On peut se contenter d'un bon gros plat (délicieux chevreau ou cochon grillé). Accueil variable selon l'affluence et l'époque de l'année.

|●| *Restaurante Carballeira (centre F5, 145) :* Reina Cristina, 3. ☎ 93-310-10-06. Ⓜ *Barceloneta. Fermé dim soir, lun et j. fériés le soir. Plats 6-17 €.* Dans une salle placée sous le signe du grand large : maquettes de bateaux, crustacés, tortues de mer, hublots. Spécialiste des fruits de mer et du poisson de Galice, comme le *pulpo gallego* ou la *tortilla de Betanzos.* Également des langoustes et du homard au poids.

|●| *7 Portes (centre F5, 146) :* passeig d'Isabel II, 14. ☎ 93-319-30-33. ● reser vas@7portes.com ● Ⓜ *Barceloneta.* ☼ *Service continu tlj 13h-1h. Carte 25-30 €.* Grand resto de caractère et à l'ancienne avec des tableaux, des poutres vernies et des plaques de cuivre indiquant les places des célébrités qui honorèrent les lieux de leur présence : Miró, Dalí, Picasso, la Callas et Juan Carlos ! Cuisine sans prétention mais de bonne facture : goûtez à la bouillabaisse ou à la paella au poisson, une des spécialités de la maison.

|●| *Agut d'Avignon (centre E4, 143) :* c/ de la Trinitat, 3. ☎ 93-302-60-34. ● agutdavignon@yahoo.es ● Ⓜ *Liceu ou Jaume-I. Dans une petite impasse qui part de la c/ d'Avinyó, au niveau du n° 8. Lun-sam jusqu'à 23h. Menu dès 12 € ; carte 33 €.* Un endroit rustique comme une auberge cossue, avec de multiples petites salles à différents niveaux, ce qui donne à l'ensemble un côté chaleureux. Ce fut longtemps une des meilleures tables de la ville et son chef, l'un des principaux artisans du renouveau de la cuisine catalane.

|●| *El Gran Café (centre E4, 144) :* c/ d'Avinyó, 9. ☎ 93-318-79-86. Ⓜ *Liceu ou Jaume-I. Tlj sf dim. Menu midi env 11 € ; entrée + plat 22 €.* Un resto qui a connu ses heures de gloire à la Belle Époque dont il a gardé le souvenir et le décor lustré par le temps : boiseries cirées, femmes sculptées en lampadaires sur le bar, coin-salon, et belle cave.

Dans El Born

On vous répétera qu'on aime bien ce quartier, et les bonnes tables n'y sont pas étrangères.

Prix moyens (de 14 à 25 €)

|●| *Marisquería La Paradeta (centre F4, 125) :* c/ Comercial, 7. ☎ 93-268-19-39. Ⓜ *Estació-de-França. En face du marché du Born (en restructuration). Mar-sam midi et soir (à partir de 20h) ; dim midi slt. Compter 15-20 € (prix au poids). Attention, à partir de 21h on patiente dehors.* Déco clean aux murs jaune poussin et éclairage au néon. Dès l'entrée, deux jolies employées aux mains habiles s'évertuent à décortiquer des langoustines, à vider des calmars et à rincer des gambas. On marque une halte justement là, afin de choisir ses fruits de mer avant de passer à table. Puis on se prononce sur le mode de cuisson : *a la plancha* ou *frito.* On vous appelle dès que c'est prêt. Et on se régale ! Comme l'air est frais à l'intérieur (*mariscos* obligent), prévoir une petite laine. Des succursales à Sants et à la Sagrada Família.

|●| *La Báscula* (centre F4, **128**) *: c/ dels Flassaders, 30 bis.* ☎ 93-319-98-66. ● *la cereriacooperativa@yahoo.es* ● Ⓜ *Estació-de-França ou Jaume-I. Mer-ven 19h-minuit ; sam 13h-minuit. Repas env 13 €.* Une vieille usine de friandises. La salle, cachée derrière le comptoir, affiche volontairement une déco à la Emmaüs : murs colorés avec des restes de pots de peinture, tables et chaises hétéroclites, lustres de mémé kitschouilles... La carte propose des plats simples, des sandwichs, des crêpes, des salades et tartes. Boissons très variées (*granizados*, infusions, cocktails de fruits...). Le service est débonnaire donc mieux vaut ne pas être pressé.

|●| *Cal Pep* (centre F4, **149**) *: plaça de les Olles, 8.* ☎ 93-310-79-61. Ⓜ *Barceloneta. Fermé dim, lun midi, j. fériés et août. Résa obligatoire.* Dans le quartier de la Ribera, qui abrite les meilleurs estaminets et restos de Barcelone. Assis en rang d'oignons le long du comptoir, les clients se régalent de fruits de mer et poisson frais préparés sous leurs yeux. Artichauts et palourdes, *navajas* (couteaux), *chipirones* avec pois chiches. Comme vous n'êtes pas le seul à connaître les bonnes adresses, vous ferez sûrement la queue (surtout le soir), mais pas de panique, finalement ça va assez vite. Dispose aussi d'une salle de resto, mais, franchement, on trouve ça moins sympa et bien plus cher.

|●| *Golfo de Bizkaia* (centre F4, **150**) *: c/ Vidrería, 12.* ☎ 93-319-24-31. ● *golfobizkaia@mixmail.com* ● Ⓜ *Barceloneta. Juste à côté de 99,9 % Origens. Tlj 9h-minuit. Tapas 3-6 €.* Une petite taverne basque qui sert, sur un long comptoir en L, des tapas aux champignons, aux coquilles Saint-Jacques et au boudin noir, ainsi que des *pintxos*. C'est copieux, frais et très varié.

|●| *99,9 % Origens* (centre F4, **150**) *: c/ Vidrería, 6-8.* ☎ 93-310-75-31. Ⓜ *Barceloneta. Tlj jusqu'à 1h. Carte env 15 €.* Dans le vieux quartier de la Ribera, un petit resto à la déco moderne où 99,9 % des produits proposés sont d'origine artisanale, protégée, voire biologique. Une bonne occasion d'essayer des saveurs catalanes comme les *cocas*, tartes salées ou sucrées, des légumes goûteux, quelques viandes et fromages locaux.

Chic (de 25 à 40 €)

|●| *Espai Sucre* (centre F4, **151**) *: c/ Princesa, 53.* ☎ 93-268-16-30. ● *restaurant@espaisucre.com* ● Ⓜ *Arc-de-Triomf. Ouv slt le soir mar-sam. Fermé 15 j. en août et 15 j. à Noël. Menus 28-48 €, carte 30 €.* Un resto dont on ne sait si c'est un laboratoire d'idées ou une auberge surréaliste. Jordi Butrón est passé par les cuisines d'*El Bulli* (célèbre resto à Cala Montjoi) et ça se sent tout de suite. Son ambition est plus forte encore que celle de ses inspirateurs (même si, à l'*Espai Sucre*, on se défend d'être les enfants terribles de Ferran et Alberto Adrià) : faire du sucre son ingrédient fétiche, la base alimentaire de chaque recette figurant à la carte. Le débat sur le sucré-salé semble dès lors dépassé. Foie gras au sucre, viande au sucre, poisson au sucre... Une expérience très originale. On aime ou on n'aime pas. Pour les rétifs, quelques plats salés non sucrés !

|●| *Senyor Parellada* (centre F4, **61**) *: c/ Argentería, 37.* ☎ 93-310-50-94. ● *fondaparellada@hotmail.com* ● Ⓜ *Jaume-I. Au cœur du quartier de la Ribera. Tlj jusqu'à 23h. Plats 6-12 €, compter 25-30 € pour un repas.* L'hôtel, où les compagnies maritimes logeaient autrefois leurs voyageurs en partance, est devenu, après complète rénovation, l'un des plus beaux de la ville (voir l'hôtel *Banys Orientals* dans « Où dormir ? »). Même chose pour le resto, à la fois chic et moderne (banquettes de bois et peintures). Mais, pas de confusion : la cuisine reste catalane traditionnelle et la clientèle hétéroclite et motivée. Très bon accueil. On y sert d'excellentes assiettes catalanes, dont certaines portent le nom des politiciens qui fréquentent l'endroit. Service (trop) décontracté.

OÙ MANGER ?

À Poble Sec

Un quartier populaire qui mérite vraiment le détour et aussi une halte gastronomique en chemin (ou en revenant) vers les musées de Montjuïc...

Prix moyens (de 14 à 25 €)

I●I *Taverna Can Margarit* (plan général C4, *158*) : c/ de la Concòrdia, 21. ☎ 93-441-67-23. Ⓜ Poble-Sec. Ts les soirs sf dim et j. fériés à partir de 21h. Fermé en août et à Pâques. Repas env 18 €. Dans cette ancienne bodega devenue taverne, l'accueillant Enric et sa bande de serveurs enjoués virevoltent entre tonneaux, tables rustiques et ustensiles agricoles. Le ton est donné : des plats traditionnels bien exécutés, du vin maison et un service avec du caractère ! Carte simple donc, sur laquelle il faudra lorgner du côté des *chipirones* frits (calamars), des *boquerones* au vinaigre ou du lapin sur lit d'oignons et d'ail. Desserts moins convaincants.

I●I *Xe-Mei* (plan général C4, *162*) : passeig de l'Exposició, 85. ☎ 93-553-51-40. Ⓜ Poble-Sec. Tlj sf mar. Repas env 23 €. Ancien troquet de quartier devenu le resto italien le plus en vue de Barcelone. Les deux frères proprios (l'un en cuisine, l'autre en salle) ont composé le joli décor intérieur dans des tons chauds agrémentés de belles peintures. Excellents *antipasti* de la mer ; on a aussi aimé les spaghettis aux palourdes et à l'encre de seiche, ou le délicieux tiramisù. Service souriant mais vite débordé.

Sur le port

Face au port Vell, le palau de Mar, ancien entrepôt des douanes, rénové avec goût, abrite quelques restos.

Très chic (plus de 40 €)

I●I *La Gavina* (plan général F5, *154*) : plaça Pau Vila, 1. ☎ 93-221-05-95. ● la gavina@lagavina-rte.com ● Ⓜ Barceloneta. ✆ Tlj 12h-23h30. Fermé pdt les vac de Noël. Menu 30 €, carte 35-40 €. La présentation et le service justifient le prix mais on peut aussi se contenter d'une salade en terrasse. *La Gavina* est un classique de la Barceloneta. Cadre très soigné et vaste terrasse face au port, à l'écart de la circulation. Entrées fraîches, poisson de la Méditerranée et bonnes paellas, dont la recette originale de la « casserole ».

I●I *Merendero de la Mari* (plan général F5, *155*) : plaça Pau Vila, 1. ☎ 93-221-31-41. ● restaurant@merenderode lamari.com ● Ⓜ Barceloneta. ✆ Tt à coté de La Gavina. Tlj midi et soir. Repas 25-30 €. Toujours dans le cadre des entrepôts de douane en face de la marina, le *Merendero* possède aussi sa belle terrasse aux parasols et une jolie salle intérieure design et feutrée. Cuisine classique et honnête : paellas, *fideua, arros negre*... Service pro.

Dans l'Eixample

De bon marché à prix moyens (de 7 à 25 €)

I●I *Lactuca* (plan général G2, *159*) : Provença, 427. ☎ 93-301-05-03. Ⓜ Sagrada-Família. Tlj 12h-23h30. Juste à côté de la Sagrada Família. Formule midi en sem 8,50 €, soir et w-e 10,30 €. Adresse idéale pour les marcheurs urbains, après la visite de la Sagrada Família. Sorte de grande cafétéria fonctionnant sur le principe du buffet à volonté ; pas un végétarien proprement dit quoique l'on trouve pas mal de légumes au choix. La maison possède six autres restos à la même enseigne dans Barcelone.

❙●❙ *FresCo* *(plan général F2, **168**) : Pau Claris, 151.* ☎ *93-301-68-37.* Ⓜ *Passeig-de-Gràcia. Tlj 12h45-17h, 20h-1h. Menus midi en sem 8,30 €, soir et w-e env 10 €.* Une grande cafétéria tout en longueur, dans les tons plomb et brique avec un penchant pour la déco industrialo-design. Tout comme chez *Lactuca*, ces restos de formule-buffet valent surtout pour le bar à salades, frais et varié. Les plats du jour, pizzas et pâtes ne sont pas très réussis. Un bon point : glaces et café à volonté. D'autres adresses en ville pour cette chaîne espagnole bien pratique.

❙●❙ *La Cuina de Marwan* *(plan général D3, **148**) : Muntaner, 34.* ☎ *93-453-11-43.* Ⓜ *Universitat. Tlj midi-2h.* Shawarmas *et plats combinés (hommous, taboulé, viandes...) min 4 € ; repas 15-20 €.* Chez ce Libanais de l'Eixample, vous trouverez le fast-food oriental en version à emporter ou à déguster sur place. Saveurs bien restituées, accueil jovial et clientèle plutôt locale et mélangée dans ce coin homotouristico-branchouille de Barcelone. En tout cas, ça vous change du sandwich au *serrano* et des tapas !

❙●❙ *Amaltea* *(plan général D3, **147**) : c/ Diputació, 164.* ☎ *93-454-86-13.* Ⓜ *Urgell. Lun-sam. Menu du jour ou repas env 15 €.* Si la salle affiche une déco hétéroclite (lambris et tables en pin, peintures murales évoquant l'Himalaya, divinités hindoues...), l'ambiance est apaisante et la musique douce. Au choix dans le menu, 5 entrées, 5 plats et pas mal de desserts. Service gentil et sans pose, en accord avec le cadre.

❙●❙ *Restaurante La Solana Gallega* *(plan général G2, **157**) : Provença, 426.* ☎ *93-457-32-61.* Ⓜ *Sagrada-Família. Tlj sf dim ; fermé 3 sem en août. Menu midi 9 €, 13 € en terrasse le w-e ; carte de tapas très abordable. Apéritif offert sur présentation de ce guide.* Une petite adresse sans prétention qui a surtout le mérite d'être à deux pas de la Sagrada Família et de proposer des petits plats galiciens. Pas de la grande cuisine, mais une pause reconstituante, en terrasse si le soleil s'y prête.

❙●❙ *Cervecería Inter-Tapa* *(hors plan général par G2, **156**) : av. Gaudí, 11.* ☎ *93-435-43-83.* Ⓜ *Sagrada-Família. Dans une avenue très agréable qui descend vers la Sagrada Família. Menu midi 8,60 €. Supplément en terrasse. Également une carte de tapas à prix raisonnables.* On a d'abord l'impression de pénétrer dans un quelconque bar à tapas, mais au fond se trouve une petite salle arrangée comme une isba russe. Agréable terrasse sur une rue piétonne à l'ombre des clochers de Gaudí. Bonne cuisine catalane toute simple et service agréable. Bref, un aimable rapport qualité-prix pour le quartier.

❙●❙ *Can Cargol* *(plan général F2, **160**) : València, 324.* ☎ *93-458-96-31.* Ⓜ *Passeig-de-Gràcia.* ✼ *Tlj sf dim soir et 2ᵈᵉ quinzaine d'août. Can Cargol signifie « Chez l'escargot » en catalan ! Repas env 20 €. Résa le soir.* Il s'agit d'une auberge de style rustique qui dénote dans le Barcelone design : pas de chichis, service rapide, mais surtout de belles spécialités comme les escargots bien sûr (un régal) et les brochettes de saucisses *Pages* (exquis). Très bonnes viandes aussi. C'est plutôt un resto du soir : un remarquable repas à prix super-raisonnable.

De chic à très chic (de 25 à plus de 40 €)

❙●❙ *Semproniana* *(plan général D2, **138**) : Rosselló, 148.* ☎ *93-453-18-20.* Ⓜ *Hospital-Clinic. Entre Aribau et Montaner. Tlj sf dim jusqu'à 22h30. Repas env 40 €.* Dans une rue tranquille de l'Eixample. Au fond d'un couloir, une grande salle qui fait penser à un ancien atelier restauré et aménagé en resto design (mais sans froideur). Le tout magnifié par des détails originaux et un éclairage intimiste. On y est bien assis, et il y a de l'espace entre les tables. Le menu est collé sur des bouteilles. On y sert une cuisine méditerranéenne de chef, élaborée et goûteuse.

❙●❙ *L'Olivé* *(plan général E2, **163**) : c/ Balmes, 47.* ☎ *93-452-19-90.* ● rte-olive.com ● Ⓜ *Universitat ou Passeig-*

de-Gràcia. Tlj sf dim soir 13h-16h, 20h30-1h. Résa conseillée. Carte 40 €. Resto barcelonais, renommé pour sa délicieuse cuisine. Service prévenant et clientèle d'hommes d'affaires et de cadres supérieurs. Déco moderne, sobre et élégante. Carte bien fournie : saumon, chevreau, foie et morue à toutes les sauces, escalivada, crevettes et saucisses du pays. Une adresse qui vaut le détour, à des prix encore raisonnables pour la qualité.

|●| 🍸 **Tragaluz** (plan général E2, **161**) : passatge de la Concepció, 5. ☎ 93-487-06-21 ou 01-96. Ⓜ Diagonal. Ruelle entre le passeig de Gràcia et la rambla Catalunya. Repas complet en moyenne 35 €. Une des adresses très tendance de ce quartier de Barcelone. Cuisine imaginative et pleine d'idées, mais, même si elle ne se veut pas nouvelle, elle gagnerait à être plus généreuse. Décoration recherchée et chaleureuse, sur plusieurs étages avec un style différent à chacun. Clientèle hétéroclite, du groupe de jeunes plutôt bien mis à l'homme d'affaires, en passant par la famille en goguette. Accueil dynamique et souriant.

|●| **El Japonés** (plan général E2, **161**) : passatge de la Concepció, 2. ☎ 934-87-25-92. Ⓜ Diagonal. En face du Tragaluz. Repas 20-30 €. Un resto design qui a valu un prix à sa décoratrice, Isabel Lopez. Murs en plaquettes d'ardoise et cotte de mailles légère comme une tempura. Une vraie réussite même si la cuisine (maki et sushi) n'aime pas les gros volumes.

Dans la Barceloneta

Entre la ville et la plage, on aime bien ce quartier un peu à part pour son atmosphère populaire. Et quand on vous aura dit que le bien-manger n'y est pas négligé, le détour s'imposera et l'impasse ne sera plus permise. Dommage que la plupart des adresses chic abusent un peu sur le prix, d'autant que le service n'est pas à la hauteur...

Bon marché (de 7 à 20 €)

|●| **Can Maño** (plan général F5, **152**) : c/ Baluard, 12. ☎ 93-319-30-82. Ⓜ Barceloneta. Lun-ven 8h-17h, 19h-23h ; sam 8h-17h. Repas env 10 €. Voici la fonda de quartier comme on les aime ; deux salles où s'entassent le comptoir, des tables en formica et la cuisine dans l'arrière boutique. Patrons avenants et affairés, cuisine sans chichis mais fraîche et savoureuse. Carte super-claire : liste de platos combinados, des poissons du jour que l'on vous détaillera oralement, des salades et des légumes frais ou grillés. Avec des prix pareils, c'est vite bondé, donc s'y pointer tôt.

|●| **De Mercat** (plan général F5, **153**) : pl. de la Font, s/n. ☎ 93-221-54-58. Ⓜ Barceloneta. Menu midi en sem 12 € ; carte 20 €. À l'intérieur de la belle halle du marché de cet ancien quartier de pêcheurs, ce resto joue la carte de la déco contemporaine chère à la Barcelone nouvelle génération. La cuisine est en fonction du marché (on s'en serait douté !) avec des poissons et viandes, plus quelques primeurs servis en salade ou grillés. Prix et service honnêtes.

|●| **Paco Alcalde** (plan général F6, **169**) : c/ Almirali Aixada, 12. ☎ 93-221-50-26. Tlj sf mar. Menu 9 € (midi sem) et 24 €. Paëlla de mariscos env 15 €. Carte 20-25 €. À l'écart du port et de la plage, ce resto traditionnel rallie les suffrages des catalans et de la petite minorité de touristes qui a eu du flair (ou un bon guide). Le vivier annonce la couleur : ici, poissons et fruits de mer ont la part belle. Mention spéciale pour la paëlla, aussi généreuse que savoureuse, et qui tient le haut du pavé. Également tout un choix de tapas alléchantes. Comme les desserts sont eux aussi à un prix très raisonnable, c'est l'occasion de savourer une véritable crème catalane, délicieusement caramélisée... Côté cave, les vins ne font pas flamber l'addition.

De prix moyens à chic (de 20 à 35 €)

I●I **Can Ramonet** (plan général F5, **165**) : c/ Maquinista, 17. ☎ 93-319-30-64. ● info@elnouramonet.com ● Ⓜ Barceloneta. Repas 25-35 €. Le plus vieux resto du quartier. Cette coquette petite taverne est la première à avoir ouvert ses portes sur le port en 1763. Une institution ! Un quasi monument historique ! Fruits de mer, tapas et bons plats catalans (fideus a banda, entre autres) à déguster assis autour de gros tonneaux ou sur la jolie terrasse face à la halle du marché. D'ailleurs, on vous conseille plutôt un arrêt tapas que resto car, dès qu'on s'assoit, les prix explosent...

I●I Nombreux **restos** au bout de la Barceloneta, sur le port ou face à la plage. Ils sont pris d'assaut les w-e et j. fériés (fermés dim soir pour la plupart). Un des plus courus s'appelle le **Cal Pinxo** (plan général F6, **166**), situé au bout de la c/ Baluard, au 124. ☎ 93-221-50-28. ● restaurantecalpinxoplatja.com ● Descendre à l'arrêt « Barceloneta » (le terminus) du bus n° 17. Fermé dim soir et lun jusqu'en juin, slt dim soir pdt l'été. Repas 30-35 € sans vin. Possibilité de ne prendre que des media raciones. C'est une des plus vieilles enseignes du coin, mais le décor est frais et récent. En saison, grande terrasse, presque les pieds dans l'eau. Cuisine méditerranéenne tout à fait correcte. Vous êtes devant la plage, prix en conséquence. Bon accueil.

De chic à très chic (de 30 à plus de 40 €)

I●I **Agua** (plan général G5, **137**) : Passeig Marítim, 30. ☎ 93-225-12-72. Ⓜ Ciutadella. Tlj 13h30-16h, 20h30-minuit (1h en fin de sem). Résa conseillée. Repas 30-40 €, boisson comprise. Menu en français. À quelques mètres de Posit, sous la promenade piétonne qui domine la plage, ce resto design se prolonge par une terrasse lumineuse face à la mer. Salle intérieure aux tons bleus, avec des meubles de style colonial et de grandes baies vitrées. Le chef prépare une savoureuse cuisine de la mer, créative et variée. Bons poissons, excellentes palourdes a la brasa et bons calamars. Desserts maison. Une bonne adresse.

I●I **Can Solé** (plan général F5, **164**) : c/ Sant Carles, 4. ☎ 93-221-50-12. ● cansole@cansole.cat ● Ⓜ Barceloneta. ♿ À 30 m de la rue qui longe le port. Mar-sam et dim midi. Fermé 15 j. en août. Repas 35-40 €. Dans une jolie maison du quartier, une des bonnes tables de la Barceloneta. Ici les vraies vedettes sont les poissons et les fruits de mer, préparés à la « locale ». Sur les murs : azulejos et nombreuses photos de personnalités qui, avant nous, ont apprécié la cuisine de cette vieille maison déjà centenaire, à la réputation bien établie. Cependant petites portions et accueil glacial, dommage !

I●I **Posit** (plan général G5, **167**) : Ramon Trias Fargas, 2. ☎ 93-224-00-88. Ⓜ Ciutadella ou Barceloneta. Sur la plage. Point de repère : la grande baleine de cuivre sur la digue. Tlj sf dim soir. Résa conseillée. Menus 10-27 €. Le cadre, la terrasse confortable ouvrant sur la plage, l'accueil en font une bonne adresse. Spécialités de poissons et fruits de mer (paella, fideo, parillada) ; les carnivores ne sont pas oubliés et les viandes sont toutes d'appellation protégée.

Dans le quartier de Gràcia

L'occasion pour vous d'aller vous y promener pour digérer. Rien de bien spectaculaire. Une atmosphère, des petits détails sympas et de très bonnes adresses.

De bon marché à prix moyens (de 7 à 30 €)

I●I **Le Bilbao** (plan général F1, **170**) : c/ del Perill, 33. ☎ 93-458-96-24. Ⓜ Diagonal. ♿ En sortant du métro, emprunter la c/ de Còrsega vers l'av.

OÙ MANGER ?

Diagonal, puis à gauche la c/ del Torrent de l'Olla ; la c/ del Perill est la 2e à droite.. Lun-sam sf j. fériés. Fermé en août. Service jusqu'à 23h Plats 15 € ; repas 35 €. CB refusées. Le resto de quartier comme on les aime, chaleureux et plein de vie. Côte à côte, hommes d'affaires, copines en virée et petits couples branchés, tous unis pour apprécier la très bonne cuisine à la fois basque et catalane du patron. Goûter au filet de taureau (!), spécialité du lieu, ou aux plats de poisson...

|●| *Taverna Can Punyetes* (hors plan général par D1, *172*) : c/ de Marià Cubí, 189. ☎ 93-200-91-59. ● info@canpunyetes.com ● À l'angle de la c/ d'Amigó (estació de ferrocarril : Gràcia). Tlj 12h-16h30, 20h-1h (les fourneaux s'arrêtent un peu plus tôt). Carte env 15 €. Gentille petite taverne rustique et jeune. Des petits plats catalans à prix doux (genre tapas-tranches de pain grillé) et viandes cuites à la braise. Clientèle de petits budgets.

|●| *Envalira* (plan général F1, *173*) : pl. del Sol, 13. ☎ 93-218-58-13. Ⓜ Fontana. Mar-sam 13h30-16h, 21h-minuit ; dim et j. fériés 13h30-17h. Fermé août,

sem de Pâques et de Noël. Plats 10-15 € ; repas 30 € avec boisson. Une institution familiale, bien cachée derrière sa façade opaque en plein cœur de Gràcia. L'accent n'est pas mis sur la déco, inchangée depuis l'ouverture, mais bien sur les paellas.

|●| *Nou Candanchú* (plan général F1, *174*) : pl. Rius I Taulet, 9. Ⓜ Diagonal ou Fontana. Tlj sf mar. Fermé de mi-août à début sept. Plats combinados 8-12 €, menu midi 8 €. C'est le plaisir et le sport favori des habitants de Gràcia que de manger (salades, croques-salades, ou steak-frites) en terrasse sur une des nombreuses petites places du quartier. Celle-ci est particulièrement calme et ombragée.

|●| À côté, *Mario* propose des pâtes et des pizzas (max 7 €).

|●| *La Gavina* (hors plan général par F1, *171*) : Ros de Olano, 17. ☎ 93-415-74-50. Ⓜ Fontana. À deux pas de la pl. del Sol. Fermé pdt la Semaine sainte et 1re quinzaine d'août. Mar-dim jusqu'à 2h30. Pizzas 4-11 €. C'est paraît-il la pizzeria la plus connue de Gràcia. Rien de bien extraordinaire, mais joli cadre et pizzas reconstituantes.

Très chic (plus de 40 €)

|●| *Botafumeiro* (plan général E1, *175*) : Gran de Gràcia, 81. ☎ 93-218-42-30. Ⓜ Fontana ou Diagonal. Service continu tlj 13h-1h. Repas min 40-50 €. Un des meilleurs restos de poissons et crusta-

cés de Barcelone. De grandes salles décorées en bois clair, une atmosphère fraîche et agréable, un service impeccable. Superbe *gran mariscada especial a la plancha* pour les gloutons.

Sur la colline du Tibidabo

|●| *La Venta* (hors plan général par E1, *176*) : pl. Doctor Andreu. ☎ 93-212-64-55. ● laventa@restaurantelaventa.com ● Sur l'av. del Tibidabo, au pied du funiculaire. Pour s'y rendre, emprunter le vénérable Tranvía Blau jusqu'au terminus. Tlj sf dim 13h30-15h15, 21h-23h15. Fermé pdt vac Noël. Résa conseillée en été. Carte 36-40 € ; menu 38 €. Pour savourer une nouvelle cuisine exquise, sur une agréable terrasse, en donnant sur la ville. Des serveurs et un patron très aimables, parlant le français : voici l'une de nos adresses préférées à Barcelone. À l'intérieur, grandes salles joliment décorées de céramiques

et de dessins. Clientèle aisée aimant sortir mais pas du tout guindée ; service impeccable. Prix raisonnables pour la qualité proposée. Goûtez aux oursins gratinés, ou à la morue moelleuse, et arrosez le tout d'un bon vin de la Rioja !

|●| *El Asador de Aranda* (hors plan général par E1, *176*) : av. del Tibidabo, 31. ☎ 93-417-01-15. Ⓜ Avinguda-del-Tibidabo ou Nitbus n° 8, départ pl. de Catalunya. Fermé dim soir ; hors saison, ouv slt le w-e. Repas env 30 €. Autre adresse plus centrale mais moins sensationnelle : c/ Londres, 94. Sur les flancs du Tibidabo, dans une villa de style Art nouveau. À l'époque, les heu-

reux propriétaires venaient y passer l'été, loin de la moiteur du centre-ville. Aujourd'hui, un resto castillan en terre catalane. La spécialité : l'agneau de lait cuit lentement dans le four à pain. Déli-

cieux ! Avant, on déguste du boudin au riz *(morcilla de arroz),* des petits chorizos grillés avec du pain cuit au bois. En dessert, craquez pour le mille-feuille. Terrasse intérieure très agréable.

Où prendre le petit déjeuner ? Où manger une pâtisserie ? Où déguster une glace ?

🐛 *Granja M. Viader (centre E4, 180) :* c/ d'En Xuclà, 6. ☎ 93-318-34-86. ● *granjaviader@yahoo.es* ● Ⓜ Catalunya ou Liceu. Du lun ap-m au sam 9h-13h45, 17h-20h45. Fermé août. Tout près de la Rambla, une authentique *granja catalana* (crèmerie-salon de thé) ouverte depuis 1870. La plus vieille laiterie de Barcelone. Vers 17h, étudiants gourmands, artistes, vieilles dames et vieux messieurs du quartier se partagent les tables : chocolat crémeux, assiettes de fromage frais couvert de miel *(mel i mató),* madeleines, crèmes catalanes, mousses au chocolat... Tout est fait maison avec des produits de la ferme. Régalez-vous absolument de *leche mallorquina* (du lait de la ferme, avec du citron et de la cannelle), excellent et très rafraîchissant. En partant, vous pouvez faire quelques emplettes : chantilly, yaourts, fromages, charcuteries de fabrication artisanale.

🐛 *Christian Escribà (centre E4, 181) :* La Rambla, 83. ☎ 93-301-60-27. ● *rambla@escriba.es* ● Ⓜ Liceu. Tlj 8h30-21h. Autre adresse : Gran Vía, 546. ☎ 93-454-75-35. En fait la maison mère ! À côté de la *Boquería,* la meilleure pâtisserie du coin, pas donnée, mais excellente. Sa façade de mosaïques, sculptures, fer forgé, cristallerie Art nouveau est remarquable. Au fond, un mini-salon de thé pour savourer de bonnes tartes, des brioches et des croissants moelleux, des petits fours, accompagnés d'un délicieux

chocolat. En saison, ne ratez sous aucun prétexte les *bunyols de Quaresma* (beignets de Carême).

🐛 *Chocolaterias Valor (plan général E2, 182) :* rambla de Catalunya, 46. ☎ 93-487-62-46. Ⓜ Passeig-de-Gràcia. Tlj (fermé 13h-15h30). À deux pas de la *casa Batlló* et de la *fondation Tapiès,* l'adresse idéale pour déguster un *chocolate con churros,* au comptoir ou tranquillement attablé. Le cadre manque de caractère, mais le chocolat est excellent.

🍦 *Fratello (plan général F5, 183) :* c/ Joan de Borbó, 15. ☎ 93-221-48-39. Ⓜ Barceloneta. Lun-ven 10h-minuit ; w-e 10h-1h. Bonne sélection de crèmes glacées et sorbets à déguster tout en se promenant sur la plage. *Turrón* très onctueux tout comme le *dulce de leche.*

🐛 🍰 *Caelum (centre E4, 184) :* c/ de la Palla, 8. ☎ 93-302-69-93. Ⓜ Liceu. Tlj sf lun mat. Fermé 1re sem d'août. Une boutique qui fait aussi salon de thé. On y vend des gâteaux, des biscuits et des douceurs concoctées dans une quarantaine de monastères espagnols. Ambiance recueillie devant ces délices que l'on savoure... religieusement. Qui a dit que la gourmandise était un péché ? ▮●▮ Pensez également au *marché de la Boquería (centre E4).* Rien de mieux pour commencer la journée qu'une coupe de fruits frais... Pour un en-cas plus consistant, plusieurs comptoirs proposent *tortillas* et autres tartines garnies dès potron-minet.

OÙ SORTIR ?

Où boire un verre ?

Barcelone fonctionne au coup de cœur. Quand un type d'établissement plaît, il y a aussitôt multiplication. La mode étant par définition éphémère, elle passe à autre chose quelques mois plus tard. Après les cafés d'inspiration new-yorkaise (pierres et tuyaux d'aération apparents, carte des cafés écrite sur l'ardoise, etc.) et les cafés-bars minimalistes (tout blancs, murs nus et musique électronique), bien malin qui pourrait dire quel nouveau style va faire chavirer une jeunesse barcelonaise amoureuse des comptoirs. Voici en tout cas quelques adresses qu'on aime bien, mélange de vieux comptoirs historiques, de modes passées et de tendances actuelles. Il y en a beaucoup d'autres, éphémères, que nous ne citons pas. Il en est ainsi de cette ville qui consomme les lieux de façon gloutonne, qui en crée d'autres encore plus vite... la plupart du temps, dans un esprit de surenchère. Parmi les bars « dernier cri » (et les boîtes), c'est un peu à celui qui saura trouver l'innovation qui collera le mieux à l'esprit du moment.

Les endroits étant innombrables et les intérêts divers, vous trouverez dans cette rubrique des adresses de jour et de soir (certaines étant d'ailleurs autant fréquentées la journée qu'à la nuit tombée), des lieux où boire seulement et d'autres où manger aussi, des endroits où boire un café, des bars branchés... Bref, face à l'embarras du choix, n'hésitez pas non plus à vous fier à votre intuition, faites votre propre tambouille, selon vos goûts et vos envies festives. Pour vous aider à voir un peu plus clair dans la nuit barcelonaise, nous avons « classé » les adresses par quartier géographique (eh oui, on finit par avaler des kilomètres lorsqu'on se déplace à pied), et par « tranche horaire ». Ah oui, dernier conseil, à partir de 2h30-3h du matin, évitez de faire un remake de *L'Auberge espagnole* (le film de Cédric Klapisch) dans les rues de la vieille ville ; sinon, des mamies exaspérées pourraient bien se charger de vous rafraîchir avec un seau d'eau ou de vous couvrir de jaunes d'œufs ! Vous voilà prévenu !

Dans l'Eixample

Plutôt dans la journée

🍸 @ 🌸 *Laie* (plan général E-F3, **200**) : Pau Claris, 85. ☎ 93-302-73-10. ● info@laie.es ● Ⓜ Urquinaona ou Catalunya. Tlj 9h-1h (librairie : 10h-21h), sf dim et j. fériés. Buffet-déj : 13 € en sem, et 15 € le w-e. Il s'agit d'une *llibrería-cafè*, dont le rez-de-chaussée est réservé à la bou-

tique, et l'étage au salon de thé. Les quotidiens espagnols sont à la disposition des consommateurs, ainsi qu'une petite sélection de romans français que l'on parcourt confortablement en sirotant un bon café. Borne Internet. Selon la période, concerts de jazz en semaine.

Plutôt le soir

🍸 *Premier* (plan général E2, **229**) : Provença, 236. ☎ 93-532-16-50. ● info@barpremier.com ● Ⓜ Diagonal. À l'angle de la c/ d'Enric Granados. Mar-mer 11h-3h ; jeu-sam 17h-3h. Joli bar-*lounge* aux murs chocolat et lampes rouges qui

lui confèrent une ambiance très intimiste. Pour le cocktail élégant après le bureau car bon choix d'apéritifs et d'alcools. Tapas franchement originales. Et enfin, deux sympathiques patrons francophones, Jean et Yann.

Dans la vieille ville

Plutôt dans la journée

🍸 *L'Antic Teatre* (centre F4, **201**) : c/ Verdaguer i Callis, 12. ☎ 93-315-23-54. ● lanticteatre@lanticteatre.com ● Ⓜ Urquinaona. À 20 m del palau de la Musica. Tlj 11h-23h. Bel espace cultu-

rel (théâtre, marionettes, concerts) à l'étage d'un immeuble décapé mais très plaisant dans une rue piétonne. Le plus est sa terrasse ouverte, les petits prix des consos et la clientèle jeune de tous horizons tendance cool.

Café d'Estiu *(centre E4, 351) :* pl. Sant Lu, 5-6. ☎ 93-268-25-98. Ⓜ Jaume-I. *À deux pas de la cathédrale, dans la cour intérieure du musée Frédéric Marès. Ouv à la belle saison jusqu'à 22h.* Tel un secret bien gardé, voici un « café d'été », havre de paix avec fontaine et orangers. Avec un peu de chance, on peut assister à l'un des petits concerts qui s'y donnent de temps en temps.

La Bordiny *(centre E4, 219) :* c/ de Jaume I, 11. ☎ 93-312-01-13. Ⓜ Jaume-I. *À 50 m de la pl. de Jaume. Tlj 10h-20h.* Le temple des jus de fruits frais, pressés devant vous sur un grand bar ouvert sur la rue. Délicieux ! Certains jus de légumes mélangés (comme le jus de carotte). Bon accueil.

Bon Mercat *(centre E4, 202) :* baixada de la Llibreteria, 1-3. ☎ 93-315-29-08. Ⓜ Jaume-I. *Lun-sam 8h-20h. Fermé pdt les fêtes.* Près de la cathédrale et du musée de la Ville, un torréfacteur qui a ouvert son point dégustation. À toute heure, l'arôme vous guidera. Sélection de bons cafés de Java, Sumatra, Kenya, Jamaïque, que l'on déguste sur les tabourets hauts du comptoir en raison de l'exiguïté du lieu. Thés agréables.

Bar Jardí *(centre E4, 204) :* c/ Portaferrissa, 17. Ⓜ Liceu. *Lun-sam 13h30-20h30.* Le repère : le chameau de papier mâché qui rumine à l'entrée et le vaisseau spatial accroché sous la voûte. Après, il suffit de traverser une galerie commerciale et de pousser le coquillage… Entre friperies, stocks américains, bijouteries, tatoueurs, coiffeurs qui décoiffent… voici une oasis de paix et de tranquillité. La terrasse extérieure, et la galerie vitrée du XVIIᵉ siècle, invitent à prendre le frais en été.

Tèxtil Cafè *(centre F4, 354) :* c/

Montcada, 12-14. ☎ 93-268-25-98. Ⓜ Jaume-I. *Tlj sf lun.* À l'entrée du musée du même nom, un café design de caractère qui, aux beaux jours, installe sa terrasse dans la courette du XVᵉ siècle. Idéal pour une pause fraîcheur ou un délicieux petit déjeuner.

|●| **La Tetería** *(centre E4, 207) :* c/ Comtessa de Sobradiel, 4. ☎ 93-268-45-33. ● ana_canana@yahoo.es ● Ⓜ Drassanes ou Jaume-I. *Lun-ven 19h-minuit ; w-e 13h-minuit. Fermé août. Salades env 7 € ; sandwichs max 4 €.* Une jeune équipe organisée en coopérative tient ce petit salon de thé engageant à la déco colorée et chaleureuse. Mezzanine intime meublée de chaises disparates. De belles salades, d'appétissants sandwichs et de bons jus de fruits frais.

|●| **Café Sant Pere** *(centre F4, 208) :* Sant Pere Més Alt, 28. ☎ 93-310-70-84. Ⓜ Urquinaona. *À quelques pas du palau de la Música. Fermé w-e et août.* Objets anciens sortis des brocantes, quelques vieux livres, des photos sépia, un prétexte pour faire une pause agréable après la visite du palau de la Música, dans ce petit café sans prétention. On y sert des cafés en provenance du monde entier et des pâtisseries maison.

Princesa 23 *(centre F4, 224) :* c/ Princesa, 23. ☎ 93-268-86-19. Ⓜ Liceu. *Entre la c/ de Montcada et la vía Laeitana. Tlj 12h-23h. Dans la journée, sandwichs ou tapas 3-7 €.* Enfin un bar-resto avec un coin réservé aux sofas moelleux, où le voyageur peut s'étendre dans les coussins, et faire plus que s'asseoir : se relaxer pour de bon comme un mammamouchi. On peut y boire des boissons chaudes ou froides. Bravo à la *Princesa* qui a eu la bonne idée de penser aux trekkeurs urbains adorateurs du style de vie oriental.

Tôt ou tard

Bliss *(centre E4, 209) :* pl. Sant Just, 4. ☎ 93-268-10-22. Ⓜ Jaume-I. *Tlj 9h-minuit. Menu 8,50 € ; carte 10-16 €.* Un petit salon de thé à la déco chaleureuse, idéal pour se reposer après quelques heures de randonnée urbaine. Décor cosy et chaud, avec des tables en bois blanc design, et un coin-salon (avec divan et sofa) pour feuilleter les

magazines. Sélection de pâtisseries, et longue carte de thés.

Carmelitas *(centre E4, 203) :* c/ Doctor Dou, 1. ☎ 93-412-46-84. Ⓜ Catalunya. *Tlj. Menu midi en sem 9 € ; carte env 15 €.* À l'intérieur, deux grandes salles modernes et simples (le dépouillement propre aux Carmélites ?) mais au charme assez étudié. Petite terrasse agréable. Pas mal de snacks, tartes et salades. Côté boissons, la sempiternelle *cerveza*, l'indémodable *chupito* et quelques cocktails. Clientèle mélangée, plutôt du beau monde quand même.

🍷 *Bar Muy Buenas* (plan général D4, **225**) **:** c/ Carme, 63. ☎ 93-442-50-53. Ⓜ *Liceu. Lun-sam à partir de 17h.* L'un des plus jolis bars modernistes de la ville installé dans une ancienne poissonnerie. Très beau comptoir où l'on s'accoude pour regarder le va-et-vient du Raval.

🍷 *Quatre Gats* (centre E4, **210**) **:** c/ Montsió, 3 bis. ☎ 93-302-41-40. Ⓜ *Catalunya. Ruelle donnant dans l'avigunda del Portal de l'Àngel, au nord de la cathédrale. Tlj 9h-1h. Formule midi env 13 €, sf dim.* Vénérable établissement (il a fêté ses 110 ans en 2007 !), dont Picasso illustrait les menus à l'extrême fin du XIXe siècle. La décoration n'a guère changé depuis cette époque. Pour ceux qui aiment les cafés chargés d'histoire avec les avantages et les inconvénients de ce genre d'endroit, il vaut une petite escale.

🍷 *Bar del Pi* (centre E4, **211**) **:** pl. Sant Josep Oriol, 1. ☎ 93-302-21-23. Ⓜ *Liceu. Mar-dim. Fermé 3 sem janv-fév.* ● bardelpi.com ● *Face à la cathédrale del Pi, sur notre place préférée.* Ce bar minuscule avec mezzanine est le ren-dez-vous de tous les artistes du quartier. Bonnes tapas par ailleurs. Régulièrement *(en général sam ap-m)*, des peintres amateurs y exposent leurs œuvres.

🍴🍷 *Venus Delicatessen* (centre E4, **212**) **:** c/ d'Avinyó, 25. ☎ 93-301-15-85. Ⓜ *Jaume-I ou Drassanes. Lun-sam 12h-minuit. En sem menu 13h-16h env 10 € ; carte env 20 €. CB refusées.* Besoin d'une petite halte pendant la visite de la vieille ville ? En angle et tout vitré, ce café tenu par des jeunes se classe dans la famille des alternatifs, à tendance végétarienne. Plats simples mais bien préparés : salades, sandwichs, gâteaux, etc. On y expose des œuvres d'artistes.

🍷 *Cafè de l'Opèra* (centre E4, **213**) **:** La Rambla, 74. ☎ 93-317-75-85. Ⓜ *Liceu. Tlj de 8-9h à 2-3h.* Établissement très classique : fondé à la fin du XVIIIe siècle, il est redécoré dans le style moderniste dans les années 1930. Toujours bondé, en particulier l'été, la terrasse (un peu plus chère) au milieu de la Rambla, est idéale pour en observer le mouvement incessant et déguster l'une dès boissons phares (grand choix de café, *chocolate con churros* ou bière). Également de bons *churros* et des tapas classiques et correctes, servies sans discontinuer.

Plutôt le soir

🍷 🎵 *Margarita Blue* (centre E5, **214**) **:** c/ Josep Anselm Clavé, 6. ☎ 93-412-54-89. Ⓜ *Drassanes. Dans le bas de la vieille ville, à une encablure du port. Tlj 12h (19h l'été)-2h (3h ven-sam). Menus 15-24 €.* Vaste bar à l'ambiance latino, qui sert aussi une cuisine tex-mex de bon aloi. Déco chaleureuse et théâtrale, comptoir qui n'en finit plus, plein de miroirs et de couleurs. De temps en temps, des spectacles sur la petite scène au fond du bar, des lectures de poésie au défilé de *drag queens*, en passant par des trapézistes. Musique assurée par un DJ.

🍷 🎵 *Síncopa* (centre E4-5, **215**) **:** c/ d'Avinyó, 35. Ⓜ *Jaume-I ou Drassanes. À l'angle avec la c/ Milans. Tlj 18h-2h30 (3h ven et sam).* Un petit bar chaleureux où l'on s'accoude au comptoir pour siroter un cocktail, *una cerveza,* ou même un kir à la pêche, à la menthe... Le tout dans une joyeuse ambiance métissée. Ce sont Ricky et Philippe, deux sympathiques Français, qui ont monté ce bar. Accrochés aux murs, plein d'instruments de musique donnent le ton : pas de problème d'ailleurs pour laisser le vôtre en pension quelques jours... Certains soirs, Philippe passe aux commandes de la platine. Ambiance assurée !

🍷 *El Bosc de les Fades* (centre E5, **216**) **:** passeig de la Banca, 7. ☎ 93-317-26-49. Ⓜ *Drassanes. Accès depuis la Rambla ou par la c/ de Josep Anselm Clavé. Tlj 14h-1h (2h w-e).* Le musée de la Cire *(museu de la Cera)* abrite ce café au style fantagmorique. Une forêt inquiétante, une chambre hantée où se perdent des étudiants en mal d'émotions. Ambiance plutôt jeune et électrique. On peut y grignoter quelques sandwichs. Y passer au moins une fois pour la déco. Attention : bien (re)garder ses affaires car le manque de lumière favorise les vols...

¶ *L'Ovella Negra* *(centre E3, 217)* : c/ de les Sitges, 5. ☎ 93-317-10-87.

Ⓜ *Catalunya. Lun-ven 9h-3h ; w-e 17h-3h ; à partir de 17h en août.* Un genre de vieille taverne rustique et rabelaisienne où les étudiants et les jeunes voyageurs de passage se retrouvent dans une ambiance bruyante et bon enfant. Quelques tapas, bien sûr, pour faire descendre le tout.

Autour de la plaça Reial (Ⓜ *Liceu ou Drassanes*)

Haute en couleur, la plaça Reial (« Pral » pour les intimes) a une vie diurne et une vie nocturne. De jour, les clochards du quartier (et ils sont nombreux) y prennent le soleil pendant que les terrasses font le plein de touristes et de Barcelonais oisifs. Mais attention, il y a aussi bon nombre de pickpockets à l'affût du touriste insouciant. De nuit, jusqu'à 2h30 (voire 3h le week-end), la place draine nombre de noctambules. L'animation est intense. La police est d'ailleurs très présente. Dès que les bars ferment, le quartier se vide et devient un peu moins accueillant.

Plutôt le soir

¶ ♪ *Glaciar* *(centre E4, 220)* : *pl. Reial, 3.* ☎ 93-302-11-63. *Tlj 12h-2h.* Un de nos bars préférés sur la place, et un des moins chers, en plus. Belle déco intérieure, bois, poutres au plafond, photos de musiciens aux murs. Ambiance musicale de bon goût (jazz, reggae, funk...). Pour manger : gâteaux, tapas et bons sandwichs. Pour boire : un choix de 11 bières pression et de 60 bières en bouteille. Locaux, étudiants, touristes s'y retrouvent avant d'aller en boîte.

¶ ♪ Les amateurs d'ambiance jazzy se doivent de sonner au n° 3l. C'est le **Pipa Club** *(centre E4, 220).* ☎ 93-302-47-32. ● bpipaclub@hotmail.com ● bpipaclub. com ● *Tlj 23h-5h. Fermé 31 déc.* Un club très *British* de fumeurs de pipe installé dans une maison ancienne donnant sur la plaça Reial. Plusieurs petits salons à l'ambiance intime, avec de gros fauteuils bien confortables. Le « club », plutôt calme, se remplit vers 2-3h, à la fermeture des bars du quartier. Billard.

¶ ♪ ♫ Jazz encore au n° 17 : le **Jamboree** *(centre E4, 221).* ☎ 93-319-17-89. ● jamboree@masimas.com ● masi mas.com ● *Concerts à partir de 23h ; entrée 8-15 € sans conso, selon j. et artistes. Entrée boîte : 8 €.* Un lieu dont la réputation n'est plus à faire : les meilleurs jazzmen s'y produisent en début de soirée. Plus tard dans la nuit (jusqu'à 5h), le club se métamorphose en discothèque, mais ce n'est pas la

meilleure du coin. Deux salles au choix avec *Latin music, beat,* hip-hop, R'n'B, pop-rock, etc. Plus commercial.

¶ ♪ Juste à côté, **Los Tarantos** *(centre E4, 221),* au n° 17 bis. ☎ 93-319-17-89. ● tarantos@masimas.com ● *Fermé dim. Entrée avec 1 conso : env 25 €, mais, certains soirs, entrée libre.* Un cabaret où ont dansé Antonio Gades et autres figures illustres. Spectacles de flamenco à partir de 22h.

¶ ♪ Au n° 13, le bien nommé **Club 13.** ☎ 93-317-23-52. ● info@club13bcn. com ● club13bcn.com ● Organise de bonnes soirées en milieu de semaine, un peu plus commerciales le week-end. Deux salles assez classes, et de grands bars. Pas donné, mais pas mal de réduction avec les *flyers.*

¶ ♪ ♫ *L'autre côté de la place est plus rock.* À l'angle de la c/ Vidre et de la c/ Heure, au n° 7 de la place, la terrasse du bar **Sidecar** *(centre E4, 222).* ☎ 93-317-76-66. ● web@sidecar.es ● sidecar. es ● *Lun-sam. Concerts (sf août) à partir de 22h30-23h. Entrée concert : 5-10 € selon programmation. Entrée boîte : 5 € (si vous n'avez pas assisté au concert).* Rock ou variétés espagnoles commerciales *(horteradas,* en argot), tout se passe en sous-sol. Après que les musicos ont plié bagage, place à un DJ (électro, raga, *drum'n'bass,* funk & soul, etc.) et l'endroit se transforme en boîte de nuit.

♀ ♪ *Al Limón Negro* (centre E4, **223**) : Escudellers Blancs, 3. ☎ 65-906-02-06. En sortant de la pl. Reial côté sud-est, puis 2 fois la 1re à gauche. Lun-sam 20h30-3h. Fermé 15 j. en août. Une grande salle à la décoration alternative et une mezzanine pour s'asseoir et manger si vous arrivez avant 11h. Ensuite, ce sera vite rempli d'une faune hétéroclite et vous aurez très chaud. Musique variée, expos de peintures ou d'art décoratif (on peut acheter) et de temps en temps projections de films ou de diapos. Concerts plusieurs fois par semaine (se renseigner) : flamenco, jazz.

♀ ♪ *Bar Mariatchi* (centre E4-5, **233**) : c/ Codols, 14. • mariatchi.com • Ts les soirs dès 19h. Prix selon horaires et programmation (concerts fréquents). Voici le bar de Manu Chao et associés, rempli de musiciens, d'amateurs de musique et d'artistes de tous poils. L'empreinte du chanteur est très nette ! Ambiance assurée grâce à cette clientèle particulièrement festive et très cosmopolite, qui parle musique, art et altermondialisme en buvant des verres... Un incontournable pour les fans, ou pour se plonger dans une véritable ambiance de *música del barrio*.

Dans le Barri Xino et El Raval

À partir du moment où vous quittez la Rambla vers le Barri Xino, surtout si vous êtes une femme, n'y allez pas seul(e) après 22h. Ce n'est pas le Bronx non plus, donc pas de parano. En revanche, juste au nord du Barri Xino (au nord de la carrer Hospital), El Raval, quartier en pleine mutation, est sans aucun doute moins « craignos ». D'ailleurs, le long de la carrer Joaquim Costa, plusieurs bars très tendance ont ouvert leurs portes (*Benidorm*, au n° 39 ; *Cafè Llibrerìa*, au n° 43) : on n'a pas vraiment de préférence. Alors, une fois n'est pas coutume, on vous propose de vous fier à votre intuition.

Plutôt le soir

♀ *Bar Almirall* (plan général D3, **227**) : c/ de Joaquín Costa, 33. ☎ 93-318-99-17. Ⓜ Universitat. Tlj 19h-2h (3h ven-sam). Fondé en 1860, un des plus vieux estaminets de Barcelone. Aujourd'hui, tenu par un Catalan francophone, c'est un bistrot cosy et intimiste qui a conservé sa déco Art nouveau. On imagine volontiers artistes et intellectuels y refaisant le monde au début du XXe siècle à la lueur de bougies faiblardes. Les bougies ont disparu, mais la lumière est toujours aussi tamisée. Les artistes viennent encore, tout comme une clientèle jeune et décontractée qui en a fait un de ses repaires dans le quartier.

♀ ♪ *London Bar* (centre E4, **228**) : c/ Nou de la Rambla, 34. ☎ 93-318-52-61. • tonoyeli@eresmas.com • Ⓜ Drassanes. Mar-dim 19h30-4h30 (5h ven-sam). Entrée gratuite, mais conso obligatoire. Dans une rue large, éclairée et presque accueillante pour le quartier... Deux salles pleines à craquer de jeunes noctambules de tous les horizons, tendance bière. Dans la première,

le cadre Art nouveau d'origine a été judicieusement préservé. La seconde salle, pas bien grande, possède une petite scène où musiciens de jazz, blues, soul, rock donnent le meilleur d'eux-mêmes à partir de 0h30. Atmosphère sympa et chaleureuse, dommage qu'on ne puisse pas toujours en dire autant de l'accueil.

♀ ♪ *La Concha* (centre E4, **205**) : c/ Guardia, 14. Ⓜ Drassanes ou Liceu. Tlj à partir de 17h ; shows dim à partir de 23h. Ce bar tenu par deux sympathiques Marocains se présente comme un chill-out arabe où l'on peut aussi bien déguster un thé à la menthe ou un mojito qu'un narghilé. Beau décor avec éclairage bien étudié et clientèle mélangée.

♀ *Madame Jasmine* (plan général D4, **218**) : Rambla del Raval, 22. Ⓜ Parallel. Sur les ramblas canailles, en face de la statue du chat de Botero. Tlj 11h-1h30. Ambiance à partir de 19h. Petite devanture qui ne paye pas de mine mais salle aux tables et chaises dépareillées.

Bien pour manger un sandwich ou une salade (pas mauvais, au demeurant) et boire un pot. Clientèle jeune et 100 % barcelonaise, musique orientale bien choisie. Un endroit *de arranque* (pour démarrer la soirée...) avant de partir à l'assaut des folles nuits du Raval.

🍸 🎵 **La Confitería** *(plan général D4, 230)* : c/ de Sant Pau, 128. ☎ 93-443-04-58. Ⓜ Paral-lel. Tlj 19h-2h (3h w-e). A eu la riche idée de conserver la superbe déco héritée de l'ancienne pâtisserie-confiserie. Quelques tables et un comptoir de bois occupent la boutique, revêtue de bois et coiffée d'une fresque passée de mode. Seuls les gâteaux ont disparu, remplacés par les bouteilles alignées comme à la parade. Au fond, une seconde salle plus grande à la déco minimaliste. Une clientèle étudiante et artiste côtoie quelques habitués du quartier et de gentilles mamies. Bref, un doux mélange des genres. Bonne musique.

🍸 🎵 **La Salsitas** *(centre E4, 231)* : c/ Nou de la Rambla, 22. ☎ 93-318-08-40. Ⓜ Paral-lel. Resto : ts les soirs, repas 25-30 € ; bar : mar-sam. L'une des coquelouches des *fashion victims* ! En fait, jusqu'à minuit-1h, c'est un resto, qui se métamorphose ensuite en bar. Déco toute blanche, faux palmiers, projections un brin psychédéliques sur les murs, musique électro. Pas inintéressant à voir puisque, après tout, on vient ici pour être vu, non ! ? Pour entrer, mieux vaut être habillé dernier cri, cela va de soi...

🍸 **Marsella** *(plan général D4, 226)* : c/ de Sant Pau, 65. Ⓜ Liceu. Une ruelle qui longe le théâtre del Liceu, dans un quartier chaud et glauque, à l'angle de la c/ San Ramon, qui est la triste rue des filles de joie. Ts les soirs jusqu'à 3h. Un vieux café au décor marqué par le temps, aujourd'hui tenu par des gays sympas. Étrange anachronisme entre l'atmosphère très début XXe siècle de l'endroit et la clientèle assez branchée, mélange de *pijos* (fils à papa) et de touristes égarés venus vivre « l'aventure ». La combinaison est amusante et la sauce prend toujours. Essayez donc l'ersatz d'absinthe servi au comptoir.

Dans El Born... et plus à l'est (Ⓜ Jaume-I)

On aime bien ce petit quartier qui fait bloc autour de l'église Santa María del Mar et qui distille un agréable parfum de village tranquille. Sur à peine 150 m, le passeig del Born, délicieusement ombragé, compte près d'une dizaine de bars qui satisferont moult sensibilités.

Tôt ou tard

🍸 🎵 **El Hivernacle** *(centre F4, 235)* : passeig de Picasso, dans le parc de la Ciutadella. ☎ 93-295-40-17. Tlj 13h-1h (16h dim). Quelques tables dans une vaste serre datant de l'Exposition universelle de 1888. On peut y manger (*burgers* améliorés, sandwichs, salades et autres plats), mais on se contentera d'y boire un verre, car on est surtout là pour l'environnement reposant. Concerts de jazz et de musique classique régulièrement.

🍸 🎵 **Pitin Bar** *(centre F4, 236)* : passeig del Born, 34. ☎ 93-319-50-87. ●pi tinbar@gmail.com ● Tlj 16h-3h (à partir de 12h le w-e ; ferme à minuit le dim). Une des terrasses agréables, donc très courues, du bout d'El Born. L'intérieur vaut également le coup d'œil pour la déco rigolote. Au 1er étage, salle intime aux murs de brique et au plafond bas, qui donne l'impression d'être dans une cabane. Musique *world* et *lounge*.

Plutôt le soir

🍸 🎵 **Miramelindo** *(centre F4, 237)* : passeig del Born, 15. ☎ 93-310-37-27. Tlj 20h-2h30 (3h ven-sam). Dans un superbe immeuble gothique, un café de nuit postmoderne. Grande salle avec une mezzanine, éclairage tamisé, chaises moelleuses, comptoir de bois où l'on sert toutes les variétés de cocktails et de sorbets. Musique jazzy, salsa.

♟ ♪ *El Copetín* (centre F4, 237) : passeig del Born, 19. ☎ 93-319-44-96. Tlj 19h-2h (3h w-e). Un des repaires nocturnes des habitants du quartier. Lumière tamisée, tables et chaises de bistrot, musique latino-américaine (principalement cubaine). Le dimanche, tonalité plutôt *Son y Boleros*. Dans cet endroit aux allures de bar à whisky irlandais (malgré la musique), tout le monde se connaît ; et Ivan, le patron chilien, Doris, la Colombienne, et Rogelio, le Cubain (qui fut un temps danseur à Paris), règnent sur les lieux avec le sourire. Ambiance décontractée et chaleureuse. Goûtez un des 2 cocktails vedettes de la maison : le mojito et le pisco. Il y a plein de bonnes choses dedans et ça facilite le contact !

♟ ♪ *Mamainé* (centre F4, 238) : c/ del Rec, 59. Tlj 19h-2h30 (3h w-e). Minuscule bar ouvert sur le passeig del Born, où l'on sirote de bons cocktails en regardant les passants sur le boulevard. Mention spéciale pour la *piña colada* servie dans une noix de coco. Musique latino-américaine.

Dans le quartier de Gràcia

Un petit village devenu, au cours du XIXe siècle, un quartier à part entière de Barcelone. Jusque dans les années 1970, on trouvait encore des laiteries, avec une véritable étable en arrière-boutique et du lait chaud et crémeux juste après la traite. Pas de grands monuments à voir, simplement une atmosphère à savourer, une ambiance à sentir ; car Gràcia a conservé une âme de village avec ses petites places, ses églises qui sonnent les heures, sa mairie, son marché couvert, sa population d'étudiants et d'ouvriers. Beaucoup d'animation le soir autour de la plaça del Sol et surtout pendant les fêtes du quartier, à la mi-août.

Tôt ou tard

♟ ♪ *Café del Sol* (plan général F1, 240) : pl. del Sol, 16. ☎ 93-415-56-63. Ⓜ Fontana ou Diagonal. Tlj 13h-2h30 (3h w-e). La terrasse ferme à minuit. Sur une jolie place, conviviale et représentative de Gràcia : une douce bohème qui se mêle à une vie de quartier populaire. Les artistes en herbe peuvent y exposer peintures et photos, ou même y jouer du piano. C'est pourquoi on aime fainéanter à la terrasse de ce café, auquel le décor intérieur patiné donne des allures de café 1900. Concert de piano le dimanche après-midi.

♟ *Virreina* (hors plan général par F1, 241) : pl. de la Virreina, 1. ☎ 93-415-32-09. Ⓜ Fontana. Tlj 10h-2h30 (3h w-e). Fermé 15 j. en nov. Pour prendre un café en terrasse avec les habitants du quartier, en observant le mouvement. Bons sandwichs servis à midi. Il y a du soleil jusqu'à 18h en été ; la terrasse la plus proche de l'église est sensiblement plus chère. Le soir, le bar se remplit d'étudiants et de jeunes gens du quartier.

♟ *Café Salambo* (hors plan général par F1, 242) : Torrijos, 51. ☎ 93-218-69-66. Ⓜ Fontana. Dans une rue qui part de la pl. de la Virreina, juste à côté du ciné Verdi Park (qui programme des films en v.o. et, en séance nocturne, d'art et d'essai ; à ne pas confondre avec le cinéma Le Verdi, c/ de Verdi). Tlj 12h-2h30. Menu midi 10 €, 14 € w-e. Carte 20 € env. Plus recherché dans la déco que ses concurrents et voisins, sans être vraiment design, ce grand café attire la faune étudiante du quartier, mais aussi des écrivains, cinéastes et cinéphiles.

Le soir

♟ On n'oubliera pas non plus de jeter un coup d'œil à *La Fira*, au *Mirablau*, à l'*Universal* où l'on peut aussi bien prendre un verre calmement que guincher une bonne partie de la nuit (voir, ci-dessous, « La tournée des boîtes »).

Sur le Port olympique

Le soir

🍷 **Los Chiringuitos de la plage del Bogatell** (*hors plan général par G5, 245*) : sur la plage del Bogatell, en plein air. À 10 mn à pied du Port olympique en longeant la mer vers le nord. Quatre ou cinq bars-kiosques (chiringuitos) s'alignent face au large. Tlj en hte saison jusqu'à 1h (2h-3h w-e). En journée, pas de charme particulier. En revanche, le soir, musique et ambiance dansante. Quelques tapas et sandwichs pour combler un petit creux. Idéal pour humer l'air du soir en toute tranquillité.

Où écouter de la musique *live* ?

Aucun problème pour trouver, chaque soir, un bar ou une boîte de nuit qui propose un concert de musique *live* !

Dans la vieille ville et le Barri Xino

Se reporter à la rubrique « Où boire un verre ? Autour de la plaça Reial », Ⓜ Liceu. Également le *London Bar,* dans la même rubrique, « Dans le Barri Xino et El Raval », Ⓜ Drassanes.

🍷 🎵 **Harlem Jazz Club** (*centre E4, 246*) : c/ Comtessa de Sobradiel, 8. ☎ 93-310-07-55. • zingariaproduccions@yahoo.es • Ⓜ Drassanes ou Jaume-I. Mar-dim jusqu'à 4h. Fermé 10 j. en août. Entrée gratuite en sem, payante le w-e (5 €). En général, 1re partie à 23h (23h30 ven-sam), 2de partie à 0h30 (1h ven-sam). Dans ce café-concert, l'ambiance est décontractée, ni sélecte ni élitiste, comme c'est parfois le cas dans les clubs de jazz. Programmation à dominante jazz évidemment, blues, mais aussi musiques du monde (latino-américaine, Balkans, tango, rock acoustique, reggae, etc.).

🍷 🎵 **Razzmatazz** (*hors plan général par G4, 232*) : c/ Almogàvers, 122. • info@sinnamon.es • Tte la programmation sur • salarazzmatazz.com • Ⓜ Bogatell ou Marina. Entrée : env 15 € avec 1 conso selon programme ; 12 € le jeu pour les soirées Bongo Palace à l'ambiance funk latino. C'est la salle de concerts la plus grande de Barcelone où se produisent des pointures comme *Massive Attack* ou des groupes espagnols rock et pop.

Ailleurs

– Voir ci-dessous la rubrique « La tournée des boîtes » *(Sala Zac, Luz de Gas, Antilla BCN Latin Club)*.
– Voir aussi *El Hivernacle* dans « Où boire un verre ? Dans le quartier El Born... et plus à l'est ».

La tournée des boîtes

Ce n'est un mystère pour personne que la capitale catalane ne reste pas les deux pieds dans le même sabot quand la nuit tombe ! Les débordements des nuits barcelonaises touchent même les rivages de la Seine, puisque Paris a aussi sa mode espagnole. Les branchés attendent le week-end pour filer à Barcelone, les plus fauchés se contentent des soirées hispanisantes des clubs de la rive droite.

OÙ SORTIR ?

Les 20-25 ans sont les fêtards les plus frénétiques. S'éclater et s'amuser sans trop penser au lendemain, vivre au jour le jour en profitant au maximum de l'extraordinaire vie sociale de la ville, voilà en gros le credo.

Des dizaines de lieux de rencontres hyperbranchés sont nés sur la lancée des années « movida ». C'est à un rythme effréné que s'ouvrent et se referment les bars postmodernes, les pubs « néofroids » où la musique « industriello-funky » bat son plein, là où les belles gens se donnent rendez-vous. Trois mouvances en vogue : la zone B.C.B.G. *(pijo)* au-dessus de Diagonal et le long de Muntaner, où se rendent surtout les Barcelonais (clientèle 35 ans et plus) ; les scènes techno et *groove,* et les endroits gays. Enfin, le Port olympique, plus jeune (touristes et espagnols) et « débraillé ». Voici un petit tour du propriétaire. Attention, certains de ces clubs auront peut-être déjà déménagé quand vous lirez ces lignes.

– *Tarifs d'entrée :* la plupart des discothèques sont payantes, mais on peut trouver des invitations *(flyers)* sur les comptoirs de certains bars, boutiques de fringues, de disques ou même dans la rue où l'on vous en distribuera. Jetez un œil aussi sur ● bcn-nightlife.com ● : une mine d'info sur les soirées barcelonaises, des réductions, etc. Certains *flyers* donnent droit à l'entrée gratuite ; d'autres à une réduc de quelques euros. Et si les portiers des boîtes gratuites vous demandent une obole pour vous laisser entrer, refusez catégoriquement.

Autour de la plaça Reial

♫ **New York** *(centre E4, 250) :* c/ dels Escudellers, 5. ☎ 93-318-87-30. Ⓜ *Drassanes. Jeu-sam 0h30-5h. Entrée :* 12 €, 1 boisson incluse. À deux pas de la Rambla, un ancien cabaret porno (ce fut le premier de Barcelone !) transformé en boîte. La déco n'a pas changé : du rouge partout, des banquettes usées jusqu'à la corde. Le public *underground* se dandine au rythme d'une musique électro, métissée ou pop-rock façon « inrockuptibles ».

♟ ♫ **El Cangrejo** *(centre E5, 206) :* c/ de Montserrat, 9. Ⓜ *Drassanes. Ven-dim 21h-3h. Entrée gratuite mais conso* obligatoire. Voici un endroit fête canaille pour les fanas d'Almodóvar ! Le kitsch est à son comble avec des tubes des années 1980 qui laissent la place (vers 1h du matin) à des spectacles de travestis qui chantent en play-back. C'est drôle et toujours bon enfant. La nouvelle salle au plafond insonorisé devrait permettre de prolonger les folles nuits du quartier si les voisins et la mairie décident de lâcher un peu la pression... ♫ Également le **Jamboree** *(centre E4, 221)* et, encore mieux, le **Sidecar** *(centre E4, 222)* qui se métamorphosent en boîtes de nuit à la fin des concerts. Voir « Où boire un verre ? ».

Autour de Diagonal

♫ **Sala Zac** *(plan général D1, 251) :* av. Diagonal, 477. ☎ 93-319-17-89. Ⓜ *Hospital-Clínico. Au niveau de la pl. Francesc Macià. Lun-ven 23h30-5h ; w-e 23h30-6h. Fermé certains dim. Concerts de minuit à 2h (entrée 7-15 € sans conso, selon programmation). Ensuite, c'est une boîte.* Un bon endroit pour écouter des concerts de jazz, blues et soul (parfois funk et rock), tout en lorgnant les beaux mâles ou les jolies Catalanes suivant affinités ; la scène est posée au milieu du public.

♫ ♟ **Luz de Gas** *(plan général D1, 252) :* c/ Muntaner, 244-246. ☎ 93-209-77-11. ● luzdegas.com ● *Entre l'av. Diagonal et la travessera de Gràcia. Bus n° 7 ou Tombbus ; de nuit : Nitbus n° 8. Ouv 23h (minuit en août)-4h30 (6h sam). Entrée :* 15 €. Un ex-cabaret reconverti en disco-bar. La déco n'a pas bougé : lourdes tentures de velours grenat, plafond peint, balcons. La clientèle, très VIP (on peut même y croiser l'infante Cristina), d'hommes d'affaires et jeunes loups de la finance en vue, stars de la TV, s'agglutine autour des divers comptoirs et de la scène. Du lundi au samedi, très bons concerts d'artistes de jazz, pop-rock, blues. Enfin, mieux vaut avoir le look B.C.B.G. de la maison.

♫ ▼ *La Fira* (plan général D-E2, **253**) : c/ de Provença, 171. Ⓜ Provença. ☎ 93-323-72-71. *Entre les c/ Aribau et Muntaner, au cœur de l'Eixample. Mar-sam 21h-3h. Entrée : 10 € avt 1h.* Une déco féerique réalisée avec des automates, des manèges, des miroirs déformants provenant des foires d'attractions du début du XXe siècle. Il y a des pièces extraordinaires issues de collections privées. Le week-end, « La Foire » fait le plein d'étudiants de bonne famille. Musique éclectique. En semaine, aucune animation.

♫ ▼ *L'Universal* (hors plan général par D1, **254**) : c/ de Marià Cubí, 182 bis. *Ferrocarril : arrêt « Gràcia ». Dans une rue parallèle à l'av. Diagonal, au nord. Lun-sam 23h-3h30 (4h30 ven-sam). Entrée gratuite.* Dans une belle villa élégante, un endroit, là encore, fréquenté par une clientèle bien propre sur elle. En semaine, seul le bar-boîte, à l'étage, est ouvert. Atmosphère *lounge* dans un beau décor rouge et bleu agrémenté de chandeliers. En fin de semaine, une 2e salle qui fait boîte de nuit ouvre ses portes. Musique électro. Une adresse très prisée des étudiants durant l'année.

♫ *Antilla BCN Latin Club* (plan général D2, **256**) : c/ d'Aragó, 141. ☎ 93-451-45-64. ● *info@antillasalsa.com* ● *antillasalsa.com* ● Ⓜ *Urgell ou Hospital-Clínico. Mar-dim 23h-4h (5h ven-sam, 3h dim). Entrée : 10 € avec 1 conso.* Pour vibrer sur des rythmes de salsa avec des groupes tous les soirs (sauf en août : la platine prend alors le relais). Tantôt assez démonstratif, tantôt plus décontracté. Le mardi, place à la *Tangoteca*, avec cours (payant) de tango (21h-22h), suivis évidemment de la *práctica* (22h-23h).

♫ *Otto Zutz Club* (hors plan général par E1, **255**) : c/ Lincoln, 15. ☎ 93-238-07-22. Ⓜ *Fontana ou Passeig-de-Gràcia.* ● *ottozutz.com* ● *Mar-sam. La boîte ouvre à minuit, mais n'y venez pas avt 3h30. Entrée gratuite mar, sinon 9-15 € selon j.* Un des bars-discothèques les plus fréquentés de la ville, bien qu'en perte de vitesse. En fin de semaine, 4 salles sur 3 niveaux, pistes gigantesques, musique mi-funk, mi-industrielle, le tout distillé par une sono excellente, toujours prête à vous éclater les tympans. Les mardi et mercredi, on se contentera du petit bar-boîte qui permet tout de même de bien s'échauffer.

♫ *Et puis, bien sûr, le mythique dancing,* La Paloma *(plan général D3, **280**) : voir aussi « Où voir un spectacle ? Où valser ? ».*

Dans le quartier de Tibidabo

Assez excentré. Pour s'y rendre, prendre le tramway bleu jusqu'au terminus, face au départ du funiculaire menant au sommet de la colline *(fonctionne jusqu'à 20h env en été).* Après, y aller en bus « Pl. Kennedy-Funicular » (dernier départ : 22h-23h l'été, mais consulter les horaires qui changent souvent). Sinon, en taxi.

♫ ▼ *Mirablau* (hors plan général par E1, **260**) : Manuel Arnús, 2 ; en fait, pl. Doctor Ancheu. ☎ 93-418-56-67. *Tlj 11h-4h30 (5h30 w-e). Entrée libre.* Bar musical panoramique, le *Mirablau* a un atout considérable qu'aucune mode ne pourra détrôner : des baies vitrées sur 2 étages, auxquelles on s'accoude, un verre à la main, pour contempler Barcelone qui la nuit scintille de mille feux. Une vue féerique ! L'été, c'est surt la terrasse du jardin qu'on s'attarde. Clientèle de jeunes gens de toutes les catégories, venus goûter ces délices dans un décor postmoderne.

Dans le Poble Espanyol (plan général A-B3)

L'endroit accueille 3 discothèques branchées et chaudes qui profitent de son décor baroque éminemment touristique de jour. Comme le billet d'entrée des boîtes permet de pénétrer dans le village, ce peut être une bonne idée de faire la visite de nuit, car le public est alors beaucoup plus percutant, sans compter que quelques verres ne manquent jamais de donner un relief particulier à ce cadre unique.

♩ **Torres de Àvila :** c/ Marques de Comillas, Poble Espanyol, 25. ☎ 93-424-93-09. Mar-dim, midi-minuit, comme bar à tapas et à cocktails ; et discothèque jeu-dim, minuit-6h, en été (slt ven-sam en hiver). Les gens arrivent à partir de 2h. Boissons : 5-10 €. Décorée dans un style avant-gardiste par Javier Mariscal, répartie sur 3 étages en spirale, la discothèque débouche sur une terrasse jouissant d'une vue sur tout Barcelone. Musique house limite disco et clientèle 25-40 ans.

♩ **La Terrazza et Discothèque :** ouv l'été slt, jeu-dim ; vérifier avt, parfois ouv slt pour les soirées spéciales. Entrée : 15-20 € selon DJ. Ticket commun aux 2 boîtes, et l'on passe de l'une à l'autre aisément. La Terrazza accueille un public (20-35 ans) de noctambules invétérés et branchés. Dans ce décor un peu magique du Poble Espanyol la nuit, voici LA boîte de Barcelone à ciel ouvert. House et techno de qualité, un espace en plein air... les raveurs avertis se régaleront. Quant à Discothèque, sur ses 4 pistes se joue surtout de la house.

Sur le Port olympique

Pour s'y rendre, Ⓜ Ciutadella-Vila-Olímpica.

On aime ou on n'aime pas du tout, mais on peut y aller rien que pour le spectacle : une vingtaine de bars s'alignent sur le mol del Mestral. Chacun de ces bars (tlj jusqu'à 5h) est une boîte de nuit à lui seul, où l'on entre et sort comme dans un moulin, et il y en a pour tous les goûts : rock, rap, techno, salsa... Avec une telle concentration d'endroits, de couleurs, de bruits différents, une ambiance saturée, c'est un des lieux où la drague est la plus favorisée ; avis aux célibataires des deux sexes ! Chacun de ces bars possède une terrasse où l'on peut prendre un verre plus tranquillement, tout en continuant d'observer le flot continu des fêtards de tout poil, qui ne s'arrête qu'au petit jour. Là encore, pas de parano. Mais la zone étant très touristique, il vaut mieux faire attention la nuit autour de la plaça dels Voluntaris : quelques vols et agressions ont été signalés et les videurs de ces bars-boîtes ne sont pas réputés pour leur douceur.

♩ Ceux qui veulent finir la nuit en boîte dans ce quartier pourront se rendre au **Club Danzatoria** (plan général G5, **261**), Ramón Trias Fargas, 24. Ⓜ Ciutadella. Sur le Port olympique, au pied de la grande tour Sud. Jeu-dim minuit-6h. Entrée : env 15 €. Grande boîte sur 2 niveaux. Clientèle internationale. Filtrage à l'entrée, mieux vaut être un minimum looké.

La scène techno et groove

– La 2e ou 3e semaine de juin (en 2008, du 12 au 14 juin), le festival **Sonar** est l'événement de l'année pour toute l'Espagne électronique : 3 jours de fièvre musicale avec les plus grands noms de la scène internationale, comme ils disent. Allez, emmenez vos fringues les plus terribles et lâchez-vous avec les raveurs de toute l'Espagne, ça vous fera de super souvenirs. Lives et mixes de Carl Cox à Death in Vegas en passant par un certain DJamon de Estrasbugo, alias Laurent Garnier. Créé en 1994, on a dénombré près de 85 000 spectateurs lors de l'édition 2004. Autant vous dire qu'il faut s'y prendre à l'avance. En 2007, le tarif était de 140 € pour entrées multiples pdt les 3 j. et les 2 nuits, ou 28 €/j. et 48 €/nuit.
Site très bien fait qui permet d'acheter des places, d'avoir le programme complet et de trouver un logement selon ses moyens : ● sonar.es ●

– Plus encore que Madrid, Barcelone est une scène de réputation internationale des musiques d'avant-garde. On ne compte plus les DJs du monde entier qui viennent se produire dans les nombreux bars et boîtes *underground* de la ville ; pour choisir, prenez les *flyers* dans les magasins de sapes de la carrer Portaferissa ou les journaux gratuits genre *AB*. Généralement, le *Moog,* le *Nitsa Club* et le *Bikini* présentent les meilleurs DJs et groupes *live*.

♪ *Moog* (centre E4, *262*) : c/ arc del Teatre, 3, ☎ 93-301-72-82. ● moog@masimas.com ● masimas.com ● Ⓜ *Drassanes.* Situé en bas de la Rambla à droite. Tlj 23h-5h. Entrée : 12 € avec 1 conso.

♪ *Nitsa Club* (plan général D4, *263*) : un vrai must, dans la salle Apolo, c/ Nou de la Rambla, 113. Ⓜ *Paral-lel.* Ouv surtout ven-sam à partir de minuit. Entrée : 12-15 €.

♪ ♪ *Bikini* (hors plan général par B1, *257*) : c/ Deus i Mata, 105, ● central@bikinibcn.com ● bikinibcn.com ● Ⓜ *Les Corts.* Mer-dim à partir de 1h. Entrée : 15 €. Pour les amateurs de hip-hop et de funk.

♪ ♀ *Club Soul* (centre E4, *264*) : c/ Nou de Sant Francesc, 7. ☎ 93-310-00-62. Ⓜ *Drassanes.* Tlj 23h-2h30 (3h w-e). Entrée *libre.* Un petit endroit à l'atmosphère extérieure rougeoyante. D'abord, une 1re salle avec le bar où gigotent et discutent des artistes, des étudiants et des étrangers, tout le monde vêtu haut en couleur ; puis une petite piste où dansent les plus motivés sur du *space funk,*

du *classic groove,* de la techno ou encore de la *drum'n'bass.* Au mur, on projette des films cultes sélectionnés selon le type de musique, un vieil épisode de *Star Trek,* par exemple.

♪ ♀ *Fonfone* (centre E4, *265*) : c/ dels Escudellers, 24. ☎ 93-317-14-24. ● fonfone.com ● Ⓜ *Drassanes.* Ouv 22h-2h30 (3h w-e). Entrée libre. Un bar-boîte tout en longueur au design néo-seventies, des murs style Lego rouge et vert. Un petit quelque chose d'*Orange mécanique,* version temps modernes... DJs avec un thème musical par jour : funk, *Latin jazz,* dance, *drum'n'bass,* etc. Le mieux est de se procurer le programme. Clientèle jeune, dans le vent.

♪ *Stardust* (centre F5, *266*) : sous la estació França / av. Marqués de l'Argentera, 6. Contournez la station de métro par la gauche. ☎ 93-319-65-62. Ven-sam 0h30-5h. Entrée : 10-15 €. Une boîte qui change de nom en fonction de la saison. Déco *underground* sans importance, vous êtes là pour « danser ».

La route gay...

Il n'y a pas vraiment de quartier gay, pas de ghetto. Dans l'Eixample, un noyau autour du croisement des carreres Consell de Cent et Casanova (communément appelé le « Gay-Xemple » dans le milieu) concentre tout de même plusieurs bars, boîtes et boutiques. On vous rappelle qu'il existe des guides comme le *Barcelona Gay* édité par l'office de tourisme ou le *Gaycelona* disponible dans tous les bars, boutiques, boîtes (voir la rubrique « Homosexualité » dans « Hommes, culture et environnement »).

Les bars et restos

♀ *Schilling* (centre E4, *271*) : Ferran, 23. ☎ 93-317-67-87. Ⓜ *Liceu.* À michemin entre la pl. Sant Jaume et la Rambla. Ouv 12h dim, 10h les autres j. (vers 18h en été) jusqu'à 2h30. Un café qui ne désemplit pas jusqu'à 23h et qui est, entre autres, un lieu de rendez-vous *before* des homos. Un cadre très

smart, des pâtisseries et des plats sur le pouce et toujours beaucoup d'animation. Essayez de vous asseoir près des grandes baies vitrées, côté rue Ferran. Les banquettes contre le mur (tapissé de bouteilles) à droite se prêtent bien aux rencontres informelles.

♀ *Z : eltas* (plan général D2, *272*) :

Casanova, 75. Ⓜ️ *Urgell. En été, tlj 22h30-3h ; en hiver, fermé lun-mar. Entrée libre.* Un bar au cadre et à l'ambiance sympas, qui fait le plein jusqu'à la fermeture. Pas mal de DJs s'y produisent. On vient ici pour retrouver des potes, s'échauffer sur une musique qui colle bien au lieu, avant de poursui-vre en boîte. Clientèle assez mélangée (il y a même quelques rares filles) et tout le monde y trouve sa place...

🍸 🎵 *Dietrich Gay Teatro Cafe (plan général D2, 273)* : Consell de Cent, 255. Ⓜ️ *Universitat. Tlj 22h30-2h30 (3h w-e). Entrée libre.* Un bar-café-théâtre très connu. C'est d'ailleurs l'un des incon-tournables pour qui veut profiter de la chaleur des nuits barcelonaises... Et donc, clientèle internationale. Il faut dire que les shows de *drag queens* à partir de 1h30 bénéficient d'une certaine notoriété. Musique pour danser. Passé 23h, vous ne pourrez plus vous asseoir.

🍸 🎵 *Punto BCN (plan général D2, 274)* : Muntaner, 63. ☎ 93-453-61-23.

Ⓜ️ *Universitat. Tlj 18h-2h30 (3h w-e). Entrée libre.* Le cadre est assez froid et on a vu des lumières plus tamisées... Pourtant, l'endroit est bien vivant. C'est même un classique de Barcelone (peut-être parce qu'il est au cœur du *Gay-Xemple*). On y vient en début de soirée pour retrouver les amis, bavarder. La mezzanine recueille les faveurs des romantiques. Clientèle de tous les âges et quelques rares filles.

🍽️ 🍸 *La Miranda (plan général D3, 270)* : Casanova, 30. ☎ 93-453-52-49. Ⓜ️ *Universitat. Lun-sam 21h-1h. Résa le w-e. Carte env 28 €. Spectacles ts les soirs vers 22h (21h et 23h30 ven et sam).* Un resto gay avec un personnel sympa exclusivement homosexuel mais une clientèle des plus variées. Une longue salle aux murs rouges, aux tables sobrement alignées, tout comme les cartes. Le long de l'allée formée par les tables, *drag queens* chantant en play-back, shows d'acrobates, cracheurs de feu, etc. Spectacles de pros...

Les boîtes

🎵 *Arena (plan général E2-3, 276)* : Bal-mes, 46. ☎ 93-487-83-42. *Au croise-ment des c/ Diputació et Balmes. Mar-dim 0h30-5h. Entrée : 5-10 €.* Un bar-discothèque à la mode chez les jeunes homos. Trois salles différentes : celle dite *Classic (ouv slt ven-sam ; entrée au n° 233, Diputació)* accueille exclu-sivement les hommes. En bas des escaliers, une grande salle s'articule autour de plusieurs pistes de danse et de recoins tamisés où l'on peut se détendre sur des canapés. Un conseil, n'y allez pas avant 2-3h, il n'y a per-sonne.

🎵 *Aire (plan général E2, 277)* : c/ de València, 236. ☎ 93-451-84-62. *Au croisement des c/ Balmes et València. Ouv jeu-sam et veilles de fête 23h-3h. Entrée libre.* Aussi appelée la salle *Diana*. L'équivalent de l'*Arena* (même propriétaire), version filles. Le public reste toutefois assez mixte. Déco évo-quant les ambiances d'Almodóvar.

🎵 *Métro Disco (plan général D3, 278)* : c/ de Sepúlveda, 185. ☎ 93-323-52-27. Ⓜ️ *Universitat. Sur la pl. de Goya. Ouv minuit-5h (6h ven-sam). Entrée :*

10 €. Pas la peine d'y aller avt 2h30. Dans cette boîte, ni élitiste, ni *destroy*, jeunes et moins jeunes, machos ibéri-ques et éphèbes *al dente*, habitués et touristes échangent des regards ardents. Atmosphère électrique qui requiert un certain entraînement. Les filles sont tolérées et, les jours de fiesta, en général le jeudi, seuls les plus résis-tants survivent. Le week-end, tubes kitsch dans la salle *Petarda* (traduisez : pouffiasse) !

🎵 *Salvation (centre F3, 279)* : Ronda de Sant Pere, 19-21. Ⓜ️ *Urquinaona. À deux pas de la pl. Urquinaona. Slt le w-e minuit-6h (5h dim). Entrée : env 11 €.* Là encore, un incontournable dans le genre. Deux salles bourrées, mais vraiment bourrées d'*hombres* ! D'ailleurs, on ne progresse qu'en jouant du corps à corps, et cela ne dérange personne. Dans la salle de gauche, des mecs (hyper !) musclés avec T-shirts moulants (mais plus sou-vent sans, d'ailleurs !) et tout droit sor-tis des catalogues ! L'élite gay, quoi... Le dimanche, les filles sont tolérées.

Où voir un spectacle (opéras, concerts...) ?
Où valser ?

Pour vous informer sur les concerts de musique classique, procurez-vous le mensuel *Informatiu Mùsical*. On le trouve dans les offices de tourisme.

∞⎤ *Palau de la Música* (centre F3-4) : se reporter à la rubrique « À voir ». Rens : ☎ 93-295-72-00.

∞⎤ *Grand Théâtre Liceu* (centre E4) : sur la Rambla. ☎ 93-485-99-00. • liceu barcelona.com • Ⓜ Liceu. Pour les passionnés d'opéra. Il se visite aussi à heure fixe, sous la conduite d'un guide (rens ☎ 93-485-99-14).

∞⎤ *Auditorium* (hors plan général par G3) : pl. Glòries Catalanes. ☎ 93-247-93-00. • auditori.com • Ⓜ Glòries. Inauguré en grande pompe en mars 1999 par l'orchestre symphonique de Barcelone et l'orchestre national de Catalogne, cet auditorium accueille la plupart du temps des concerts classiques.

■ *Las Fonts de Montjuïc* (plan général B3) : pl. Carles Buïgas, 1. Ⓜ Espanya. Le long de l'av. de la Reina María Cristina et des escaliers qui montent jusqu'au Palau naciónal. Mai-sept, jeudim 21h-23h30, 5 spectacles, d'une durée de 15 mn env, ttes les 30 mn ; le reste de l'année, slt ven-sam 19h-21h. Gratuit. Conçu pour l'Exposition universelle de 1929, ce spectacle son et lumière est très réussi. Les jets d'eau jaillissent d'une multitude de fontaines, petites ou très grandes, au rythme des symphonies classiques, morceaux de rock, valses... le tout avec panorama sur Barcelone.

♫ ∞⎤ *La Paloma* (plan général D3, 280) : Tigre, 27. ☎ 93-301-68-97. • gus tavo@la-paloma.net • lapaloma-bcn. com • Dans le quartier du Raval, aux confins du Barri Xino. Jeu-sam 18h-21h30, 23h30-5h ; dim 17h45-21h45. Entrée : 8 € (la nuit) ; moitié moins par la tarde (le soir, donc) ; gratuit pour les dames jeu et ven toujours por la tarde. **En travaux, réouverture prévue en 2008** (mieux vaut vérifier avt de s'y rendre). Un *dancing* mythique qui a soufflé ses 100 bougies en 2003. Il s'agit d'une grande salle de bal à l'ancienne, dans un décor digne d'un théâtre vénitien : des loges calfeutrées aux banquettes couvertes de velours, des moulures et des stucs rococo, des lustres de bois doré et des allégories de la danse peintes au plafond. Le début de la soirée est dédié aux *paso doble*, tango, valse, rumba et autre mambo susurrés par des crooners gominés et leurs inénarrables gisquettes. Il est des habitués qui viennent y guincher quatre après-midi de suite depuis 60 ans ! Puis on pousse les cuivres de la scène pour faire place à plusieurs DJs venant mixer de la bonne *dance*. L'informatique donne un coup de fouet aux grands volumes de cette magnifique salle, par le biais d'images sorties tout droit de l'imagination des puces siliconées de leurs PC. Beaucoup de « belles jeunes filles », parole de Barcelonais ! À partir de 0h30, queue immense dans la rue et entrée au compte-gouttes.

ACHATS

Dans le Barri Gòtic, l'avigunda Portal de l'Ángel et la carrer Portaferrissa sont les plus commerciales. Le samedi : bain de foule. *El Born*, appelé aussi *La Ribera*, est un quartier moins touristique mais néanmoins plein de charme. Il faut s'y promener au hasard pour découvrir les derniers ateliers, galeries d'art, brocanteurs installés dans le secret d'une de ses ruelles. Le Barri Xino, quant à lui, est celui des friperies et des collectionneurs de vinyles.

Alimentation

⊛ *La Boquería* (ou *mercado San Josep* ; centre E4) : *lun-sam 8h-20h*. Se reporter, plus loin, à la rubrique « À voir » dans le quartier de la Rambla. Un des plus beaux marchés que l'on connaisse ! On y trouve tout : poissons à l'œil brillant et crustacés vivants, fruits parfumés et colorés, charcuteries variées à base de porc ibérique (ce qui explique en partie les prix) ; on vous recommande le *chorizo ibérico*. Pratique, vous pouvez tout faire emballer sous vide !

⊛ *La Botifarrería de Santa María* (centre F4, **301**) : c/ Santa María, 4. ☎ 93-319-91-23. Ⓜ Jaume-I ou Barceloneta. Lun-ven 8h30-12h30, 17h-20h30 ; sam 8h30-15h. Une charcuterie artisanale à l'enseigne de la saucisse. On y trouve tous les classiques les plus alléchants de la cochonnaille catalane ou espagnole, et une impressionnante diversité de saucisses : farcies, blanches, noires, vertes, aux herbes, aux champignons... à pocher, à griller...

⊛ *Casa Colomina* (centre E4, **302**) : c/ Cucurulla, 2, et c/ Portaferrissa, 8. ☎ 93-317-46-81 ou 93-412-25-11. Ⓜ Liceu. Lun-sam 10h-20h30 ; dim 12h30-20h30. Deux pâtisseries voisines spécialisées dans la fabrication de *turrón*. En Espagne, il s'offre à Noël comme les chocolats en France. De la famille du nougat, à base de sucre et d'amandes, celui dit de Gijona a le grain fin ; celui d'Alicante contient de plus gros morceaux d'amandes. Goûtez aussi le *mazapán* (pâte d'amandes aux parfums divers). Meilleur choix en hiver, mais en été, bonnes glaces au *turrón*.

⊛ *Art Escudellers* (centre E4, **303**) : c/ dels Escudellers, 23-25. ☎ 93-412-68-01. Ⓜ Liceu. Gigantesque magasin où l'on vend uniquement des produits artisanaux fabriqués en Espagne. Également une cave avec une belle sélection de vins régionaux.

⊛ *La Viniteca* (centre F4-5, **304**) : Agullers, 7-9. ☎ 93-268-32-27. Ⓜ Jaume-I ou Barceloneta. Lun-sam (sf j. fériés) 8h30-14h30, 16h30-20h30. Dans un dédale de ruelles, voici une double adresse pour amateurs de vins et alcools. Au n° 7, le magasin le plus récent où s'entassent crus nationaux et internationaux. Les plus grands sommeliers espagnols s'y rendent quand ils sont de passage à Barcelone. Si vous êtes connaisseur, le jeune propriétaire et fin dégustateur vous entraînera au n° 9. C'est l'épicerie familiale (fondée en 1932) que tiennent encore ses parents. La cave regorge de trésors vinicoles.

⊛ *El Magnífico* (centre F4, **305**) : c/ Argentería, 64. ☎ 93-310-33-61. Ⓜ Jaume-I. Presque en face de la pl. Santa María del Mar. Lun-ven 9h-14h, 16h-20h ; sam 10h-14h. Petite maison qui a fait du café sa spécialité depuis 1919. Imaginez les doux effluves qui s'échappent de cette jolie boutique. Possède juste en face une autre officine, entièrement dévolue au thé : *Sans & Sans Colonials* (c/ Argentería, 59).

⊛ *Gispert* (centre F4, **306**) : c/ Sombrerers, 23. ☎ 93-319-75-35. Ⓜ Jaume-I. Rue qui longe la pl. Santa María del Mar. Mar-ven 9h30-14h, 16h-19h30 ; sam 10h-14h, 17h-20h. Accueillant et coquet, ce magasin concurrent de *El Magnífico* pour le café, affiche un plus grand âge encore car il existe depuis 1851. Vend du café torréfié sur place et de l'épicerie fine, principalement des produits locaux : huile d'olive, confitures, fruits secs, herbes...

⊛ *Herboristería del Rey* (centre E4, **307**) : Vidre, 1. ☎ 93-318-05-12. Ⓜ Liceu. À 25 m de la pl. Reial, côté nord-est. Lun 17h-20h ; mar-sam 10h-14h, 17h-20h. Un vénérable magasin fondé en 1823, au décor intérieur remarquable : vieilles vitrines remplies de bocaux et de pots anciens, boiseries patinées par le temps, meubles à tiroirs bourrés d'herbes médicinales, de tisanes et d'épices. Notez ce buste haut perché de Linné, premier grand classificateur universel des plantes. Autrefois fournisseurs de la cour royale, les propriétaires mettent l'accent sur la qualité et la provenance de leurs 220 variétés de plantes séchées qu'ils vendent avec passion et jovialité dans leur beau magasin.

Antiquités, brocante

❀ *Llibrería Selvaggio (centre E4, 308) :* Freneria, 12. ☎ 93-315-15-56. Ⓜ Jaume-I. Une minuscule boutique qui sent le vieux papier et le cigare, où l'on peut dénicher des cartes postales anciennes de Barcelone, des plans, des revues, des livres parcheminés... Certains ouvrages sont en français.

– *Les puces « Els Encants » (hors plan général par G3, 309) :* pl. Glòries. Ⓜ Les-Glòries. Lun, mer, ven et sam 9h-18h (plus tard en été). Encore quelques bonnes affaires à réaliser. Cela dit,

flânez, comparez et parfois, sachez résister...

– *Marché aux timbres et pièces de monnaie (centre E4) :* pl. Reial, dim 10h-14h, tte l'année.

– *Foire aux livres (plan général D3) :* au marché Sant Antoni, à l'intersection de ronda Sant Pau et Tamarit. Dim 10h-14h. Noter la structure métallique du bâtiment.

– *Foire aux antiquités (centre E4) :* pl. Nova. En face de la cathédrale. Ts les jeu.

Déco, design et vaisselle

❀ Les amateurs de design feront une petite halte à *Vinçon (passeig de Gràcia, 96 ; plan général E-F2, 315),* une maison typique du *passeig* dont l'intérieur a été aménagé par Mariscal (le père de la mascotte des J.O.). Ce supermarché de l'objet branché renferme plein de gadgets superbes et de babioles de la vie quotidienne, très mignonnes et pas forcément chères, ainsi que du matériel de bureau, objets de cuisine, mobilier, lampes, etc.

❀ *Caixa de Fang (centre E4, 317) :* Freneria, 1. ☎ 93-315-17-04. Ⓜ Jau-

me-I. Ouv 10h-20h. Dans la ruelle qui donne sur l'arrière de la cathédrale. Les amateurs de céramiques artisanales y trouvent souvent leur bonheur. L'accueil est charmant.

❀ *Ici et Là (centre F4, 318) :* pl. Santa María del Mar, 2. Ⓜ Jaume-I. Fermé lun mat (ouvre à 16h30). Petit magasin au mobilier design, rempli de petits objets d'intérieur de très bon goût, réalisés par des créateurs européens. Ce sont des pièces uniques faites à la main ou en petites séries.

Loisirs

❀ *Palacio del Juguete (centre E4, 322) :* Arcs, 8. ☎ 93-318-12-83. ● pala ciodeljuguete@palaciodeljuguete.net ● Ⓜ Liceu. Tt près de la cathédrale, en remontant vers la pl. de Catalunya. Lun-

ven 10h-13h30, 16h30-20h ; sam 10h30-14h, 17h-20h30. Vieux magasin de jouets, style années 1950, comme on n'en trouve plus : petites voitures, trains électriques, et « boîtes à meuh »...

Mode

La majorité des boutiques de vêtements et chaussures est concentrée entre le passeig de Gràcia et la rambla de Catalunya. Si cela ne vous suffit pas, le boulevard Rosa (entrée par passeig de Gràcia, 53-55) est une galerie marchande offrant une bonne centaine de boutiques.

❀ *Custo (centre E4, 323) :* c/ de Ferran, 36. ☎ 93-342-66-98. Ⓜ Liceu. Lun-sam 10h-22h ; dim et j. fériés 13h-20h. Enfants terribles de la mode barcelonaise, les frères Custo sont célèbres dans le monde entier pour leurs T-shirts colorés et rigolos... Prix en conséquence.

❀ *Boutiques de fringues (centre E4,*

204) : Portaferrissa, 17. Ⓜ Liceu. Ouv 11h-21h. Sorte de petite galerie marchande où se succèdent les friperies à l'américaine. Fringues jeunes et branchées. Voir aussi le texte sur le *Bar Jardí* dans « Où boire un verre ? Dans la vieille ville ».

❀ *Instinto (centre E4, 324) :* c/ Banys Nous, 5. ☎ 93-317-32-73. Ⓜ Liceu. Tlj

10h-20h30. C'est l'histoire de 3 copines qui dessinent des vêtements et décident d'ouvrir une boutique qui connaît aujourd'hui un joli petit succès à Barcelone. C'est bien fait, frais et enjoué, et que pour les filles.

✿ *La Manual Alpargatera (centre E4, 325) :* c/ Avinyó, 7. ☎ 93-301-01-72. Ⓜ *Liceu ou Jaume-I.* Presque à l'angle de c/ de Ferran. Fermé 13h30-16h30. Une boutique et fabrique artisanale d'espadrilles pour petits et grands. Les indémodables souliers en corde sont confectionnés sous les yeux des clients puis rangés sur les étagères qui courent du sol au plafond. Qualité et solidité garanties. Faites votre choix...

Musique

✿ *Wah-Wah (plan général D4, 326) :* c/ de la Riera Baixa, 14. ☎ 93-442-37-03. Ⓜ *Liceu.* On peut trouver des enregistrements originaux, provenant des quatre coins du monde, de tous les grands noms du rock.

✿ Pour les *disques d'occasion,* cette même c/ *Riera Baixa,* ou alors prenez la c/ *Tallers* (1ʳᵉ à droite en descendant la Rambla) et la c/ *Sitges* (1ʳᵉ à gauche une fois sur la c/ Tallers). Une sorte de petit musée du vinyle à ciel ouvert.

✿ *Casa Beethoven (centre E4, 327) :* La Rambla, 97. ☎ 93-301-48-26. Ⓜ *Liceu.* Adossé au palau de la Virreina, un discret magasin de partitions très ancien. Dans les grands cartons grenat, des chansons traditionnelles et des berceuses catalanes, des sardanes, de la musique classique. Avis aux farfouilleurs...

Divers

✿ *Vips (plan général E3, 320) :* rambla de Catalunya, 7. Ⓜ *Catalunya. Tlj 9h-3h du mat.* Une sorte de supermarché très pratique pour ses horaires. On y trouve des rayons alimentation, produits d'hygiène, librairie, musique, un labo photo...

✿ *La Condonería (centre E4, 321) :* c/ Sant Josep Oriol, 7. Ⓜ *Liceu. Sur la place de l'église de Santa María del Pi. Lun-sam 10h30-14h, 16h30-20h30.* Petit magasin clair et coloré qui vend toutes sortes de préservatifs et de gadgets.

À VOIR

Avant toute visite de musées ou monuments, bien vérifier les horaires, et les jours de fermeture. En général, les musées sont fermés le lundi ou le mardi. Lors de certaines fêtes ou jours fériés, les musées et sites adoptent des horaires spéciaux : l'office de tourisme édite alors une fiche les indiquant.

– Pour les accros des sites et musées, quelques *pass* et tickets groupés permettent de faire des économies sur les tarifs d'entrée. Voir la rubrique « Musées et sites » dans « Barcelone utile ».

– Enfin, un petit détail pour économiser vos jambes et votre énergie : dans le sens « arrière-ville » vers la mer, ça descend tout le temps, alors que dans l'autre...

ITINÉRAIRE MODERNISTE

Dès votre arrivée à Barcelone, passez à l'office de tourisme de la plaça de Catalunya pour acheter le *pass-kit La Ruta del modernisme* (voir plus haut, dans la rubrique « Barcelone utile. Musées et sites »).
Sur les 115 sites retenus par les brochures, citons déjà :

– Vers la Rambla, le *palau Güell,* l'*Hotel España,* la pâtisserie *Escribà/Antigua Casa Figuera,* la *Boqueria.*

– Près de la *plaça de Catalunya,* au n° 48 de la carrer Casp, la *casa Calvet,* de Gaudí (1898 ; intéressante pour ses balcons, mais pas la plus délirante), le café des *Quatre Gats,* le *palau de la Música.*

– Évidemment, plus forte concentration dans l'*Eixample.* Si votre temps est compté, visitez en priorité la *casa Milà* (autrement dit, *la Pedrera*) et la *casa Batlló.* Mais prenez le temps de jeter un œil aux façades (de toute façon, la plupart de ces immeubles ne se visitent pas) : *casa Rocamora, Lléo*

> **UN STYLE ARCHITECTURAL INTÉGRÉ DANS LA VIE QUOTIDIENNE**
>
> *L'un des aspects les plus étonnants du modernisme est que sa production, loin d'être enfermée dans les musées, est encore utilisée tous les jours. À côté des logements commandés par de riches industriels barcelonais il y a presque un siècle déjà, on trouve de nombreux commerces qui ont conservé leur caractère et leur architecture moderniste, depuis la pharmacie jusqu'au boulanger... Et le plus insolite est que ces lieux pratiquent toujours, pour la plupart, l'activité pour laquelle ils ont été conçus !*

Morera, Amatller, Sayrach, Comalat, la boutique *Vinçon* (voir dans « Achats » ci-dessus)...

– Un peu plus loin, les *Punxes,* la *casa Mayaca,* l'*hospital de la Santa Creu* et celui de *Sant Pau,* la *Sagrada Família,* le *park Güell...*

– Sans oublier le *musée d'Art moderne de la MNAC,* la *finca Güell,* le *musée des Arts décoratifs,* la *fàbrica Casaramona* qui abrite le nouveau siège de la fondation *La Caixa.*

Vous retrouverez le détail et les explications pour la plupart de ces sites dans les pages suivantes.

LE BARRI GÒTIC (BARRIO GÓTICO ; centre E-F4)

Le cœur historique de la ville, dessiné par les Grecs, puis les Romains, qui ont fondé les premières colonies sur le mont Taber. Un quartier à parcourir à pied, bien sûr, à la découverte de la cathédrale, de précieux monuments médiévaux, mais aussi des vestiges romains, moins apparents, complètement intégrés dans les belles pierres ocre des palais et des demeures seigneuriales. Le Barri Gòtic, délimité par l'avinguda de la Catedral, la plaça Berenguer, la plaça de Sant Just et la carrer de Sant Honorat, présente une remarquable homogénéité architecturale. Comme souvent, il faut savoir s'y perdre pour le goûter au mieux. Le quartier est, certes, ultra-touristique, mais au détour des ruelles et venelles, on surprend des instants magiques, des tranches de vie d'une Espagne encore authentique : un prêtre endormi dans son confessionnal, un concierge tassé dans sa guérite, au fond d'un sombre hall d'immeuble, des enfants en uniforme jouant au ballon autour de la fontaine de la plaça de Sant Felip Neri, un antiquaire dans sa boutique, caressant affectueusement une Vierge polychrome du XIVe siècle...

🏛🏛🏛 *La catedral* (centre E4) : pl. de la Seu, s/n. ☎ 93-342-82-60. ● catedralbcn. org ● Lun-ven 8h-13h, 17h15-19h30 ; w-e 8h-13h (13h45 dim), 17h15-19h45. Ouverture des toits plus limitée : ascenseur (2 €) lun-ven 10h30-12h, 17h15-18h ; sam 10h30-12h. Visite de l'ensemble de la cathédrale (chœur, cloître, musée, toits) : lun-sam 13h15-17h ; dim et j. fériés 14h15-17h. Entrée : 5 €. Musée et salle capitulaire : tlj 10h-12h (13h dim), 17h15-19h. Entrée : 1 €. Attention : interdiction de pénétrer dans la cathédrale torse nu, et le short n'est toléré que par grande chaleur. Bâtie au XIIIe siècle à l'emplacement d'une église romano-wisigothique. C'est en fait la 3e cathédrale construite sur ce site. Des travaux d'excavations ont dévoilé l'existence d'une basilique datant probablement de l'époque paléochrétienne. L'invasion arabe ne laissa rien de la construction d'origine, mais la cathédrale

À VOIR

connut une nouvelle vie au XIe siècle avant d'être élevée au rang de cathédrale-basilique au XIIIe siècle. La construction dura plus de 150 ans. Les deux tours octogonales datent du XIVe siècle. La façade n'était pas encore réalisée ! C'est pourquoi un riche industriel (barcelonais) du XIXe siècle proposa de terminer cette façade d'après les plans et selon le style gothique. La dernière touche fut mise en 1913, avec l'installation de la lanterne et de la flèche. L'intérieur de la cathédrale est un exemple parfait du gothique catalan, composé de 3 nefs voûtées, sombres et élégantes, une abside et un faux transept. C'est sur les bras des transepts que s'appuient les tours octogonales. Admirer les énormes piliers, les arcs saillants, les arcs-boutants d'une évidente simplicité. Tout, dans cette grandiose réalisation, est d'une pureté conceptuelle rarement égalée.

Prenez le temps de monter sur les toits *(terrats)* : même si la vue est un peu décevante, on découvre un aspect unique du magnifique clocher, au-dessus de la lanterne centrale. La cathédrale possède sur son pourtour une série de chapelles secondaires, de joyaux architecturaux dont les stalles du chœur, la chaire, les fonts baptismaux, la lanterne centrale et le Christ de Lépante ne sont que des exemples. Passons en revue ces quelques merveilles.

– *Le chœur :* situé au centre de l'édifice, c'est l'un des chefs-d'œuvre qu'abrite la cathédrale. Entrée payante (incluse dans le billet général). Il fut réalisé à partir de la fin du XIVe siècle à la demande de l'évêque Ramon d'Escales. La clôture latérale est en marbre blanc. Le chœur lui-même est en bois finement ciselé, d'une époustouflante richesse. On le doit au père Sanglada qui sculpta la chaire, ainsi que les 61 stalles du chœur. Les dossiers des sièges furent réalisés par un maître allemand. Noter les riches blasons qui les ornent. Ce sont ceux des chevaliers de la Toison d'or, réunis ici par l'empereur Charles Quint en présence des rois de France, du Portugal, de Hongrie... L'arrière du chœur est d'une composition un peu lourde. On y voit notamment sainte Eulalie défendant la foi chrétienne, ainsi que saint Sévère (début du XVIe siècle).

– *La crypte :* située devant le chœur, sous la nef centrale, et on ne peut l'admirer que de derrière la grille. C'est ici que sainte Eulalie repose en paix depuis 1939. Cette crypte, dessinée par Jaime Fabré, constitue un réel chef-d'œuvre d'équilibre architectural. Remarquer tout d'abord l'entrée en forme d'arc. En découvrant la voûte presque plate qui coiffe le tombeau de la sainte, on reste ébahi. On a le sentiment que la lourdeur de l'ensemble a comme écrasé la voûte, pourtant soutenue par 12 arcs gracieux. L'énorme clé de voûte centrale représente la Vierge et sainte Eulalie. Une merveille. Sous la clé de voûte repose le sarcophage en albâtre de la sainte, qui date du début du XIVe siècle.

– *La lanterne centrale :* pour l'admirer, placez-vous à l'entrée de la cathédrale et levez les yeux. Elle couronne la travée de la nef centrale avec une extrême légèreté. Sa forme octogonale lui confère une grande finesse. L'aiguille terminale fut achevée en 1913, alors que les premiers travaux furent engagés en 1422.

– *Les chapelles latérales :* sur la gauche à l'entrée de la cathédrale, superbes fonts baptismaux. Énorme coupe aux arêtes hélicoïdales en marbre de Carrare (XVe siècle). Sur la droite, une chapelle renferme le célèbre **Christ de Lépante.** La tradition orale du XVIe siècle indique que ce crucifix figurait à la proue du navire-amiral de la flotte chrétienne qui combattit la flotte musulmane dans le golfe de Lépante au XVIe siècle.

– *Le cloître et le musée :* à droite du transept, on parvient au cloître par la *puerta de Sant Sever,* de style roman-lombard. Ce cloître dégage un impressionnant sentiment de sérénité, peut-être grâce à l'abondante lumière qui contraste avec l'obscurité de la cathédrale. Il fut achevé au milieu du XVe siècle. Deux portes superbes donnant sur l'extérieur sont à signaler : celle de la Pietá (tout de suite à gauche en venant de la cathédrale), agrémentée d'une sculpture en bois polychrome, et celle de Santa Eulàlia du plus pur style gothique flamboyant (qui donne sur la carrer del Bisbe). Au centre, un adorable petit jardin planté de palmiers et de magnolias, et peuplé de 13 oies (régulièrement renouvelées, les pôvres, l'afflux de touristes les stressant !). Pourquoi treize ? En mémoire, dit-on, de Santa Eulàlia, qui avait 13 ans lors de son martyr. C'est ici que, chaque année, a lieu la *fête du Corpus Christi*, pendant laquelle une manifestation originale se déroule, celle dite de « l'œuf qui danse » – on place au sommet de la fontaine Sant Jordi une coquille d'œuf qui reste en équilibre. Au bout du cloître, une autre *chapelle* intéressante : celle de *Santa Llúcia*. C'est la seule partie romane de la cathédrale, du XIIIe siècle, encore conservée.

Le *musée* et la *salle capitulaire* se trouvent à côté *(attention, horaires différents, voir ci-dessus)*. On peut y admirer une belle série de tableaux, notamment la *Pietà* de Bartolomé Bermejo, datant de la fin du XVe siècle, ainsi qu'une belle *Vierge à l'Enfant*. Et puis aussi le beau retable de saint Bernardin et l'ange gardien de Jaume Huguet (XVe siècle).

Autour de la cathédrale (centre E4)

Si vous visitez la cathédrale un samedi vers 18h ou un dimanche sur le coup de midi, vous assisterez aux **sardanes** qui sont jouées et dansées sur le parvis. Un orchestre vient spécialement, et les habitants laissent tomber leurs paniers de courses et le bébé du landau pour participer à cette joyeuse fête populaire.

Face à la cathédrale, on découvre plusieurs bâtiments civils intéressants. C'est sur cette place Neuve (la *plaça Nova*) que se tenait, au XIIIe siècle, un grand marché où les esclaves étaient vendus. Au débouché de la carrer del Bisbe Irurita, deux grosses tours rondes, vestiges de l'ancienne muraille romaine. Toute la défense de la ville reposait sur cette enceinte. De part et d'autre de la muraille, le *palais épiscopal* (à droite) et la *maison de l'archidiacre* (à gauche). Le palais épiscopal conserve, de la construction primitive romane, une spacieuse cour intérieure à arcades. La maison de l'archidiacre est une intéressante construction du XIe siècle, plusieurs fois remaniée, et qui mélange allègrement les styles gothique et Renaissance. Très jolie cour intérieure en forme de cloître avec fontaine et palmier.

Sur la droite, en empruntant la *carrer del Bisbe,* on parvient à la *plaça Sant Felip Neri,* ravissante petite place à la fraîcheur appréciée. Petite fontaine devant l'église dédiée au saint.

🍴 À gauche de la cathédrale, la *Canonja* ou *casa Pía Almoina*, ancienne maison de charité du XIe siècle, qui servait à manger à 100 pauvres par jour. Le mur extérieur s'appuie également sur la muraille romaine. En suivant la carrer Tapineria, l'ancienne rue des Cordonniers (*tapins* : chaussures), on arrive à la *plaça Berenguer el Gran.* Bel ensemble de constructions gothiques assises sur les murailles romaines. On peut y voir la statue équestre du comte-roi Ramon Berenguer III. Derrière, un flanc de la chapelle Santa Àgata (chapelle palatine du XIVe siècle). Elle repose en partie sur les vestiges d'une muraille romaine.

Sur la gauche s'élève, majestueuse, la tour de guet du roi Martin. À l'intérieur de la chapelle, au-dessus du maître-autel, une œuvre maîtresse de la peinture catalane : le retable de *L'Adoration des Mages* et la *Crucifixion,* réalisé par Jaume Huguet.

🍴🍴 **La plaça del Rei :** *les tickets d'entrée de ses sites sont inclus dans celui du Musée historique de la Ville (ci-dessous).* Une des plus belles places intérieures de Barcelone. Un bel ensemble architectural dominé par le mirador del Mar, véritable gratte-ciel du XVIe siècle, à 5 étages et à arcades, qui offre un très beau panorama. On y trouve également la *chapelle Santa Agueda* par laquelle il faut passer pour accéder au mirador, et la *maison Padellás,* superbe demeure de style gothique catalan, qui abrite le Musée historique.

🍴🍴 **Museu d'Història de la Ciutat** (*Musée historique de la Ville et la galerie des fouilles ; centre E4, 350*) : pl. del Rei, c/ del Veguer, 2. ☎ 93-315-11-11. ● museu historia.bcn.es ● Ⓜ Jaume-I. ♿ Mar-sam 10h-14h, 16h-20h (10h-20h juin-sept) ; dim et j. fériés 10h-15h. Entrée : 5 € ; réduc. Gratuit 1er sam du mois 16h-20h, 12 fév, 18 mai et 24 sept.

La partie la plus captivante de la visite est sans conteste la galerie des fouilles (les fondations de l'ancienne ville romaine) située au sous-sol. L'aménagement de ce lieu a ingénieusement conservé l'esprit du site grâce à des allées qui permettent de déambuler au-dessus des ruines d'époque romaine. On peut y admirer l'ampleur de la ville romaine à travers les vestiges des maisons : atrium, péristyle, cubicula, murs et dédale des ruelles, autant de vieilles pierres qui furent réutilisées jusqu'au bas Moyen Âge. Noter les thermes romains et l'ensemble de sculptures récupérées de l'ancienne muraille de Barcelone. Guide de visite en français et jeu-circuit pour les familles, malheureusement en catalan uniquement.

On remonte ensuite et l'on accède à la chapelle, où l'on peut admirer le remarquable retable de l'Épiphanie (1464), et au *salò del Tinell*. Ce *salon*, avec ses immenses arcs en plein cintre, est l'ancienne salle de banquet du Palais royal et mérite une visite pour ses belles fresques romanes.

🍴🏛 **Museu Frédéric Marès** *(centre E4, 351)* : *pl. Sant Lu, 5-6.* ☎ 93-256-35-00. ● museumares.bcn.cat ● Ⓜ *Jaume-I.* ♿ *Entre la cathédrale et la pl. del Rei. Pour y accéder, on traverse un joli patio qui, l'été, abrite un régal de petit café (voir le Café d'Estiu, dans « Où boire un verre ? Dans la vieille ville »). Mar-sam 10h-19h ; dim et j. fériés 10h-15h. Entrée : 3 € ; réduc. Gratuit 1er dim du mois, mer après 16h, et pour les moins de 16 ans. Textes introductifs en français dans chaque salle.*

L'ancien palau Reial Major, résidence barcelonaise des monarques de la Couronne de Catalogne et d'Aragon du Xe au XVe siècle, abrite l'étonnante collection de Frédéric Marès. Sculpteur de métier, cet artiste a commencé très tôt à réunir toutes sortes d'objets et d'œuvres d'art provenant de ses voyages. Reconnaissante, la municipalité lui a prêté le bâtiment pour exposer ses collections.

Aujourd'hui encore, une partie de la famille de Marès habite le palau. Le musée comprend 2 parties, le musée d'Art religieux et le Musée sentimental. Mais attention, hormis le rez-de-chaussée, les salles ne sont pas toujours ouvertes car on procède à une sorte de roulement.

– *Le musée d'Art religieux* : *situé pour moitié au rez-de-chaussée et au 1er étage, dans le patio.* Il renferme une belle collection de sculptures antiques, ibériques, grecques et puniques. Cependant, les plus belles pièces sont exposées dans les salles suivantes, entièrement consacrées à l'art médiéval. Exceptionnelle série de Christ en croix et de Vierge à l'Enfant de différentes époques et belles pièces de bois polychromes du XIIe siècle italien. L'effet est saisissant. Splendides crucifix des XIVe et XVe siècles. La crypte, dans le patio, expose des travaux de sculptures sur pierre du Xe au XIIe siècle : pierres tombales, colonnes, chapiteaux... Le 1er étage abrite des sculptures et des peintures datant du XVe au XIXe siècle, dédiées à la Vierge et à la Sainte Famille. Beaux reliefs en marbre blanc figurant l'Annonciation, l'Adoration des bergers et la Présentation au temple (salle 26).

– *Au 2e étage, on accède au* **Museu sentimental** *(Musée sentimental).* Ce musée original regroupe une impressionnante série d'objets usuels utilisés du XVIIe au XIXe siècle à travers le monde. Vraiment intéressant, ne le manquez pas. Ce rassemblement d'objets merveilleux de tous pays et en telle quantité est rare. Les amateurs d'antiquités apprécieront : en vrac, vous verrez des pipes richement sculptées du XIXe siècle, des boîtes à tabac, des balances, des jumelles, des cannes, des bénitiers, des pendules... On reprend notre souffle... éventails, coiffes, ombrelles, parures, objets d'art populaire...

🍴 **La carrer del Bisbe Irurita** : cette rue cristallise tout le charme et l'authenticité du quartier. En chemin, on croise les *cases dels Canonges* (maisons des Chanoines), bel édifice Renaissance relié au *palau de la Generalitat* par un pont gothique datant du... XXe siècle (assez réussi, il faut le dire).

🍴 *Au 10, c/ Paradis (ruelle donnant sur la pl. Sant Jaume), on trouve le* Centre excursionniste de Catalogne. Entrer pour dénicher les quatre grosses **colonnes romaines,** stupéfiants vestiges de l'ancien temple d'Auguste. Enfin apparaît la *plaça Sant Jaume,* ancien forum romain, encadrée par le palais de la Generalita et l'hôtel de ville.

🛠 *Palau de la Generalitat :* *en principe, visites slt le j. de la Sant Jordi (23 avr), mais il est préférable de se renseigner.* Siège de l'assemblée provinciale de la région de Catalogne, son gouvernement. La Catalogne est une province dirigée par un président, des ministres, qui a sa propre police, son budget et sa langue. Le palais présente deux façades très différentes. Côté Bisbe Irurita, de style gothique avec de nombreuses gargouilles ; côté plaça Sant Jaume, de style classique gréco-romain d'une grande sobriété. À l'intérieur, admirer le superbe escalier gothique, entièrement sculpté, et sa galerie supérieure ornée d'élégantes et fines arcades. Remarquer également la façade de la *capella Sant Jordi* (chapelle Saint-Georges), d'un très pur gothique flamboyant. Plus haut, on trouve le curieux *patio dels Tarongers* (cour des Orangers), l'un des coins les plus tranquilles de Barcelone. Bel exemple de transition du gothique à la Renaissance. On accède ensuite au *salón del Consistori Major*, aux beaux murs décorés. Plafonds à caissons peints.

🛠 *Ajuntament* (hôtel de ville) : pl. Sant Jaume. *Ouv slt le w-e 10h-14h et le jour du Corpus (6 juin). Gratuit.* Sa vraie façade n'est pas celle plantée sur la place, d'un style néoclassique du XIXᵉ siècle assez lourd, mais celle dans la carrer de la Ciutat, à gauche. Splendide façade en gothique catalan. À l'intérieur, le *salon des Cent,* grande salle voûtée qui abrita en 1373 le 1ᵉʳ gouvernement de la ville. Splendide plafond à caissons. Noble simplicité de la décoration. *Salón de las Crónicas,* décoré de fresques évoquant les expéditions lointaines menées par les Catalans.

🛠 *Església de Sants Just i Pastor :* c/ Hercules, non loin de l'hôtel de ville. Ce serait la plus ancienne de la ville. Elle fut longtemps la paroisse des rois. Noter la curieuse façade : la tour de gauche, prévue sur les plans, ne fut jamais édifiée. À l'intérieur, la chapelle Saint-Félix renferme un beau retable du XVIᵉ siècle. Une curiosité unique en Espagne, elle possède un droit médiéval (encore utilisé de nos jours) de privilège testimonial. Si une personne a fait verbalement son testament devant deux témoins, il leur suffit de prêter serment devant l'autel de cette chapelle pour que leur témoignage prenne valeur de testament authentifié et légal !

🛠🛠 *Salvador Dalí Escultor* (centre E4, *352*) : c/ Arcs, 5. ☎ 933-18-17-74. ● dali barcelona.com ● Ⓜ Catalunya. ⏰ *Tlj 10h-22h. Entrée : 8 € ; réduc.* Issue de la rencontre de collectionneurs passionnés réunis en fondation, cette exposition permanente présente pas moins de 700 œuvres du génial Dalí. Des tableaux, bien sûr, mais surtout des dessins, des sculptures, des verreries, des gravures et des lithos. Pas de chef-d'œuvre monumental et mondialement connu mais, pour une fois, on pénètre l'univers fantasque du peintre sans trop de difficultés. À signaler tout de même, pour protéger la pudeur de nos chères têtes blondes, le caractère érotique d'un bon nombre de dessins. Et encore, le mot est faible, Dalí oblige !

LE QUARTIER DE LA RAMBLA (centre E3-4-5), LE BARRI XINO (BARRIO CHINO) ET EL RAVAL (plan général D4)

🛠🛠🛠 *La Rambla :* l'avenue la plus connue de Barcelone. Incroyablement animée de jour comme de nuit. Ancien lit de rivière, aujourd'hui long tunnel ombragé avec ses arbres touffus, la Rambla marque une limite historique, en rappelant que la ville médiévale s'arrêtait là.

La Rambla se descend par le milieu de l'allée centrale, d'un train de sénateur. Arrivé sur le port, il est d'usage de faire demi-tour et de remonter. Tout à la fois agora, marché, dernier salon où l'on cause, gigantesque cinéma où les gens viennent se voir, la Rambla cristallise toutes les contradictions de la ville : bonheur de vivre et tensions, visages rieurs ou inquiétants, farniente aux terrasses de café et trafic infernal. Oiseaux et fleurs en rajoutent dans le bruit et la couleur. Cependant, comparé au raz de marée de voitures de la plaça de Catalunya, la Rambla fait presque figure d'oasis.

À VOIR

Et puis, de part et d'autre, des quartiers qui vous aspirent immédiatement dans leur atmosphère moite, étouffante l'été... Avis aux amateurs de légendes : la *font de Canaletes,* la première fontaine après la plaça de Catalunya, sur la droite, est magique. Qui boit de son eau reviendra à Barcelone.

🎗 *Mirador de Colom (tour de Christophe Colomb ; centre E5) : sur la pl. Portal de la Pau. Juin-sept, tlj 9h-20h30 ; oct-mai, tlj 10h-18h30. Billet : 2,50 €.* Un ascenseur à 3 places permet de monter jusqu'à une terrasse vitrée au sommet de cette colonne de bronze et acier, coiffée d'une sculpture de Christophe Colomb, trônant à 60 m de hauteur. De là, la vue est très étendue sur le port et la ville. Le célèbre navigateur indique de façon vigoureuse la route des Indes. Après son premier voyage au cours duquel il découvrit un nouveau continent (l'Amérique), « l'amiral de la mer Océane » revint en Espagne en 1493 et se déplaça jusqu'à Barcelone pour faire son rapport aux souverains – Isabel de Castille et Ferdinand d'Aragon – qui avaient financé son voyage.

🎗🎗🎗 *La Boquería (aussi appelée **mercado San Josep**) : entrée au n° 91 de la Rambla.* Ce marché couvert est un véritable spectacle pour les yeux : une structure de fer et de verre très Art nouveau, des étals colorés, des poissonnières et des bouchères vêtues de magnifiques tabliers bordés de dentelle. Vous y prendrez sans doute vos plus belles photos. Plusieurs petits comptoirs pour se restaurer dès le matin.

🎗 *Museu de l'Eròtica (musée de l'Érotisme ; centre E4, 353) : La Rambla, 96 bis.* ☎ 93-318-98-65. • *erotica-museum.com* • 🎗 *Tlj. Juin-sept, 10h-22h ; oct-mai 10h-21h. Entrée : 7,50 €.* L'un des musées insolites de Barcelone. Différentes représentations du *Kama-sutra,* une section sadomaso, une collection de couvertures de magazines érotiques, d'affiches de cinéma, des photographies, quelques petites sculptures... On a visité d'autres musées érotiques beaucoup plus riches et intéressants que celui-là. Entrée chère pour la prestation fournie.

🎗🎗 *Museu d'Art contemporani de Barcelona (MACBA – musée d'Art contemporain de Barcelone ; centre E3) : pl. dels Àngels, 1.* ☎ 93-412-08-10. • *macba.es* • Ⓜ *Catalunya ou Universitat.* 🎗 *Tlj sf mar. 24 juin-24 sept : lun-ven 11h-19h30 (minuit jeu-ven) ; sam 10h-20h ; dim et j. fériés 10h-15h. 25 sept-23 juin : lun-ven 11h30-19h30 ; mêmes horaires le w.-e. Entrée : 7,50 € pour la totale (valable 1 mois) ; 6 € pour 2 expos ; 4 € l'expo ; réduc. Réduc pour ts le mer (sf j. fériés) : 3,50 €.* En général, exposition permanente au rez-de-chaussée, et temporaires (souvent détonantes) dans les étages. Mais la disposition changeant très souvent, il nous est impossible d'en faire une

POUR BÉTONNER SA CULTURE !

Richard Meier est l'architecte du très moderne édifice éclatant de blancheur qui abrite le MACBA, dans un ouvrage caractéristique de son œuvre. D'avantgarde, il laisse entrer un maximum de lumière avec élégance, permet au spectateur de circuler avec une grande commodité. L'association de lignes courbes et rectilignes donne beaucoup de légèreté et de variations à l'édifice. Le contraste entre le bâtiment et les ruelles qu'il faut emprunter pour y accéder fait l'objet de toutes les critiques comme de tous les éloges (dont le nôtre) ; et, dans tous les cas, le bâtiment mérite autant d'être vu que les ouvrages qu'il abrite.

description précise. Sachez au moins que le fonds du musée contient une sélection de peintures, photos, sculptures et vidéos des 50 dernières années. Très international, même si beaucoup d'artistes représentés sont espagnols (pour la plupart des Catalans). Minimalisme, expressionnisme abstrait et figuratif contemporain, tout est mélangé.

À l'entrée du musée, *Rinzen,* une œuvre d'Antoni Tàpies, donne le ton. Un immense sommier métallique, auquel fait face un tableau accompagné d'une file de chaises sur la terrasse, symbolise une invitation à la réflexion et à la contemplation ainsi qu'un plaidoyer contre la violence. Belle salle de lecture au 1er étage.

🍴 *Centre de Cultura contemporània de Barcelona (CCCB ; centre E3) : c/ de Montalegre, 5.* ☎ 93-306-41-00. • cccb.org • ♿ *Juste derrière le musée d'Art contemporain.* Mar-dim 11h-20h. Entrée : 4,40 € 1 expo ; réduc ; mer ap-m non fériés 3,30 € ; gratuit moins de 16 ans et 1er mer du mois. Ce centre a ouvert ses portes en 1994 dans les murs d'un ancien hospice du XVIIIe siècle. Présente des expos sur le concept de la ville en général (l'histoire, la société, la culture, l'urbanisme, l'architecture, etc.), sur Barcelone, et des expos temporaires très variées et interdisciplinaires. Organise aussi des conférences, des concerts, etc. Au passage, notez le beau mur de verre qui ferme un des côtés de la grande cour. Là-haut vous attend une magnifique vue sur la mer et la vieille ville. Belle cafet', en prime, sur une terrasse ouverte et calme.

🍴 *La vieille ville* précédant le Barri Gòtic est un réseau inextricable de ruelles poisseuses où les gargotes rivalisent pour produire l'odeur de graillon la plus forte. Les cafés s'efforcent de posséder la clientèle la plus remuante ou le juke-box le plus gueulard. Refuge des margeos, punkies de tout poil, on y parle aussi toutes les langues de la Méditerranée. Axe de ce Tanger bis, la *carrer dels Escudellers (centre E4)* devient folle le soir venu. Point de rencontre de noctambules solitaires, de groupes de jeunes en goguette, de quelques clodos et... de patrouilles de police. Peut-être aurez-vous la chance de vous y balader à la recherche de nouvelles couleurs, ou de sons inédits. Le meilleur moment est, selon nous, entre 20h et 22h, lorsque les honnêtes commerçants baissent leur rideau de fer pour laisser la rue aux clients des bars.

🍴🚶 *La plaça Reial (centre E4) :* un épicentre animé du quartier. Située au milieu d'un labyrinthe de rues grouillantes et étroites, cette grande place accueille le soleil toute la journée (parfois aussi des pickpockets le soir). De sévères palais de style napoléonien s'élèvent sur de belles arcades classiques. Au centre, quelques palmiers ajoutent une note exotique à l'ensemble. Les réverbères furent dessinés par Gaudí (l'une de ses premières œuvres).
Tout autour, les centaines de chaises en aluminium des terrasses des bars-restos scintillent au soleil et invitent à s'asseoir. Le dimanche matin, grosse animation grâce au marché aux timbres et aux monnaies qui s'abrite sous les arcades.

🍴 *El Barri Xino (ou Barrio Chino en castillan) et el Raval :* c'était autrefois le quartier chaud, aux prostituées felliniennes, le secteur des petites gouapes, le rendez-vous des marins en goguette. Immortalisé par les romans de Francis Carco et de Pierre Mac Orlan. Une anecdote : les toreros pauvres venant aux corridas de Barcelone descendaient toujours au même hôtel dans le Barri Xino : le *Comercio.* Même lorsque le quartier et l'hôtel commencèrent à se dégrader, ils continuèrent à y descendre par superstition. En effet, une petite chapelle y était installée afin qu'ils s'y recueillent avant l'affrontement. C'est ainsi que des toreros devenus célèbres et millionnaires s'obstinaient néanmoins, dans les années 1960, à vouloir dormir au *Comercio,* tombé au rang d'hôtel de passe sordide. Il a fallu qu'il soit démoli pour que ceux-ci consentent à descendre au *Ritz.*
Aujourd'hui, ce quartier nourrit toujours les fantasmes des voyageurs atterrissant sur la planète Barcelone. Mais attention, vous risquez de n'y croiser que des ombres et des fantômes.
Au sud de la *carrer Hospital,* il reste néanmoins des bouts de rues qui rappellent cette fiévreuse époque, et dans lesquelles se balader la nuit (soyez tout de même vigilant !) procure encore son pesant d'émotions urbaines. Mais dans sa partie nord (El Raval), le quartier est entré dans un processus de réhabilitation, un grand chantier étalé sur plusieurs années. Ce vaste programme indispensable bouleversera le caractère et la physionomie du Raval.
Un à un, les pâtés de maisons sont gagnés par la modernité, les immeubles les plus insalubres sont détruits pour être reconstruits. Ainsi a été ouverte et aménagée la

À VOIR

nouvelle *Rambla del Raval* qui aligne dès à présent ses terrasses de café sous l'ombre encore frêle de jeunes palmiers. Un marché animé s'y tient le samedi. Un peu plus au nord, on pave des rues (carrer Lluna Lleo et carrer Paloma). La population du Raval, en majorité des immigrés pakistanais, indiens, maghrébins, pourra-t-elle continuer à y vivre quand les prix de l'immobilier auront flambé ?

🦅 *Au bout de la c/ Sant Pau, près de l'av. del Paral·lel, l'església Sant Pau del Camp (plan général D4).* Un peu anachronique au milieu de la rénovation. Son nom provient des champs qui sépa-

> ## RAVAL-LEMENT !
>
> *À l'image du musée d'Art contemporain, le quartier se modernise tout doucement : bars et cafés-concerts fleurissent, des magasins de disques vaguement alternatifs ouvrent leurs portes. Des cabinets d'architecture remplacent les vieilles boutiques. Bref, tout un nouveau quartier « très tendance » se dessine aujourd'hui, juxtaposé à un univers de logements crasseux, aux couleurs criardes, aux néons assassins et à la pénombre moite... C'est la rencontre en un même espace de deux styles, de deux mondes : celui de la précarité et celui du progrès galopant.*

raient la ville ancienne de la colline de Montjuïc. Elle date du XIIe siècle. Le presbytère et la salle du chapitre furent édifiés un siècle plus tard. Charmant cloître à l'intérieur, agrémenté d'arcades originales polylobées.

🦅🦅🦅 ⊙ *Palau Güell (centre E4) :* 5, c/ Nou de la Rambla. ☎ 93-317-39-74. Fermé pour travaux jusqu'en 2008 (date incertaine, et qui ne cesse de changer : d'abord 2006, puis 2007, maintenant 2008...). Renseignez-vous auprès de l'office de tourisme pour savoir s'il a ou non rouvert lors de votre passage.
Incontournable ! Ce palais, qui porte décidément bien son nom, est la 1re grande création gaudienne. On y retrouve tous les fastes et l'inspiration hallucinée des constructions gothiques et musulmanes de l'architecte. Dans la salle principale, colonnes de marbre, caissons en bois, orgue et mobilier superbe. Sur le toit, 18 cheminées (!) surréalistes dont deux doubles et 14 couvertes de céramiques.
À côté de la chapelle, une sorte de salle d'attente donnant sur la Nou de la Rambla. Cette salle était le passage obligé de tout visiteur qui, confortablement installé, livrait ses impressions. Elle cache une astuce : le plafond est ajouré de jalousies qui transmettent les confidences des visiteurs jusqu'au faux plafond ! Sur la terrasse, on peut voir au sommet de la plus grande des cheminées une chauve-souris. Selon la légende, il s'agit du symbole du roi Jaume Ier, car elle avertissait le souverain de toute attaque nocturne impromptue.

🦅 *De jour, traverser l'ancien hospital de la Santa Creu (centre E4) :* entrée au 47, c/ del Carme ou par la c/ Hospital. Havre de paix très agréable où ne parviennent plus les rumeurs de la ville. Aujourd'hui transformé en jardin où l'on peut à loisir détailler l'architecture des vieux bâtiments du XVe au XVIIe siècle, devenus pour certains salles de la bibliothèque de Catalogne. Dans la petite salle, très jolies voûtes gothiques. Dans la grande, patio à galerie : superbes azulejos à l'entrée.

🦅 *Au n° 83 de la Rambla, l'Antigua Casa Figuera.* L'ancienne épicerie à la superbe façade de mosaïques et de sculptures est aujourd'hui une pâtisserie de renom (*Christian Escribà* – voir plus haut « Où prendre le petit déjeuner ? Où manger une pâtisserie ? Où déguster une glace ? »).

🦅 *Barri Sant Antoni (quartier Saint-Antoine ; plan général D3) :* pour les marcheurs urbains, autour de la ronda de Sant Antoni s'étend un quartier populaire assez animé, possédant une vie et un caractère propres. Noter l'architecture du mercat de Sant Antoni (angle Tamarit et ronda de Sant Pau). Marché aux livres le dimanche matin.

🦅🦅 *Museu marítim (Musée maritime ; plan général D-E5) :* av. Drassanes. ☎ 93-342-99-20. ● *museumaritimbarcelona.org* ● Ⓜ Drassanes. 🦅 *Au pied de la tour de*

Colomb. Tlj 10h-19h. Entrée : 6 € ; réduc ; gratuit le 1er sam du mois à partir de 15h (sf j. fériés). Audioguide en français compris dans le prix d'entrée. Suivant votre assiduité aux commentaires, la visite dure 1h30-2h30.

Musée installé dans les anciens chantiers navals de Barcelone qui ont réussi à traverser le temps depuis le XIIIe siècle sans dommage (les seuls en Europe). À la fin du XIXe siècle, les autorités de l'époque voulurent détruire ces merveilles d'architecture. Heureusement, une forte mobilisation les sauva et le musée fut inauguré en 1941. C'est l'un des plus intéressants qu'on connaisse (avec celui d'Amsterdam), et dans un cadre évidemment unique. Abondants souvenirs de la mer, maquettes, documents, cartes marines, figures de proue, peintures, instruments de navigation, etc. *Llibre del Consolat de Mar,* le plus ancien traité de droit maritime. Magnifique reproduction grandeur nature de la galère royale à la bataille de Lépante.

L'audioguide (mais aussi des plaquettes) en français vous permet de suivre ce parcours, de la vie sur les galères au XVIe siècle (notamment celle de la bataille de Lépante) à l'exploration sous-marine, en passant par la navigation catalane au XIXe siècle, le bateau à vapeur et le transport de voyageurs transatlantique. Commentaires intéressants (attention, les numéros ne se suivent pas forcément ; pour vous aider, demandez la feuille en français à l'entrée).

– À la sortie, boutique et bar-resto agréables dans un des bâtiments. Quelques tables dehors sous les orangers. Également un petit planétarium, spécialement conçu pour les enfants (ne fonctionne que le w-e).

– *Le billet à 6 € permet la visite du **vaisseau Santa Eulàlia.*** Cette magnifique goélette de trois mâts prend souvent la mer et ne peut donc être visitée que dans la mesure où elle se trouve à quai.

En revanche, évitez de payer le supplément pour la visite-croisière des deux bateaux modernes sur le port : peu intéressant.

🍴 *La Paral-lel (plan général D4-5) :* l'une des plus importantes avenues de la ville. Longée sur la droite à partir du port par un morceau des dernières murailles de la ville du XIVe siècle. Vers le n° 60, on trouve, un peu à l'écart, le « Montmartre barcelonais » avec le funiculaire Montjuïc, et le « Pigalle barcelonais » avec les boîtes de nuit classiques, strips, shows divers. Même s'il a beaucoup perdu de son lustre, le quartier reste animé et bien des lampions sont encore allumés.

À VOIR

LE QUARTIER DE LA RIBERA *(centre F4-5)*

C'est tout le quartier situé à l'est de la vía Laietana (le dos au port). Grosso modo, il est délimité au nord par le mercat Santa Caterina et à l'est par le passeig Picasso (qui longe le parc de la Ciutadella). Vieux quartier populaire, séparé du Barri Gòtic par la percée « hausmannienne » de la vía Laietana, ce qui l'a miraculeusement préservé du tourisme de masse. Même lacis de ruelles médiévales, mêmes maisons hyper-patinées, mêmes passages mille fois usés et voûtés, avec des détours, des coudes, des rebonds. La Ribera, c'est la Barcelone des petits métiers et des artisans dont vous croiserez les chaleureuses boutiques. Le soir, dans le halo des réverbères, le quartier prend des teintes étranges, un aspect expressionniste. Population souriante et sympathique aussi, étalant parfois ses coups de gueule, ses scènes de ménage dans la rue. La vie, quoi !

On trouve de tout à la Ribera : des petits restos comme dans le temps, des boîtes d'avant-garde, des galeries d'art, de superbes musées... Mais ne vous cantonnez pas, comme la plupart des promeneurs, au sud de la carrer Princesa, autour de la basilique Santa María del Mar et du musée Picasso, dans ce qu'on appelle aujourd'hui El Born. Ce coin-là séduit de plus en plus les étrangers et les jeunes Barcelonais, mais n'hésitez pas à franchir la carrer Princesa vers le nord. La carrer Cordes et ses alentours sont peut-être moins jolis et moins sûrs (attention à vos sacs !) que le bas du quartier, mais l'ambiance y est colorée et n'a rien sacrifié au tourisme ni à une quelconque mode.

Tout y est nature, l'atmosphère et les gens. Ceux-là aiment d'ailleurs bien se retrouver en fin de semaine aux terrasses sans prétention de la plaça Sant Agustí Vell ou des autres petites places voisines. C'est aussi dans ce quartier que les Catalans ont résisté le plus longtemps à Philippe V. La résistance continue car les habitants protestent contre la multiplication des bars nocturnes et des nuisances qui vont avec.

🎭🎭🎭 ⓦ *Palau de la Música* (palais de la Musique catalane ; centre F3-4) : c/ palau de la Música, 4-6. ☎ 93-295-72-00. ● pa laumusica.org ● Ⓜ Urquinaona. Ne pas rater ce chef-d'œuvre du modernisme, inscrit au Patrimoine mondial de l'Unesco. Rendezvous en haut de la vía Laietana, puis en descendant prenez la 2e à gauche. Visite guidée, en catalan, castillan ou anglais, ttes les 30 mn, 10h-15h30 (18h juil-août). Les places sont à acheter (9h30-15h), jusqu'à une semaine à l'avance, à la billetterie du palais ou à la boutique de souvenirs « Les Muses del Palau » (à 50 m, angle c/ de Sant Pere Més Alt et de la pl. de Lluis Millet), surtout le dim. Entrée : 9 € ; réduc. Durée de la visite : 50 mn. Photos interdites. Pour les spectacles (en général à 21h), rens et résa par téléphone.

UNE PROGRAMMATION MUSICALE TRÈS ÉCLECTIQUE

La vocation du palau semble avoir évolué à la même vitesse que la ville elle-même. Si le bâtiment était conçu à l'origine pour la musique dite classique (la scène étant trop petite pour l'opéra ou encore la danse), il a depuis accueilli des genres aussi divers que le tango, la variété pop ou le folklore du Nordeste brésilien. Pour tout savoir sur les artistes à venir, connectez-vous sur ● palaumusica.org ●

Déclaré Patrimoine de l'humanité par l'Unesco en 1997. Bâti entre 1905 et 1908 par Lluís Domènech i Montaner. Sorte de résumé fou des délires architecturaux du début du XXe siècle. Briques, céramiques polychromes, fer forgé tarabiscoté et verres aux douces teintes... absolument surréaliste. L'un des premiers bâtiments de Barcelone à avoir eu l'électricité. La visite démarre avec un diaporama (très bien fait) d'une quinzaine de minutes retraçant l'histoire du Palau.

À l'intérieur, bel escalier décoré avec verre et marbre. Au plafond, belles décorations végétales composées de roses blanches et roses (évoquant la rose de saint Georges, patron de la Catalogne). Superbe verrière en forme de coupole inversée aux formes de soleil et de goutte d'eau. De chaque côté de la scène, 2 piliers : celui de gauche représente Anselm Clavé, grand compositeur catalan, avec, au-dessus, une allégorie de son œuvre *Les Flors de Maig* (« Les Fleurs de mai »). À droite, on reconnaît l'ami Ludwig et, au-dessus de lui, *La Chevauchée des Walkyries* de Wagner. Comme quoi, les genres musicaux peuvent cohabiter sans bémol ! D'ailleurs, la vocation du Palau est de présenter tous les types de musique allant du symphonique au jazz en passant par le flamenco.

Autour de la scène, sculptures de muses représentant la musique de différents pays. Cependant, si la composition architecturale correspondait bien aux goûts de l'époque, le malheureux architecte avait doté la salle de concert d'une bien mauvaise acoustique. Aujourd'hui, après de nombreux aménagements discrets et efficaces, les mélomanes peuvent apprécier pleinement les prouesses musicales tout en profitant du décor.

🎭🎭 *Mercat de Santa Caterina* (centre F4) : non loin de la cathédrale et du palau de la Música. Lun 8h-14h ; mar-mer 8h-15h30 ; jeu-ven 8h-20h30 ; sam 8h-15h30. Inauguré en 1848, après de longues années de service et une non moins longue période de rénovation, il fut enfin rouvert en 2005. Santa Caterina était le 1er marché couvert de Barcelone consacré à la vente en gros, notamment des viandes. Enric Miralles, l'architecte chargé de la rénovation, s'est attaché à récupérer les poutres anciennes et les volumes donnés par les voûtes, ainsi qu'une partie des façades d'origine. Pour donner du relief à l'extérieur un peu plat, Miralles imagina un dôme polychrome, sorte de toit ondulé reproduisant les carrelages hexagonaux (de type tomettes) propres à la décoration catalane. Mais sa mort, survenue en 2000, au sommet de sa gloire, mit le projet entre parenthèses. Sa femme, l'architecte italienne Benedetta Tagliabue, décida alors de reprendre tous ses travaux en cours et finalisa le marché en 2005. Il abrite aujourd'hui un marché d'alimentation plutôt agréable, un supermarché (bien pratique car très central) et un resto, le *Cuines Santa Caterina* (voir « Où manger ? »).

🏃🏃 *Museu Barbier-Mueller de Art precolombí* (*musée Barbier-Mueller d'Art précolombien ; centre F4, 354*) *: c/ Montcada, 12-14.* ☎ *93-310-45-16.* ● *barbier-mueller.ch* ● 🚇 *Jaume-I.* ♿ *Mar-sam 11h (10h sam)-19h ; dim et j. fériés 10h-15h. Fermé lun et certains j. fériés. Entrée : 3 € ; réduc ; gratuit 1ᵉʳ dim du mois et moins de 16 ans.*
Dépôt temporaire du collectionneur suisse Jean-Paul Barbier et de Mme Mueller. Les pièces sont prêtées à la mairie de Barcelone et doivent leur présence à une sélection obéissant à des critères résolument esthétiques. La collection comporte plus de 6 000 pièces et l'essentiel est exposé dans un important musée de Genève. L'exposition de Barcelone ne présente qu'une part infime de cette collection et les œuvres s'exposent par roulement et se renouvellent pratiquement chaque mois. Elles sont joliment mises en valeur dans une obscurité un peu mystique. En or, en céramique, en pierre, en terre cuite ou en cuivre, ces pièces imposent le respect par leur ancienneté (certaines datent des périodes classiques et protoclassiques, jusqu'à 1500 av. J.-C.) et ne manquent pas non plus de nous amuser, comme les objets de culte qui ne quittent jamais leur air débonnaire... et nous rappellent nos contemporains bien vivants d'Amérique latine. Muséographie en français. Dommage que la visite soit un peu courte. Boutique sympa au rez-de-chaussée.

🏃🏃 *Museu Tèxtil i d'Indumentària* (*musée du Textile et du Vêtement ; centre F4, 354*) *: c/ Montcada, 12-14.* ☎ *93-319-76-03.* ● *museutextil.bcn.es* ● 🚇 *Jaume-I.* ♿ *Mar-sam 10h-18h ; dim et j. fériés 10h-15h. Fermé lun et certains j. fériés. Entrée : 3,50 € (donne également accès au museu de Ceràmica et au museu de les Arts decoratives) ; gratuit 1ᵉʳ dim de chaque mois. Pour les passionnés ou ceux qui ont le temps. Attention : ce musée devrait être transféré au Palais royal de Pedralbes (où se trouve le musée des Arts décoratifs,* 🚇 *Palau-Reial) début 2008, et remplacé par un Centro del Diseño.*
Toute la mode du bas Moyen Âge au début du XXᵉ siècle. Situé dans un fort beau palais. Les collections sont dignes d'intérêt mais l'on regrette l'éclairage blafard, même si l'on comprend qu'il s'agit de la seule lumière qui n'abîme pas les textiles. Le 1ᵉʳ étage présente des tissus coptes et arabes, des vêtements médiévaux, ainsi que des costumes des XVIIᵉ et XVIIIᵉ siècles. Belles robes brodées, mais aussi chaussures, gants... Ensuite, des robes du Directoire. Les dernières salles évoquent le modernisme, les années 1930, avant de finir en beauté avec les ultimes tendances.
– À droite, sous le porche, la boutique propose quelques vêtements très tendance et des sacs, des bijoux et des boutons à prix très sympas : un cadeau original ! Agréable café dans la cour du musée (voir « Où boire un verre ? Dans la vieille ville »).

🏃🏃🏃 *Museu Picasso* (*centre F4*) *: c/ Montcada, 15-23.* ☎ *93-256-30-00.* ● *museupicasso.bcn.es* ● 🚇 *Jaume-I.* ♿ *Mar-dim (et lun si j. fériés) 10h-20h. Fermé 1ᵉʳ janv, 1ᵉʳ mai, 24 juin, 25-26 déc. Entrée : musée 6 € ; expos 5 € ; musée + expo 8,50 € ; réduc ; gratuit pour 1ᵉʳ dim du mois. Pour le même prix, visite commentée en français jeu (16h15) ou sam (10h15), résa obligatoire au* ☎ *93-256-30-24 (lun 16h-18h).*
Installé dans un superbe ensemble de 5 palais juxtaposés et communiquant entre eux (une réussite !), ce musée rassemble des œuvres de toute la vie de Picasso, qui offrit pour l'occasion 1 700 œuvres, 3 ans avant sa mort en 1973. On peut suivre toute la carrière de l'artiste, et mieux saisir l'évolution de son travail. La collection est particulièrement riche sur les débuts de l'artiste, ses premiers dessins et sa période bleue notamment (1901-1904).

À VOIR

« L'art est un mensonge qui nous permet de nous approcher de la vérité », disait Picasso. Ce qui est vrai, c'est qu'il est né à Málaga (Andalousie) le 25 octobre 1881 et que, tout petit déjà, il connut un destin extraordinaire : à sa naissance, on le crut mort-né. La sage-femme commençait même à se rhabiller, quand son oncle souffla dans le nez du bébé une bouffée de son infâme cigare, ce qui le fit tousser et pleurer ! Le père de Picasso, professeur de dessin et peintre lui-même, lui apprit évidemment à dessiner. Une anecdote : durant le séjour de la famille à La Corogne (en Galice), peu avant Barcelone, constatant que l'adolescent Picasso peignait déjà mieux que lui, son père lui offrit son chevalet, ses couleurs, ses pinceaux et sa palette... et ne toucha plus jamais à la peinture. À 14 ans, Picasso, génie précoce, entrait aux Beaux-Arts. Deux ans plus tard, il peignait son 1er chef-d'œuvre, *Science et Charité*...

Pour le sens de la visite, suivez les flèches sur les murs. Les œuvres sont merveilleusement mises en valeur et disposent, bien sûr, d'un cadre idéal. La visite commence, c'est logique, par une biographie et par une exposition de ses œuvres de jeunesse. On y trouve notamment la *Corrida,* son 1er dessin exécuté à l'âge de 9 ans, des croquis, esquisses, sanguines, lavis, carnets de voyage. Où l'on s'aperçoit que Picasso savait rudement bien dessiner (comme quoi, il faut maîtriser les règles pour pouvoir mieux les transgresser !). Une étonnante *Première Communion* (salle 7), d'un classicisme à la limite du style pompier, et qui surprend après les tableaux consacrés au large et aux horizons (salle 6).

Salle 8, *Science et Charité,* une œuvre d'un grand réalisme. Un peu plus loin (salles 11 à 14), plusieurs chefs-d'œuvre de la période bleue, suivie de la période rose avec, notamment, le splendide *Portrait de la Senyora Canals.* Salles 15 et 17, on ne manquera pas d'admirer les extraordinaires variations et études sur *Les Ménines* de Velázquez (58 tableaux !). Ne pas louper le célèbre *Portrait de Jaume Sabartés* déguisé en grand d'Espagne. Sans oublier également sa très riche production de céramiques.

DES DEMOISELLES BIEN LÉGÈRES

Contrairement à ce que tout le monde imagine, le célèbre tableau des Demoiselles d'Avignon *(que l'on peut voir à New York) n'a rien à voir avec la ville française. La toile cubiste qui révolutionna la peinture est en fait un vibrant hommage aux filles de joie de Barcelone, que le jeune Picasso fréquenta assidûment et qui travaillaient à l'époque dans la carrer d'Avinyó, vieille rue du Barri Gòtic...*

🏃 **Metrònom** (centre F4) : c/ Fusina, 9. ☎ 93-268-42-98. ● metronom-bcn.org ● L'une des rues longeant le marché El Born, entrée en face du marché. Mar-sam 11h-14h, 17h-20h. Fermé dim, lun et j. fériés. Entrée selon expos. Se renseigner à l'office de tourisme, car n'est pas toujours ouvert. Sur 2 étages, un des phares de l'art contemporain à Barcelone. Plusieurs expositions temporaires en même temps. Également des programmations de musiques contemporaines et de danse.

🏃 **La carrer de Montcada :** cette rue historique aligne de merveilleuses demeures seigneuriales, vestiges bien conservés du XIIIe au XVIIIe siècle, époques où elle était l'une des rues les plus huppées de la ville. Ainsi, au n° 20, le *palais Dalmases* présentant un splendide escalier d'honneur sculpté de style baroque et abritant un café au décor naturaliste. Au n° 25, la *maison de Cervelló,* avec sa façade gothique, qui abrite la fondation Maeght. Un peu plus loin, celle des *Comtes de Santa Coloma* avec une magnifique cour à galerie ogivale du XVe siècle, etc.

À pied, vous ferez de délicieuses découvertes architecturales, noterez mille petits détails amusants. Comme la **carrer de l'Arc dels Tamborets,** tout en voûtes et mystérieuse, celle **des Ases,** meurtrière pour les hauts talons, le séduisant **passeig del Born** et ses bars de nuit. Sur ce passeig se déroulaient les tournois de chevaliers au Moyen Âge. Au n° 17, une superbe demeure du XIVe siècle.

🎯 **Basílica Santa María del Mar** *(centre F4)* : *pl. de Santa María. Au bout de la c/ de Montcada. Tlj 9h (10h dim et j. fériés)-13h30, 16h30-20h, sf pdt les offices religieux, bien sûr.*

Un des plus beaux exemples du style gothique catalan. Façade ouest, porche magnifique qu'encadrent de gracieuses tours octogonales dont les parties hautes sont ciselées comme de la dentelle. Admirable rosace gothique flamboyant. Elle est bâtie sur une ancienne église paroissiale du Xe siècle.

La pureté de l'architecture étonne. Lignes hyper-simplifiées, les surfaces planes de la façade donnent de la grandeur à l'édifice, de la sérénité. À l'intérieur, même unité de style, même sentiment d'absolu. Seules quelques colonnes très espacées sont là pour soutenir l'immense voûte. Notez les beaux vitraux du *Jugement dernier* et ceux du *Couronnement de la Vierge* dans la rosace. En face de la basilique, une fontaine du XVIe siècle. Une de nos églises préférées, foi de routard !

LE PARC DE LA CIUTADELLA (plan général F-G4-5)

Situé à l'est de la Ribera. Ⓜ *Arc-de-Triomf, Barceloneta ou Ciutadella. Tlj 10h-21h en été (18h déc-fév, 19h mars et nov, 20h avr et oct).* Un des plus grands parcs de la ville, créé à l'occasion de l'Exposition universelle de 1888 et lieu de promenade des familles barcelonaises. Plusieurs bâtiments d'exposition ont été réaménagés en musées. On y trouve un arc de triomphe, une belle cascade monumentale conçue entre autres par Gaudí (alors jeune étudiant), le Musée zoologique, un jardin d'enfants avec une ludothèque, un zoo et un petit lac pour faire du canotage. Le parc est orné de belles allées plantées de palmiers, de bosquets soigneusement taillés, d'espaces verts et de parterres fleuris, le tout agencé d'une manière très conformiste. L'objet initial de la citadelle était, pour Philippe V, de punir les Barcelonais de s'être rangés aux côtés de ses ennemis, au début du XVIIIe siècle. Elle fut détruite au milieu du XIXe siècle. Le parc, lui, fut transformé pour l'Exposition universelle de 1888. C'est l'endroit rêvé pour une sieste ou un pique-nique.

🎯 **Le zoo** *(plan général G5)* : ☎ 93-225-67-80. ● zoobarcelona.com ● Ⓜ *Ciutadella. Tlj. Juin-sept 10h-19h ; mars-mai et oct 10h-18h ; nov-fév 10h-17h. Entrée : env 15 € ; 9 € pour les 3-12 ans. Tlj spectacles de dauphins (inclus dans l'entrée) 11h30, 13h30, 16h et 17h30. Durée du spectacle : 20 mn. Parc en cours de rénovation.* Un peu cher, mais vraiment beaucoup d'animaux : les gosses deviennent fous. Espace vert très ombragé, idéal pour une promenade-découverte dès que les beaux jours arrivent. Beaucoup d'espèces originaires d'Amérique latine : condor, ñandú, guanaco, capibará, jaguar... La section des singes, et en particulier celle des gorilles, fait toujours l'unanimité ! Il abritait la mascotte de la ville, le seul spécimen connu de gorille albinos qui répondait au joli surnom de Copito de Nieve, « Flocon de Neige ». Mais l'animal, malade, est mort en novembre 2003, laissant petits et grands Barcelonais dans l'affliction. Bonne signalétique en catalan, castillan et anglais.

SUR LE PORT

Le port est à l'image de Barcelone, en constante transformation. Après l'aménagement du moll d'Espanya, avec la construction du *Maremagnum*, de l'aquarium, du complexe *ciné Imax* (programmation de films en 3D...) et l'installation du musée d'Histoire de la Catalogne, les grands travaux continuent avec la création d'un *World Trade Center,* à la fois centre d'affaires et gare maritime pour les Baléares.

■ **Las Golondrinas :** *au Portal de la Pau, au niveau de la colonne de Christophe Colomb.* ☎ 93-442-31-06. ● *las golondrinas.com* ● *Six départs/j. l'été, un peu moins hors saison. Durée :* 1h30 pour 10,50 € ; réduc. Le petit circuit dans le port dure 35 mn et coûte 5 €. Cette compagnie de vedettes organise des sorties dans le port de Barcelone.

À VOIR

🎭 **Museu d'Història de Catalunya** *(musée d'Histoire de la Catalogne ; plan général F5)* : pl. de Pau Vila, 3. ☎ 93-225-47-00. ● mhcat.net ● Ⓜ *Barceloneta.* Ⅹ *Marsam 10h-19h (20h mer) ; dim et j. fériés 10h-14h30. Fermé lun (sf j. fériés), 25-26 déc, 1ᵉʳ et 6 janv. Entrée : 3,01 € ; réduc ; gratuit moins de 7 ans, plus de 65 ans ; gratuit pour ts : 1ᵉʳ dim du mois, 23 avr, 18 mai, 11 et 24 sept. À l'entrée, un livret explicatif en français.*

Ce musée est installé depuis 1996 dans un ancien entrepôt du port construit en 1901. Au même titre que les Drassanes qui abritent le Musée maritime, ce bâtiment est un superbe exemple d'architecture portuaire. L'objectif du musée : rien moins que de raconter toute l'histoire de la Catalogne, de la préhistoire à l'après-Franco. La visite aborde tous les aspects de l'histoire, géologique, technologique, sociale, économique, politique... Elle démontre de manière précise le particularisme catalan (culturel, politique...), et explique clairement les relations de rapprochement et d'éloignement au pouvoir espagnol selon les époques. C'est un pari plutôt bien réussi, grâce à une muséographie intelligente particulièrement ludique : documents audiovisuels et informatiques, reconstitutions, interactivité, etc. Chaque salle réserve une surprise : on peut moudre du grain comme le faisaient les Celtibères, monter à cheval comme les chevaliers ou revêtir une armure complète de plates (sortes d'écailles en métal – ne pas essayer de le faire seul, conseil d'un malheureux qui parle d'expérience). Il est d'ailleurs très savoureux d'observer des adultes très dignes perdre toute retenue en essayant d'escalader un percheron de bois. Cela aussi fait partie de la visite. C'est en fait une excellente introduction à la découverte de ce pays, donc une visite à faire en famille en début de séjour.

– Également une **médiathèque** *(lun-ven 10h-15h)* et un auditorium au 4ᵉ étage, des expos temporaires d'excellente facture au 1ᵉʳ étage, une boutique-librairie au rez-de-chaussée, et un **restaurant** tout en haut sur la terrasse avec une superbe vue sur le port et la ville *(mar-sam 13h-16h en cafét' ; le soir à la carte)*.

🎭🚶 **Aquàrium** *(plan général E5)* : moll d'Espanya. ☎ 93-221-74-74. ● aquariumbcn.com ● Ⓜ *Drassanes ou Barceloneta. Lun-ven 9h30-21h ; jusqu'à 21h30 le w-e, en juin et en sept ; et jusqu'à 23h en juil-août. Fermeture du guichet 1h avt. Entrée : 16 € ; 11 € pour les 4-12 ans ; 12,50 € pour les plus de 60 ans.* L'un des musées de la mer les plus complets du monde en espèces méditerranéennes, et aussi un des plus grands aquariums d'Europe, où vous pourrez admirer des requins vus d'en bas. N'oubliez pas *Explora,* un espace interactif destiné aux enfants (vraiment super pour les 3-7 ans). Quelque 1 300 m² supplémentaires sont venus améliorer les prestations de l'une des attractions les plus visitées de Barcelone. Cela dit, c'est cher, et attention à la campagne d'affichage mensongère ; on n'y trouve ni les tortues géantes ni les grenouilles translucides placardées sur certains panneaux publicitaires. En conclusion, pas indispensable, sauf avec de jeunes enfants.

LA BARCELONETA *(plan général F-G5)*

Au sud du parc de la Ciutadella, un quartier construit au XVIIIᵉ siècle par le génie militaire, ce qui explique le plan rigoureux des rues et l'uniformité des immeubles. Longtemps habité exclusivement par les marins et les pêcheurs. Depuis quelques dizaines d'années, la population s'est panachée, sans perdre son caractère populaire. On y trouve toujours les bons vieux petits bistrots et les magasins d'articles de pêche.

Après avoir parcouru le passeig Nacional, se diriger vers le **moll dels Pescadors** *(marché de poisson en gros)*. Peut-être pourrez-vous assister aux opérations.

La carrer Almirante Aixada mène ensuite à la **plage de la Barceloneta** où s'étirent de nombreux restos de mer, avec des terrasses presque sur le sable.

– Au retour, possibilité de regagner le portal de la Pau ou le moll de la Fusta en *golondrina* (bateau-mouche).

– *Le téléphérique pour Montjuïc*
(Transbordador Aeri) : départ de la
tour de San Sebastià, sur le port,
avec arrêt à la tour de Jaume I
(près du World Trade Center). De
mi-juin à mi-sept, tlj 11h-20h ; de
mars à mi-juin et de mi-sept au
20 oct tlj 10h45-19h ; en hiver,
10h-18h. Billets chers : 9,50 €
l'aller simple, 12 € l'aller-retour.
Service suspendu si la météo est
trop mauvaise ! À éviter si vous
avez le vertige (c'est une antiquité !), mais la vue est très belle.

SOUS LES PAVÉS, LA PLAGE !

Tout l'est du quartier, après avoir été réaménagé en Village olympique, a été converti en résidences touristiques... les pieds dans l'eau. À l'entrée, c'est le port de plaisance : une preuve supplémentaire de la réussite totale des rénovations olympiques. Ensuite, une longue promenade maritime le long des plages. On se croirait à Cannes !

MONTJUÏC (plan général A-B-C3-4-5)

Une communauté juive aurait habité à la fin du XIVᵉ siècle au pied de ce qui devint « la montagne des Juifs ». Plus tard, cette colline servit de citadelle avant que l'Exposition universelle de 1929 ne lui donnât son aspect actuel. De nombreux édifices furent alors construits, ou transformés, pour accueillir de merveilleux musées. On y trouve le Musée national d'Art de Catalogne, le Musée archéologique, un village espagnol reconstitué, la fondation Miró, ainsi que de beaux jardins dessinés par un paysagiste français. Pratiquement toutes les essences d'Espagne y sont plantées. Suffisamment d'activités pour meubler une journée entière ! Et puis, la vue sur la ville est vraiment prodigieuse.
Le site de Montjuïc était le « centre névralgique » des Jeux olympiques de 1992 (stade, piscines, terrains divers, etc.). La ville en a profité pour aménager des aires de promenade agréables : parc del Migdia (versant sud), jardin botanique (entre le stade et le château), place de l'Europe et château d'eau (sur la voie d'accès à l'Anneau olympique)...

Comment aller à Montjuïc ?

➢ *Par la route :* le long du port, suivre le passeig de Colom, puis la route qui grimpe à travers les jardins Costa i Llobera (plantés de cactus) jusqu'au mirador del Alcade (point de vue époustouflant). Vous noterez là-haut les pavements artistiques des allées de promenade. *En taxi, env 6 €.*
➢ *Le funiculaire :* il part de la station de métro Paral-lel (lignes 2 et 3) et monte jusqu'à mi-hauteur de la colline. Départs ttes les 10 mn, 9h-22h au printemps et en été (20h en automne et hiver). Il est accessible avec un ticket de métro. Ensuite, un téléphérique relie la plate-forme du funiculaire jusqu'au château de Montjuïc.
➢ *Un autre téléphérique (Transbordador Aeri)* relie (en traversant le port) le Miramar à la tour Jaume I et à la tour Sant Sebastià (dans la Barceloneta). Voir le paragraphe « La Barceloneta » un peu plus haut. Attention, c'est hors de prix !
➢ *En bus :* prendre les bus nᵒˢ 50 ou 55 qui passent par la pl. d'Espanya et qui traversent Montjuïc jusqu'au téléphérique, s'arrêtant au Poble Espanyol, au Parc olympique... *Ttes les infos sur ● tmb.net ●*

À voir à Montjuïc

🏛🏛🏛 **Fundació Miró** *(fondation Miró ; plan général B4) :* passeig Miramar. ☎ 93-443-94-70. ● bcn.fjmiro.es ● ✆ Pour s'y rendre : bus nᵒˢ 50 ou 55 au départ de la pl. d'Espanya, ou funiculaire (voir ci-dessus). Mar-sam 10h-19h (21h30 jeu, 20h

À VOIR

juil-sept) ; dim et j. fériés 10h-14h30. Fermé lun sf j. fériés. Entrée : 7,50 € (inclus dans ARTicket) ; expos temporaires : 4 € ; réduc. Audioguides en français : 4 €.

Dans cette blanche et lumineuse architecture moderne, au milieu de beaux jardins, sont exposées de nombreuses œuvres du peintre Joan Miró. Cette collection unique au monde est un don de l'artiste. Le fond permanent est donc assez stable, et des expos d'un excellent niveau consacrées à d'autres artistes sont régulièrement organisées.

On peut y voir la série de trois tableaux L'Espoir du condamné à mort, quelques sculptures intéressantes, quelques tapis, une série de dessins d'inspiration enfantine, pleins d'humour, destinés à illustrer l'Ubu roi d'Alfred Jarry. La présentation plutôt chronologique permet de retracer la carrière de Miró et de se faire une bonne idée de son immense talent. Les œuvres réalisées entre 1915 et 1930 sont particulièrement fortes.

Au 2e étage, toiles de réaction contre la guerre civile. On y trouve aussi une collection permanente d'art contemporain (Tanguy, Léger, Ernst...), en hommage à Miró, et une intéressante série de dessins préparatoires et cahiers d'études. N'oubliez pas de faire un petit tour sur la terrasse. Sculptures colorées et pleines d'humour, comme la Caresse d'un oiseau ou Jeune Fille s'évadant. La salle Espai 13 permet également de découvrir de jeunes artistes, couvrant de nombreux aspects de l'art contemporain, comme la vidéo.

– En sortant de l'édifice, ne pas manquer, sur la gauche, le petit **jardin de Sculptures,** décoré de sculptures et de mobiles originaux dus à de jeunes créateurs. Étonnantes plumes d'oie métalliques plantées dans un carré de graviers, jeu d'ombres et de reflets proche d'un art en 5 dimensions !

🌟🌟🌟 **Museu nacional d'Art de Catalunya (MNAC** – Musée national d'Art de Catalogne ; plan général B4) : dans le Palais national. ☎ 93-622-03-60 et 76. ● mnac.es ● Ⓜ Espanya. ♿ De la Fundació Miró, compter 10-15 mn à pied, ou bus (n° 50), c'est l'arrêt suivant. Sinon, bus nos 9, 13, 30 et 50 (de la pl. d'Espanya) ou à pied à travers le parc des Expositions (plan général B3). Une balade qui grimpe le long de larges escaliers en pierre (quelques escalators bienvenus), avec le Palau naciónal en perspective. Mar-dim 10h-19h (14h30 dim et j. fériés). Fermé 1er janv, 1er mai, 25 déc. Entrée (valable 2 j.) : 8,50 €, expos temporaires et audioguide inclus ; réduc ; gratuit moins de 12 ans et plus de 65 ans ; gratuit pour ts 1er dim du mois, 18 mai, 11 et 24 sept. Prévoir une bonne demi-journée pour la visite intégrale.

Le MNAC est aujourd'hui un des plus beaux et plus grands musées du monde, couvrant mille ans d'art en Catalogne, du Xe au XXe siècle. C'est déjà, en tout cas, **le plus beau musée d'Art roman** au monde et l'un des tout premiers pour le gothique. De la terrasse située devant le musée, point de vue sur les bâtiments de l'Exposition universelle et les fontaines lumineuses (plus de 50 combinaisons de jets d'eau). Pour les horaires de ce spectacle gratuit et féerique, se reporter à la rubrique « Où voir un spectacle ? Las Fonts de Montjuïc ».

Rez-de-chaussée

➤ **Section romane**

De nombreuses fresques romanes provenant d'une trentaine d'églises catalanes en ruine ont été déposées au musée. Ce sont les fresques originales. Des copies ont été faites et remises sur les murs des églises, la plupart situées dans un petit terroir des Pyrénées catalanes (vallées de La Noguera, de la Valira et du Segre, non loin des sources de la Garonne). On est tout d'abord frappé par la présentation claire et remarquable, dans un cadre à chaque fois approprié : reconstitutions d'absides, de voûtes et même de chapelles complètes pour mettre en valeur les fresques. Chaque peinture est accompagnée de la photo de l'église, de sa maquette et de sa localisation. Noter particulièrement le **Pantocrator** (Christ en majesté) provenant de l'**église Saint-Clément-de-Taüll.** Fantastique statuaire en bois : christs, vierges polychromes, devants d'autels. Collection de bénitiers en céramique, chemins de croix, etc. Une petite partie de cette section est consacrée aux sculptures monumentales : chapiteaux ouvragés, entre autres. Remarquez les statues en marbre blanc, le travail des drapés notamment. Dans la salle 8 : une très énigmatique statue de la Vierge, de style orientalisant (yeux clos, peau de couleur miel). La visite de la section romane se termine par *un chef-d'œuvre, Las Pinturas de la sala capitular de Sigena.*

➢ *Section gothique*

Tout est présenté de façon extrêmement didactique (en catalan, castillan et anglais). D'abord dans un ordre chronologique, depuis les prémices de l'art gothique en Catalogne. Explication de la réalisation des retables : les thèmes, les gens, les tendances artistiques (par école, par époque), les éléments sociologiques, etc. L'influence des peintures italienne et flamande est notamment bien mise en avant. Ensuite, des salles sont consacrées à différents artistes incontournables de l'époque.

– *Salle 22 :* grandes peintures murales illustrant la conquête de Majorque (1285-1290) par l'armée d'Espagne du roi Jaume Ier.

– *Salle 24 :* au fond à gauche, la statue d'une sainte de 1300 provenant de l'atelier de Saint-Bertrand-de-Comminges (sud de la Haute-Garonne). À côté, la *Lápida de Salomón,* une stèle portant une inscription en hébreu, provenant de l'ancien cimetière juif de la colline de Montjuïc (1306-1307).

– *Salle 30 :* la fin du XIVe siècle, période qui voit l'art gothique se répandre en Catalogne.

– *Salle 32 :* consacrée à Pere Garcia de Benavarri, un représentant du gothique aragonais très influencé par l'école flamande. Une véritable explosion de rouge et d'or !

– *Salle 34 :* admirez les œuvres de **Jaume Huguet** (1412-1492), éclatantes de couleur et de réalisme. Sans doute le plus grand peintre catalan du Moyen Âge ; pour preuve, le très étonnant *Exorcisme devant la tombe de saint Vincent* ; sans oublier les peintures de Bernat Martorell (début XVe siècle) et le retable *Els Consellers* de Lluís Dalmau.

– L'orfèvrerie religieuse *(salle 39),* l'art funéraire avec des sépultures remarquablement ouvragées *(salle 40).* Salle très intéressante *(salle 41)* sur la représentation de la Vierge dans la sculpture européenne du XIVe et XVe siècles. Pour finir, l'art flamand et hispano-flamand *(salles 42-44).*

– *Salle 45,* la **collection Cambó** *(Legado Cambó) :* située entre la section Renaissance et baroque et la collection Thyssen-Bornemisza. Elle présente des œuvres de la peinture européenne du XIVe au XIXe siècle, provenant du legs de Francesc Cambó (1876-1947). Ce riche mécène argentin (d'origine catalane) consacra une partie de sa vie et de sa fortune à acquérir des œuvres de la Renaissance et du baroque. Parmi d'autres, la collection compte des tableaux de l'atelier du Greco, de Titien, Rubens, Zurbarán, Goya, Le Tintoret, Quentin de La Tour ou Fragonard.

– *Salles 46-48, collection Thyssen-Bornemisza :* la puissante famille Thyssen-Bornemisza a fait don au musée d'une série d'œuvres (peintures et sculptures européennes), allant de la période gothique au rococo du XVIIIe siècle. La section des peintures italiennes du *Quattrocento* révèle l'influence de Giotto sur la peinture catalane. Tableaux d'artistes vénitiens du *Settecento,* Canaletto et Tiepolo, ainsi que des œuvres de l'école flamande : Rubens et Ruysdaël.

Rez-de-chaussée et 1er étage : Renaissance et baroque

Peintures hollandaises du XVIe siècle. Maîtres espagnols du Siècle d'or, comme *La Inmaculada* de Zurbarán et *El San Pablo* de Velázquez, ou ce très émouvant *Cristo con la cruz* d'El Greco.

– *Salle 42 :* l'*ars nova,* l'Art nouveau, vient des Flandres où il s'est épanoui dès le XVe siècle, à Anvers et Bruges. Après des siècles de représentations religieuses et sacrées, apparaissent sur la toile les premières émotions humaines, et la réalité. On le remarque nettement par la présence de perspectives en arrière-plan montrant des paysages de campagne, où le peintre dévoile un petit aperçu de la société humaine.

À l'étage : section d'Art moderne

Peinture et, dans une moindre mesure, sculpture catalane des XIXe et XXe siècles. Les premières salles sont consacrées au néoclassicisme, au romantisme, à For-

À VOIR

tuny et l'école de Rome, ou encore au réalisme catalan. Mais le clou de la visite reste évidemment la section dédiée au modernisme.

– **Salle 62 :** énorme tableau représentant la *Bataille de Tetuan* signé Mariano Fortuny (1838-1874).

– **Salle 68 :** l'anecdotisme de la fin du XIXᵉ siècle. Notez le tableau de Joan Ferrer Miró, *Exposición pública de un cuadro*.

– **Salles 71 et 72 :** on découvre les peintres barcelonais **Ramon Casas** (1866-1932) et **Santiago Rusiñol** (1861-1931), deux artistes catalans amis d'Utrillo qui avaient aussi connu le jeune Picasso. Ils ont travaillé quelque temps à Montmartre. De Ramon Casas, autoportrait remarquable d'expression ; délicatesse du *Buste de femme*, à la fois presque dénudé et très pudique ; beau portrait de Montserrat Carbó ; et le comique *Ramon Casas et Pere Romeu sur un tandem,* qui donne une impression de souplesse malgré la géométrie assez stricte des lignes. Ce tableau se trouvait à l'origine au café des *Quatre Gats* qui doit aujourd'hui se contenter d'une copie. Chez Rusiñol, on note un trait un peu plus marqué, et une plus grande austérité dans les couleurs et les poses des personnages. Remarquez le peintre dans le miroir de *Figure féminine.* Belle succession de plans contrastés dans *Interior de Sitges.* Plusieurs belles sculptures de **Joan Llimona,** dont les fameuses *Désolation* et *Lecture.*

– **Salle 74 :** l'**impressionnisme** avec un tableau de Sisley et des toiles de **Maria Pidelaserra** (1877-1946), une des rares artistes catalanes à avoir assimilé aussi bien le génie de l'impressionnisme, après avoir reçu l'influence de Monet, Pissarro et Sisley.

– **Salles 73, 75, 77 :** ces salles, consacrées aux arts décoratifs, valent la visite à elles seules. On y trouve, en effet, de sublimes éléments de mobilier moderniste. Œuvres de **Josep Puig i Cadafalch** et de **Gaspar Homar...** Mobilier et luminaires provenant de la *Casa Amatller.* Et, bien sûr, de Gaudí *(salle 77).* On retrouve par exemple un *Sofa de la casa Batlló* ou un joli *Banc de la chapelle Güell de Santa Coloma de Cervelló,* aux lignes simples et élégantes.

Les fans de modernisme se réjouiront à la vue des paravents, vitraux, miroirs, bijoux, céramiques, peintures, tableaux...

Et toujours au 2ᵉ étage, petite section de photographie retraçant la guerre civile ainsi que des scènes de la vie quotidienne en Catalogne.

– **Salle 83 :** collections consacrées au **noucentisme.** Remarquables tableaux de **Joaquím Sunyer,** et également de **Joaquím Torres Garcia,** comme *Vaixell descarregant en el port.* Notez particulièrement la richesse des couleurs, ou encore le portrait de son épouse par Alfred Sisquella. On termine en beauté avec les sculptures d'avant-garde. Humour et fantaisie chez Pau Gargallo.

– **Salle 82 :** l'artiste noucentiste Isidre Nonell peint les gitans d'une manière qui offense la peinture classique dite bourgeoise.

NOU-QUOI ? NOUCENTISME !

Ce courant est une réaction à l'art visionnaire et exalté de Gaudí, un retour vers la terre et la réalité quand Gaudí aspirait à la légèreté et à la transcendance. Voilà un courant artistique local qui marqua les deux premières décennies du XXᵉ siècle et qui est à l'Art déco ce que le modernisme est à l'Art nouveau. Il s'inspire de Cézanne et du classicisme méditerranéen, de Puvis de Chavannes aussi, tout en restant fidèle au réalisme de l'entre-deux-guerres.

– **Salle 84 :** les œuvres de **Josep Clarà** (né à Olot en 1878, mort à Paris en 1958), sculpteur parmi les plus importants du noucentisme. Essentiellement des personnages féminins. Enfin ! Gaudí vivait comme un vieux garçon sans femmes et celles-ci n'apparaissent pas dans son œuvre.

– **Salle 85 :** fragments des fresques de Xavier Nogués ayant servi à la décoration du grand magasin *Galeries Laietanes* au début du XXᵉ siècle.

– **Salle 86 :** ne pas rater le *Retrato de Joan Torres* peint par **Salvador Dalí** à 16 ans. Dalí lui a mis du cambouis sur le nez et le front.

– *Salle 90 :* dédiée à Picasso avec, entre autres, l'un des portraits de sa femme Dora Maar.

– *Salles 92-94 :* consacrées au peintre, dessinateur et sculpteur Juli González qui s'installa à Paris au début du XXᵉ siècle.

– *Salle 95 :* distincte de la collection du même nom exposée au rez-de-chaussée du musée, la *collection Carmen Thyssen-Bornemisza* (léguée par une autre branche de la famille) présente des peintures de Mariano Fortuny, de Ramon Casas Joaquím Sunyer, Joaquím Torres-Garcia et Joaquím Mir.

🎖 *Museu militar* (Musée militaire) : *installé dans le Castell (la forteresse) de Montjuïc. ☎ 93-329-86-13. Mar-dim 9h30-20h (17h30 de nov à mi-mars). Entrée : 2,50 € (forteresse incluse). Pour les passionnés.*

🎖🎖 *Caixa Forum* (plan général B3) : *av. Marquès de Comillas, 6-8. ☎ 93-476-86-00. ● fundacio.lacaixa.es ● Ⓜ Espanya. Mar-dim 10h-20h (22h sam). Fermé lun sf j. fériés. Gratuit.* Entre la fondation *La Caixa* et Barcelone, il s'agit décidément d'une folle passion... Ce mécénat a permis la restauration de l'ancienne usine *Casaromana.* Un chef-d'œuvre moderniste en brique de l'architecte Cadafalch abrite aujourd'hui ce centre d'Art contemporain, ainsi que de remarquables expositions d'art de différentes époques, qu'il s'agisse de photos, de peintures ou de sculptures. Ça fait donc plusieurs bonnes raisons de venir.

🎖🎖 *Poble Espanyol* (village espagnol ; plan général A-B3) : *☎ 93-508-63-00. ● poble-espanyol.com ● Ⓜ Espanya. Tlj. Lun 9h-20h ; mar-jeu 9h-2h du mat ; ven-sam 9h-4h du mat ; dim 9h-minuit. Entrée : 7,50 € ; réduc ; forfait familles (2 adultes + 2 enfants de moins de 12 ans) : 15 €. Audioguide : 3 €. Billet MNAC + Poble Espanyol : 12 €. Plan gratuit. Restos du Poble fermés lun ; mar-dim accès aux restos avec résa préalable. Accès libre aux boîtes de nuit. Pas mal d'activités pour les enfants (jeux de piste, etc.) en français. Fêtes, spectacles et ateliers divers le dim.*
Cette réplique fidèle de différents monuments espagnols et des principales architectures régionales est un héritage de l'Exposition universelle de 1929.
L'idée du célèbre architecte Josep Puig i Cadafalch était de créer un modèle idéal de village dans lequel seraient représentés des échantillons de l'architecture populaire espagnole. Le résultat fut un village fortifié de 49 000 m² à l'intérieur duquel se trouvent une mairie, un monastère, 117 bâtiments, rues et places.
On se croirait un peu chez Disney, mais l'ensemble s'est heureusement patiné avec le temps. Le visiteur est invité à louvoyer des *plazas mayores* castillanes aux ruelles des villages andalous, ou encore à musarder parmi les palais et autres églises... La porte d'entrée est une reproduction de celle des remparts d'Ávila. Au sommet des deux tours, un bar musical très branché (le *Torres de Ávila*), avec des touches du designer Mariscal (ouvert seulement le soir – voir plus haut « La tournée des boîtes ». Puis un musée d'Art contemporain avec des œuvres de Miró, Tàpies ou encore Dalí. Les maisons, qui s'ordonnent autour d'une agréable place centrale, abritent une quarantaine d'artisans, de grande qualité, travaillant sous les yeux des visiteurs. Possibilité d'acheter leur production *(ouv 10h-18h en hiver-printemps, 10h-19h en automne et jusqu'à 20h en été).*
Ne manquez pas l'extraordinaire habileté des souffleurs de verre *(forn de vidre).* On trouve aussi une *maison du Livre et des Techniques graphiques,* un *musée des Arts et Traditions populaires,* des manifestations folkloriques. Et puis des restos proposant des soirées « folkloriques », avec menus « typiques » et flamenco, des discothèques, un cinéma, un théâtre... Hyper-touristique, évidemment, surtout l'été.

🎖 Sur la plaça d'Espanya, on peut voir les *arènes* de Barcelone *(plan général B3),* habillées de brique et d'azulejos. Construites en 1916, elles voyaient mourir plus de 200 taureaux par an. Ces arènes continuent d'accueillir (pour combien de temps encore ?) des corridas, bien qu'un mouvement en faveur de leur abolition exerce une forte pression sur la municipalité. Celle-ci s'est d'ailleurs complètement retirée de leur organisation, et elles sont désormais entièrement financées par des capitaux privés... et en déficit si l'on en croit la rumeur publique. Si vous êtes intéressés,

À VOIR

sachez que les spectacles ont lieu les dimanches à 16h et 18h, que les entrées s'achètent dans les billetteries sur place *(taquillas)* et qu'elles sont interdites aux moins de 14 ans.

L'EIXAMPLE (L'ENSANCHE ; plan général D-E-F1-2-3)

Quartier créé au XIXe siècle au nord de la vieille ville, avec rues et avenues tirées au cordeau. Quatre d'entre elles sont l'épine dorsale de l'ensemble. D'abord, la Gran Vía de les Corts Catalanes : grande saignée parallèle à la mer, la plus longue voie de la ville. Ensuite le passeig de Gràcia : le principal axe vertical. Lieu de promenade favori des bourgeois au début du XXe siècle. Bordé d'immeubles cossus, banques, ambassades, sièges sociaux. Noter ses intéressants bancs-réverbères de pierre et fer et ses pavés dessinés par Gaudí. Parallèle au passeig de Gràcia, la rambla de Catalunya et ses restos chic, ses terrasses dans l'ombre des allées de tilleuls. Enfin, rompant de façon provocatrice l'ordonnancement régulier de l'Eixample, la Diago- nal, comme son nom l'indique, fend le quartier en alignant nombre de bâtiments modernistes, boutiques élégantes, couturiers, boîtes, cafés à la mode...

¶¶ *Le passeig de Gràcia (plan général E1-2-3) :* le festival ! Au n° 35, la *casa Lleó Morera* (1902-06) de Lluís Domènech i Montaner. Au n° 41, la *casa Amatller* (1898- 1900) : fenêtres gothiques et toit à redans à la flamande, œuvre de Josep Puig i Cadafalch (ouverture au public prévue en 2010). À côté, la *casa Batlló* (1904- 1907), dessinée par Gaudí. On a traditionnellement donné à ces 3 *casas* le surnom de « *Manzana de la Discordia* » (pomme de Discorde) pour éclairer les différentes sensibilités architecturales et même les oppositions théoriques à l'intérieur d'un courant jugé pourtant relativement homogène. Il est possible de s'inscrire à l'une des visites guidées auprès de l'office de tourisme de la plaça de Catalunya. Elles ne traitent malheureusement que des façades. Dans le coin, donnant dans Pau Claris, arpenter le passage privé Permanyer avec ses maisons post-romantiques, ses pal- miers, ses jardinets.

¶¶¶ ⊘ *La casa Batlló (plan général E2) :* passeig de Gràcia, 43. ☎ 93-216-03- 06. ● casabatllo.es ● Ⓜ Passeig-de-Gràcia. ⚒ Tlj 9h-20h. Entrée chère : 16,50 € (audioguide compris) pour l'ensemble, sinon 11 € pour le tour sur le toit, et 11 € pour le 1er étage (le seul ouvert aux visites). La maison appartient toujours à la famille, et deux petites nièces du fondateur y habitent.
La casa Batlló est, pour certains, le plus beau, le plus abouti des projets de Gaudí. Construite entre 1904 et 1906, c'est un véritable symbole de Barcelone. Ici, c'est un Gaudí plus onirique qui s'exprimerait, en principe, sans faire référence à ses croyances religieuses.
Les interprétations au sujet de la façade extérieure de la casa Batlló ont toujours fait couler beaucoup d'encre. Certains n'y voient que des os (balcons figurant des crânes avec les orifices pour les yeux et le nez). D'autres donnent la priorité aux éléments naturels : les colonnes en bas de l'édifice rappellent des troncs d'arbre ; ou les ondulations des mosaïques en verre et céramique rappellent l'océan. Ces vagues, aperçues comme dans un songe, évoqueraient aussi un étang de couleur bleu-vert habité par le dragon (d'où les arêtes et les nageoires) qui sera enfin tué par saint Georges (Sant Jordi, le patron de la ville). D'ailleurs, le sommet de la mai- son se termine par une sorte de casque hérissé d'écailles qui rappelle la carcasse d'un monstre marin.
Surréaliste, inspirée par la mer et le monde aquatique, cette maison étonnante cap- tivait Salvador Dalí qui y voyait des affinités secrètes avec son propre art.
La visite de l'intérieur commence par une curieuse cage d'escalier, et on monte d'étage en étage, autour d'un puits de lumière tapissé de carrelages en céramique bleue. Bleu comme la mer ! Ne pas manquer le grand salon éclairé par une longue baie vitrée moderne (avec son système de contrepoids pour faciliter l'ouverture). Les ascenseurs rétro fonctionnent encore. Aucune ligne droite ne vient rompre

l'ondulation infinie des lignes. Jeu de courbes et de voûtes « chaînette », arcades en forme de goutte d'eau, spirales végétales, portes et fenêtres dessinées avec des contours d'algues sous-marines. Tout le génie de Gaudí a été de récupérer au maximum la lumière, même dans les parties basses. « Tout est fait pour toucher autant que pour voir. » On notera l'imposant travail de menuiserie. Au dernier étage, on accède au toit de l'immeuble, occupé par une terrasse où se dressent des cheminées aux formes torsadées et tarabiscotées, surplombant l'avenue. Une merveille, et également un prodige d'intelligence.

🏃🏃🏃 ⊘ *La casa Milà* (plan général E-F2) : c/ Provença, 261 (angle avec passeig de Gràcia). ☎ 902-400-973. • caixacat.es/cccc • *Communément appelée* **la Pedrera.** *Mars-oct tlj 9h-20h (dernière entrée 19h30) ; nov-fév tlj 9h-18h30 (dernière entrée 18h). Fermé 25 et 26 déc, 1er et 6 janv, et 2e sem de janv. Entrée (audioguide en français et accès au toit inclus) : 8 € ; réduc.*

La maison de Gaudí la plus célèbre. Abrite dans ses combles l'*Espai Gaudí*, tout juste rénové, une exposition retraçant la vie de l'artiste et expliquant l'évolution de son œuvre, on ne peut plus didactique (brochure en français en vente à l'entrée de l'exposition). Audiovisuel, plans et photos des différentes réalisations de l'architecte, maquettes et explications techniques très précises. Également un diaporama qui, de 1852 à 1926 (dates de naissance et de mort de Gaudí), présente année

> ## LA NATURE COMME SOURCE D'INSPIRATION
> À l'*Espai Gaudí*, *plusieurs vitrines illustrent les sources d'inspiration de l'architecte et, parmi elles, la nature, occupant une place non négligeable. On découvre alors les rapprochements entre l'intérieur d'un coquillage et les formes sensuelles des chaises conçues par Gaudí, ou encore des fruits du caroubier repensés en voluptueux bancs en bois.*

À VOIR

par année des événements majeurs, souvent liés à l'architecture. L'étage au-dessous abrite un appartement dont les différentes pièces ont été aménagées avec des meubles et des objets d'époque pour reconstituer le cadre de vie du début du XXe siècle. Construite entre 1906 et 1912, *la Pedrera* est désignée par beaucoup de critiques d'art comme une œuvre abstraite, une folie structurelle. Gaudí a poussé au maximum la rupture du plan de façade et les possibilités plastiques des volumes. Noter l'extraordinaire travail en fer forgé des balcons. Sur la terrasse, on découvre les cheminées (aux formes étranges de guerriers...), les cages d'escalier et les tours d'aération aux formes audacieuses, revêtues de *trencadís* (fragments de céramique). Vue remarquable sur la ville et la Sagrada Família. On visite également les appartements du dernier étage, où sont exposés de nombreux meubles modernistes savoureux.

Tout le 1er étage du bâtiment est occupé par des expos temporaires remarquables (environ 4 par an, gratuites). Accès par le *92, passeig de Gràcia*. Bon éclairage et muséographie intelligente. Dans *Profession reporter* d'Antonioni, Jack Nicholson, le principal personnage de l'histoire, habite la Pedrera que l'on voit bien dans le film.

🏃 *À droite du carrefour Diagonal et passeig de Gràcia, sur Diagonal, plusieurs édifices dignes d'intérêt (plan général F1-2).* Au n° 373, le **palau Baró de Quadras** (1904), qui abrite un **musée de la Musique** intéressant. Au n° 442, en face, la **casa Comalat** avec une belle façade arrière, carrer de Còrsega, 316. Au n° 416, occupant tout un pâté de maisons, les **Punxes** (ou *casa Terrades*, 1903-1905), dont les plans ont été projetés par Josep Puig i Cadafalch, l'un des plus grands architectes du modernisme. Aspect massif de château fort baroque avec ses tourelles surmontées de cônes pointus. Sur le chemin de la Sagrada Família, jeter un œil sur la **casa Macaya** (1901), passeig Sant Joan, 106, également l'œuvre de Josep Puig i Cadafalch.

🍴 *La casa Sayrach* (plan général E1) : av. Diagonal, 423-425 (à gauche). Sublime folie, cet immeuble est l'œuvre de l'architecte moderniste Sayrach et date de 1918. On peut en visiter le hall. La maison abrite aujourd'hui un resto très chic, mais vous serez reçu très gentiment et non sans une certaine fierté. On vous laissera prendre des photos et vous repartirez sans doute avec une petite brochure. Tout ça pour vous dire qu'il faut absolument pousser la porte de la casa Sayrach. La fantaisie naturaliste est ici poussée à son paroxysme. C'est simple, on se croirait dans le ventre d'une baleine, murs et colonnes rappelant l'ossature de l'animal... Admirez, au passage, les mosaïques de la rampe d'escalier, les menuiseries de l'ascenseur...

🍴🍴 *Fundació Antoni Tàpies* (fondation Antoni-Tàpies ; plan général E2) : c/ Aragó, 255 (presqu'à l'angle du passeig de Gràcia). ☎ 93-487-03-15. ● fundaciotapies. org ● Ⓜ Passeig-de-Gràcia ; lignes nos 3 et 4. 🕐 Mar-dim 10h-20h. Fermé lun, 1er et 6 janv, 25 et 26 déc. Entrée : 6 € ; réduc ; inclus dans ARTicket ; gratuit moins de 16 ans, et pour ts 18 mai et 24 sept.

Né à Barcelone en 1923, admirateur de Picasso et Van Gogh, Antoni Tàpies devient l'ami de Joan Miró, crée une revue d'art et obtient du gouvernement français une bourse qui lui permet de se lancer à fond dans sa peinture, sans interruption. En quatre décennies, il aura exposé dans le monde entier et reçu une bonne vingtaine de prix, dont celui de la Paix, décerné par l'ONU. Encensé par les connaisseurs, admiré par ses pairs, Tàpies n'a pourtant pas encore trouvé l'adhésion du grand public, tant son œuvre, avant tout cérébrale, peut paraître déroutante. Avec cette fondation, le nationaliste catalan, chef de file incontesté de la peinture espagnole des 30 dernières années, peut s'asseoir tranquillement sur sa chaise : peu d'artistes ont eu droit, de leur vivant, à leur propre musée ! L'immeuble et le quartier choisis ont également une signification très nette : après le modernisme architectural, Barcelone continue à produire des peintres symbolisant à eux seuls toute la modernité d'une ville pleine de génies créateurs...
Installée dans un splendide immeuble moderniste construit au siècle dernier par l'architecte Domènech i Montaner et inaugurée en 1990, la fondation se distingue de prime abord par son étonnant toit, orné d'un inextricable assemblage de câbles d'aluminium tordus, nuage métallique sur lequel repose une chaise, symbole-clé de l'œuvre de Tàpies ! L'intérieur est à l'avenant : marbre et mezzanine fin de siècle, froideur et dépouillement austère, conçu comme pour mieux faire jaillir des toiles du grand peintre catalan toute la chaleur des couleurs, toute la richesse des matériaux de récupération utilisés. Maître de l'*arte pobre*, l'art pauvre, Tàpies réinvente la vie quotidienne avec des morceaux de bois, une toile épaisse, une poignée de sable, beaucoup de peinture et, bien sûr, quelques chaises tachées... Dommage que la visite soit aussi courte. Une quinzaine d'œuvres à peine sont exposées, ce qui est franchement maigre.
La fondation ne se limite cependant pas uniquement aux œuvres de Tàpies, mais expose aussi le travail d'autres artistes contemporains (photos, sculptures, peintures, etc.), initie des conférences, etc.
Elle abrite aussi une superbe bibliothèque d'art (mar-ven 11h-20h, slt sur rendez-vous par téléphone), spécialisée dans les civilisations orientales, qui inspirèrent en grande partie la philosophie du maître des lieux.

🍴 *Museu Taurí* (musée de la Tauromachie ; hors plan général par G3) : Gran Vía, 749. ☎ 93-245-58-03. Ⓜ Monumental. Logiquement situé dans les arènes de la pl. de Braus Monumental, à l'angle de Gran Vía de les Corts Catalanes et Marina. Avr-sept lun-sam 11h-14h, 16h-20h ; dim 11h-13h, ainsi que les soirs de corridas. Entrée : 4 € ; réduc. Belle collection d'habits de lumière des toreros les plus célèbres, comme Manolete ou Dominguín. Têtes naturalisées de taureaux qui furent particulièrement valeureux au combat. À certaines manquent d'ailleurs une ou deux oreilles. Photographies, collection d'affiches. Par tous ces souvenirs, on revit quelques grandes heures de l'histoire de la tauromachie. N'oubliez pas de faire un petit tour dans les arènes. Pour les *aficionados*.

🎖 ***Fundació Francisco Godia*** *(fondation Francisco-Godia ; plan général E-F2) :* c/ València, 284, pral. ☎ 93-272-31-80. ● *fundacionfgodia.org* ● Ⓜ *Passeig-de-Gràcia. Tlj sf mar 10h-20h. Visites guidées le w-e à 12h. Entrée : 4,50 € ; réduc.* Abrite l'une des plus importantes collections privées d'Espagne, spécialisée dans l'art médiéval, la céramique et la peinture moderne. On y découvre quelques jolies pièces, agréablement disposées dans un espace clair, à l'écart de la foule. Les œuvres sont présentées par période, à l'occasion d'expositions temporaires (se renseigner sur le programme).

LE NORD ET L'EST DE L'EIXAMPLE (plan général G2 et hors plan général)

🚶🚶🚶 ◎ **La Sagrada Família** *(plan général G2) :* c/ Mallorca, 401. ☎ 93-207-30-31. ● *sagradafamilia.org* ● Ⓜ *Sagrada-Família ; direct depuis Diagonal.* ♿ *Tlj. Oct-mars 9h-18h ; avr-sept 9h-20h. Fermé l'ap-m 1ᵉʳ et 6 janv, 25-26 déc. L'ascenseur ferme 15 mn plus tôt (2 €, mais ça vaut le coup). Entrée : 8 € ; réduc. Visites guidées tlj (45 mn, 3,50 €) : anglais 11h, 13h, 15h, 17h ; espagnol 12h, 16h ; nov-avr, slt le mat. Entrée Sagrada + casa-museu Gaudí (park Güell) : 9 € (valable 1 mois). Audio-guide en français très intéressant (guichet situé devant la façade de la Passion) : 3,50 €.*
Une partie de la Sagrada Família est inscrite sur la liste du Patrimoine mondial de l'Unesco : la façade de *La Nativité* et la crypte, toutes deux issues directement et de son vivant de la main de Gaudí.
– *Financement :* il est bon de savoir que le financement de ce chantier titanesque, selon le vœu de Gaudí, provient uniquement de dons privés (individuels, associations religieuses ou entreprises), donations charitables, héritages. On peut imaginer aussi que l'Opus Dei et le Vatican ne restent pas indifférents et suivent de près l'avancement des travaux pour un « Temple » somme toute dédié à la gloire de l'Église et de Dieu. Une chose est sûre : pas un euro ne provient du gouvernement de Catalogne, aucune subvention publique n'est accordée par l'État ou l'Union européenne. N'est-ce pas une garantie du sérieux du projet qui respecte la laïcité et la séparation de l'Église et de l'État ?
– *Querelles d'esthètes :* elles n'empêchent pas de l'admirer en l'état, de rester pétrifié, délicieusement captivé par la créativité architecturale de la façade de *La Nativité* et la profusion de formes géométriques. Sa richesse en symboles, évoquant les rêves les plus sublimes, annonce le surréalisme. On se demande parfois si Gaudí ne serait pas un revenant inspiré, tombé de la planète Moyen Âge, un génie nostalgique d'une autre époque égaré dans la modernité du XXᵉ siècle, un visionnaire introverti venu de l'âge des cathédrales pour poursuivre, dans un style très personnel, la grande œuvre exaltée de l'Europe chrétienne de saint Bernard ? On aime ou on n'aime pas. Picasso par exemple n'avait aucune affinité pour l'homme ni pour son œuvre : on dit même qu'il détestait le personnage.
La **façade principale**, *dite « de La Nativité »*, est devenue l'un des symboles de Barcelone. L'édifice fut mis en chantier en 1882 et la 1ʳᵉ tranche achevée en 1926. Gaudí, décédé cette année-là, passe le flambeau, et les travaux continuent jusqu'aux débuts de la guerre civile (1936) au cours de laquelle la plupart des plans originaux de Gaudí brûlent lors d'un incendie. Pour ceux qu'étonnerait l'audace de l'architecture (compte tenu du conservatisme de la hiérarchie religieuse de l'époque), il faut y voir surtout une riposte de celle-ci à la déchristianisation importante que connaissait la société industrielle naissante et la volonté de l'Église de récupérer l'influence perdue. Une anecdote : l'abondance des dons vers 1893 fut telle que les commanditaires de l'église exigèrent de Gaudí un caractère plus hardi et plus grandiose de l'architecture. Ce qui explique la démesure de la façade de *La Nativité.* Le projet final, outre cette façade, comprenait l'édification de 2 autres, *La Passion et la Mort* et *La Gloire du Christ,* plus 4 tours par façade symbolisant les apôtres, un arc-boutant central comme un pont suspendu et, pour finir, une grande tour domi-

nant l'ensemble représentant le Sauveur. À partir de 1915, les fonds manquant, Gaudí renonça à son salaire et se lança jusqu'à sa mort dans une véritable fuite en avant. Dès 1940, les travaux reprennent et l'Église y voit à nouveau, en plein national-catholicisme franquiste triomphant, l'occasion de s'affirmer. Grâce aux maquettes sauvées du conflit, les architectes peuvent reconstituer les plans qui avaient brûlé.

Au début des années 1960, un mouvement contre la prolongation des travaux vit le jour (conduit par Le Corbusier et Miró, entre autres), arguant de l'absence de plans suf-

TEMPLE OU CATHÉDRALE ?

L'édifice sur lequel Gaudí travailla est né d'un schéma gothique préexistant, transformé au travers d'une série d'inventions structurelles, colonnes inclinées, capables d'absorber les poids et les forces, sans avoir à recourir aux arcs-boutants. Gaudí a voulu que les colonnes se ramifient comme des arbres, en arrivant à la voûte. Elles sont d'ailleurs construites avec des matériaux différents selon leur place et le poids qu'elles doivent soutenir. En fait, elle n'a rien d'une cathédrale, car elle n'a jamais été consacrée par le pape (on l'appelle d'ailleurs « Le Temple »).

fisants et des risques de dénaturer l'œuvre existante, voire de la trahir. Les travaux continuèrent cependant, et aujourd'hui, la *façade de La Passion et la Mort* (œuvre assez controversée de Josep María Subirachs), avec ses 4 clochers, est virtuellement terminée, fermant ainsi l'espace intérieur. La polémique n'est cependant pas finie : beaucoup estiment que cette nouvelle façade n'apparaît effectivement que comme une caricature de mauvais goût de l'ancienne et qu'elle lui a fait perdre son identité ! On attend votre avis. Il reste encore une façade à réaliser ; la Sagrada Família sera-t-elle jamais achevée ?

Gaudí lui-même avait estimé que, selon les techniques de son temps, il faudrait deux siècles pour finir l'œuvre...

Les travaux continuent aujourd'hui. Outre l'audace et le génie architectural du lieu, le plus surprenant dans cet édifice est d'accomplir une visite touristique dans un temple en construction. Du jamais vu dans le monde des monuments ! Imaginez-vous dans la peau d'un touriste du XIIe siècle visitant le chantier de Notre-Dame de Paris ou celui du temple d'Angkor tandis que des centaines d'ouvriers et de maçons travaillent comme des fourmis à l'intérieur. La Sagrada Família est *un chantier permanent* rempli d'échafaudages, de grues, de blocs de pierre (porphyre, basalte, granit gris et pierre de Montjuïc). L'intérieur peut parfois laisser perplexe, lorsque le visiteur n'y voit qu'un amas de pièces de béton, ou lorsque le chantier en est à une étape peu lisible pour le néophyte : essayer de dépasser cette première impression et de comprendre l'architecture de l'édifice, ça en vaut la peine !

Les plus optimistes espèrent que l'ensemble du Temple sera achevé en 2025, plus tôt même. Il reste à construire encore 4 clochers sur un total de 12, ainsi que la tour lanterne centrale de 170 m, la tour Notre-Dame (125 m) et celles des Quatre Évangélistes.

– *Accès aux tours du Temple :* le circuit court compte 100 marches pour atteindre une hauteur de 20 m. Si l'on y monte seulement par l'ascenseur (payant et obligatoire), on peut en revanche descendre à pied. Le circuit moyen compte 270 marches et mène à 60 m de haut, et enfin le circuit long oblige à monter 340 marches d'escalier pour atteindre un niveau de 75 m de haut. Du haut des tours, on découvre toute la ville. On passe d'une tour à l'autre par d'étroites passerelles un peu effrayantes et géantes à la fois, surtout quand le vent souffle.

– *Musée :* situé au sous-sol du Temple. Très intéressant, et même indispensable pour se représenter le projet final. S'y trouvent une série importante de plans, de maquettes et des photos des différentes étapes de la construction, ainsi que des explications sur l'œuvre et l'inspiration de Gaudí. Un ordinateur propose une visite en trois dimensions (3D), très bien faite. À travers une vitre, on aperçoit le *tombeau de Gaudí* dans la crypte (mais on ne pourra y accéder que courant 2008, en principe). Gaudí passa les 12 dernières années de sa vie dans le Temple, jusqu'à sa mort en 1926, dormant au sous-sol, se nourrissant de noisettes, faisant de temps en temps l'aumône pieds nus dans la rue. Un ascète désargenté mais génial.

– À côté du portail de la Passion, les *escoles* construites en 1909 par Gaudí à la demande de l'association des dévots de saint Josep et qui étaient destinées à l'enseignement des enfants. Par leur simplicité et leur rigueur, tant sur le plan des matériaux utilisés que sur le plan esthétique, les *escoles* suscitèrent l'intérêt de nombreux architectes (dont Le Corbusier). Après plusieurs campagnes de restauration, elles abritent aujourd'hui une exposition permanente sur les techniques architecturales de Gaudí et la fonction de la géométrie dans l'élaboration de la cathédrale.

🏃🏃 🔍 **Hospital de Sant Pau** (hors plan général par G1) : av. Sant A. M. Claret, 167. Ⓜ Hospital-de-Sant-Pau. *Les grands halls et parties communes sont, bien sûr, accessibles au public.* ☎ 902-07-66-21 (depuis Barcelone) ou ☎ 93-317-76-52. • santpau.es • *Visites tlj 10h-14h. Entrée : 5 € ; réduc. Visites guidées : en anglais à 10h15, 12h15 ; en catalan à 11h15, 13h15.*
Si vous êtes devenu « accro » au modernisme et qu'il faille augmenter sans cesse vos doses, ne ratez pas cet hôpital. Érigée au rang de Patrimoine de l'humanité par l'Unesco, cette fantaisie de briques, de faïences et tuiles vernissées est l'œuvre de Lluís Domènech i Montaner (1912), l'architecte à qui l'on doit également le palais de la Musique catalane. Véritable petite ville dans la ville, petite cité moderniste idéale avec ses rues, ses résidences pavillonnaires, son église... La décoration intérieure n'est pas en reste.
En sortant du hall, incroyable perspective sur la Sagrada Família, que l'on peut rejoindre à pied en descendant par l'avinguda Gaudí (piétonne et recouverte de terrasses de café, où l'on peut grignoter et boire un verre). Autre détail, c'est à l'hôpital Sant Pau que Gaudí fut transporté et décéda le 10 juin 1926, après avoir été renversé par un tram.

🏃 🔍 **La casa Vicens** (hors plan général par E1) : Carolines, 22. Ⓜ Lesseps. *Située dans Gràcia.* Coup d'œil intéressant (pas de visite), car c'est l'une des premières œuvres de Gaudí, construite entre 1883 et 1888. Il recourut ici à de nombreux éléments décoratifs arabes. Le jeune Gaudí avait déjà trouvé son style.

🏃🏃🏃 🔍 **Park Güell** : c/ Olot. ☎ 93-213-04-88. Ⓜ Vallcarca. *Situé au nord de l'Eixample ; 6-7 mn à pied (ça grimpe sec !) puis escalator dès l'arrivée dans le parc. Plus pratique : bus n° 24 depuis la pl. Catalunya (trottoir du Corte Inglés), mais attention à vos affaires ! Porte principale c/ Olot. Tlj 10h-21h mai-sept, ferme à 20h en avr et oct, à 19h en mars et nov, à 18h déc-fév. Attention, fermé certains j. fériés. Gratuit.*
Dès l'entrée, des maisons surprennent avec leurs drôles de cheminées en forme de champignons. Elles évoquent l'univers ondulant d'une B.D. des Schtroumpfs. Ne raconte-t-on pas que Gaudí avait dû, de temps à autre, recourir à certaines productions mycologiques (des champignons hallucinogènes, pour être clair) plus réputées pour leur capacité à procurer des visions colorées de l'existence que pour leur valeur nutritive ?
Plus surprenant encore est le double escalier, bordé de fontaines fantasmagoriques, menant à ce qui devait être initialement le marché de la ville-jardin. Forêt de *colonnes doriques,* dont le gigantisme, le mystère pesant, le vide oppressant entre les colonnes créent une atmosphère étrange et envoûtante. Au niveau supérieur, une grande esplanade se termine par une *balustrade-banquette,* en pierre et béton, sinueusement folle, décorée exclusivement d'incrustations de *trencadís* de céramiques, carrelages, vaisselles cassées, matériaux utilisés en combinaisons chromatiques fascinantes. De là, vue superbe et étendue sur Barcelone.
Pour finir, point d'orgue et illustration des capacités géniales de Gaudí à remodeler le paysage : ses galeries préhistoriques, étranges hallucinations de pierre et de terre.

À VOIR

– *La casa-museu Gaudí* se trouve sur la droite, un peu en hauteur, en entrant dans le parc. ☎ 93-219-38-11. ● *casamuseugaudi.org* ● Tlj 10h-20h (18h oct-mars). Entrée : 4 € (billet groupé avec la Sagrada Família : 9 €, valable 1 mois). C'est l'œuvre d'un disciple de l'artiste, Francesc Berenguer. Gaudí y résida pendant 20 ans. Au départ, c'était la maison-témoin du projet immobilier ! À voir : le superbe mobilier d'origine des *casas* Batlló, Calvet et de la Pedrera, ainsi que des portraits, plans et maquettes de projets.

> **UNE PROMENADE EN REMONTANT LE TEMPS**
>
> *L'une des étapes obligatoires de votre itinéraire « Dans les pas de Gaudí ». À l'origine de ce parc, on trouve dans les années 1920 le projet ambitieux d'une ville-jardin modèle, commandité par le financier Güell et confié à Gaudí. L'argent ayant manqué, l'entreprise resta inachevée et le terrain (avec ce qui avait déjà été réalisé) fut converti en parc municipal.*

LE QUARTIER DE GRÀCIA *(plan général E-F1 et hors plan général)*

Pour ceux qui disposent d'un peu de temps, une belle promenade. Descendre à la station de métro Diagonal pour découvrir cet ancien village absorbé par Barcelone au moment de la réalisation de l'Eixample. Axe principal : Gran de Gràcia jusqu'au métro Lesseps. Les places villageoises et ruelles sont bordées de petits immeubles et de maisons qui n'ont rien perdu de leur charme.

Dans les années 1920, Gràcia était anarchiste. Aujourd'hui, le quartier véhicule toujours une image un peu libertaire. Les rues se nomment ici Fraternité, Liberté ou Progrès, et un marché s'appelle même « Revolución » (Franco ne l'a jamais digéré !). Quatre petites places sympas : Rius i Taulet, del Sol, del Diamant et de la Virreina, à joindre en zigzaguant le nez en l'air, l'humeur vagabonde. Là vit une classe moyenne, héritière du monde ouvrier des années 1930, à laquelle viennent se joindre des jeunes, des étudiants, ainsi que des profs, des intellectuels, des artistes, des écrivains. Oh, vous ne découvrirez rien d'extraordinaire : une atmosphère, des tranches de vie, des gueules, des p'tits bistrots, des bars recyclés.

Tout au long de la *carrer Gran de Gràcia*, attardez-vous sur les façades Belle Époque de certains immeubles bourgeois. Entrez dans leurs halls, admirez les luxueuses cages d'escaliers, les ascenseurs rétro, les rampes en fer forgé, etc. Au n° 77, puis au n° 81, notez les balcons, les bow-windows avec vitraux, le vieil ascenseur. Superbe édifice au n° 15 avec des balcons originaux. Ne pas rater, en outre, la fête du quartier aux alentours du 15 août ! Grand moment de liesse authentiquement populaire pendant plusieurs jours.

LE PALAIS ET LE MONASTÈRE DE PEDRALBES *(hors plan général par D1)*

🎗🎗 *El Palau :* av. Diagonal, 686. Assez excentré. En métro, descendre à la station Palau-Reial. En voiture, prendre l'av. Diagonal sur plusieurs km ; le palais est sur la droite.

Construit dans le style italien du XIXᵉ siècle, mais datant de 1929. Cette demeure fastueuse, aux murs recouverts de fresques, accueille aujourd'hui 2 très jolis musées (bientôt 3, lorsque le musée du Textile y emménagera, théoriquement courant 2008). Les collections y sont, dans les 2 cas, très bien mises en valeur. Les amateurs seront ravis et ne regretteront pas ce léger « détour ».

– *Museu de Ceràmica* (musée de la Céramique) : dans le palais. ☎ 93-280-50-24. ● *museuceramica.bcn.es* ● ♿ Mar-sam 10h-18h ; dim 10h-15h. Fermé lun, 1ᵉʳ janv,

1er mai, 24 juin, 25 et 26 déc. Entrée : 3,50 € (donne également accès au museu d
les Arts decoratives *et au museu Tèxtil i d'Indumentària*) ; réduc ; gratuit 1er dim du
mois. Le ticket comprend également l'entrée aux expos temporaires. Retrace l'évolution de l'art de la céramique sur 9 siècles, depuis le XIe siècle, et les premières
pièces réalisées par les Arabes. Objets présentés par régions géographiques
(Valence, Andalousie, Castille...). Les salles du 2e étage sont consacrées aux céramiques de Picasso et Miró et aux expos temporaires. Après la visite, promenade
agréable dans le parc qui l'entoure, rendez-vous dominical des Barcelonais.

– *Museu de les Arts decoratives* (musée des Arts décoratifs) : dans le palais.
☎ 93-280-50-24. ● *museuartsdecoratives.bcn.es* ● ♿ *Mêmes horaires, même
billet !* On trouve, dans ce superbe musée, toute l'histoire du mobilier du Moyen
Âge à nos jours. La présentation chronologique est très claire et met bien en valeur
la collection. Objets et bijoux viennent étayer la visite. Une salle est, bien sûr,
dédiée au modernisme, époque qui vit, justement, la consécration des Arts
décoratifs.

🍴 *La finca Güell* (ou *pavellons Güell*) : av. de Pedralbes, 7. ☎ 902-07-66-21.
● *rutadelmodernisme.com* ● *En sortant du métro Palau-Reial, prendre à droite l'av.
Diagonal jusqu'à l'hôtel Princesa Sofia ; traverser l'av. à hauteur du rond-point et
monter l'av. de Pedralbes sur env 150 m. Visites guidées ven-lun, en anglais 10h15
et 12h15, en espagnol 11h15 et 13h15, pour 5 €. S'inscrire au préalable par téléphone, places limitées à 25 pers/visite.* Ces pavillons, construits de 1884 à 1887
par un Gaudí visionnaire, méritent un détour pour leur magnifique et impressionnant portail, véritable chef-d'œuvre de ferronnerie moderniste : un dragon ailé,
squelettique mais non moins menaçant avec sa gueule béante et ses dents acé-
rées, joue les gardiens. La *finca* abrite aujourd'hui une bibliothèque de recherche
et n'est accessible au public que dans le cadre des visites. Cela dit, il n'y a pas
grand-chose à voir de plus à l'intérieur de la propriété.

🍴🍴 *Plus haut, sur l'av. de Pedralbes* (donne dans l'av. Diagonal), on découvre le
Reial Monestir de Pedralbes : Baixada del Monestir, 9. ☎ 93-203-92-82. *Pour s'y
rendre : Ferrocarril de la Generalitat U6 (équivalent de notre RER), arrêt « Reina-
Elisenda », puis 10 mn à pied. Sinon, bus nos 63, 22, 64, 78 qui partent, pour certains, de la plaça Universitat ; descendre à l'arrêt « Monastir-de-Pedralbes », ou
alors 20 mn de marche depuis la station de métro Palau-Reial. Ouv mar-dim : oct-
mai 10h-14h (15h dim), juin-sept 10h-17h (15h dim) ; dernière entrée 30 mn avt.
Fermé certains j. fériés. Entrée : 5 € (valable aussi pour les musées de la pl. del Rei) ;
gratuit 1er dim du mois, 12 fév, 18 mai et 24 sept, et tlj moins de 16 ans.*
Fondé en 1326 par la reine Elisenda de Montcada, il présente une architecture typique du gothique catalan. Sobre tour octogonale et armoiries sur la façade. À l'intérieur de l'église (ouverte 11h-13h), vitraux du XIVe siècle et tombeau en albâtre de la
reine. On retrouve son exact pendant, également en albâtre, de l'autre côté du mur,
dans le monastère. On remarque tout de même que la reine est, cette fois-ci, repré-
sentée en nonne. Le cloître possède 3 rangées de fines arcades superposées.
Dans la salle du chapitre, beau vitrail du XVe siècle et, dans la chapelle Saint-
Michel, superbes peintures murales de Ferrer Bassa (influencé par Giotto et l'école
siennoise), représentant des scènes de la vie de la Vierge. Très belles cuisines également, recouvertes d'azulejos. Les salles conventuelles abritent généralement des
expositions temporaires.

LE TIBIDABO

Culminant à plus de 500 m au-dessus de Barcelone, cette montagne couverte de
pins et de cyprès est l'une des réserves d'oxygène de la ville, qu'elle protège des
vents du nord. Panorama superbe. Par beau temps, possibilité d'apercevoir Majorque et les Pyrénées. D'ailleurs, c'est surtout pour sa vue que vous vous y rendrez.
Le parc d'attractions que l'on y trouve ne présente guère d'intérêt *(rens sur ● tibida*

À VOIR

glise du Sacré-Cœur (un confrère du nôtre) qui coiffe la colline ne vaut
s le déplacement. Un ascenseur vous emporte encore plus haut, pour
grandiose. On découvre ainsi toutes les collines avoisinantes et, par
Montserrat. Petite laine conseillée, il y a souvent du vent.

Pour s'y rendre

➤ **Par la route,** délicieuse et sinueuse, qui s'élève doucement. En chemin, on rencontre l'observatoire d'Astronomie et le musée des Sciences physiques. *En taxi,
du centre : env 12 €.*

➤ **En transport en commun :** ça dépend de la saison !
– Lorsque le parc d'attractions est ouv, de fin juin à mi-sept, pdt vac de Navidad
(1re sem de janv), la Semaine sainte et ts les w-e de l'année, descendre à la station
de métro Tibidabo, et sur la pl. Kennedy, en face de la station de métro, prendre le
TramviaBlau (« tramway bleu » ; noter en passant la belle façade moderniste de
l'hôpital Sant Gervasi). Il vous mène jusqu'à la pl. del Doctor Andreu, d'où un funiculaire vous hisse au sommet du Tibidabo. Pour redescendre, funiculaire puis de
nouveau le tramway bleu. En hiver, 10h-18h05 ; fin juin-fin sept 10h-20h05. Tramvia-
Blau : ttes les 30 mn, 2,20 € l'aller, 3,30 € aller-retour. Funiculaire : ttes les 30 mn,
2 € l'aller, 3 € l'aller-retour.
– Plus économique, rapide et moins compliqué, le Tibibús ou T2 (☎ 934-15-60-
20 ; fonctionne slt lorsque le parc est ouv, mêmes périodes que ci-dessus, ttes les
heures en hiver, ttes les 30 mn en été ; 2,40 € le trajet), au départ de la pl. de Catalunya, devant le grand magasin El Corte Inglés. On peut également emprunter le
bus n° 195.
– Hors saison, pdt sem, le moyen le plus simple (et encore !) pour se rendre au
Tibidabo est le suivant : prendre le Ferrocarril de la Generalitat jusqu'à la station
Vallvidrera, puis le bus n° 111 (ttes les 30 mn).
En route, n'oubliez pas de siroter un verre au *Mirablau* (voir « La tournée des
boîtes »).

🏃 **Cosmo Caixa** *(musée de la Science) :* c/ Teodor Roviralta, 47-51. ☎ 93-
212-60-50. ●cosmocaixa.com ●Accès : par la Ronda de Dalt, entre la c/ del Cister
et l'av. de Tibidabo (sorties nos 6 et 7). Ⓜ Avinguda-del-Tibidabo. Bus nos 17, 22,
58, 60, 73, 75. Mar-dim 10h-20h. Fermé 1er et 6 janv, 25 déc. Entrée : 3 € ; activité :
2 € ; réduc. Visites guidées possibles. Cafétéria : buffet libre à 13 € env. L'ancien
musée de la Science a rouvert ses portes en 2004 après un déménagement et
plusieurs années de travaux.
Fidèle à leur réputation de créativité, les architectes catalans ont fait preuve d'une
grande audace pour concevoir ce musée ultramoderne au service de la connais-
sance. Ils ont creusé 6 niveaux sous la colline de Collserola afin d'y aménager une
surface de 50 000 m², tout en respectant l'ancien bâtiment. À l'extérieur, une vaste
esplanade lumineuse débouche sur un mirador surplombant la ville de Barcelone.
On descend 5 niveaux souterrains par une large rampe hélicoïdale en verre synthé-
tique, qui s'enroule autour d'un axe symbolisé par un immense tronc d'arbre d'Ama-
zonie, un acariguara haut de 21 m et vieux de 300 ans. Puis c'est le choc visuel
provoqué par une muséographie d'avant-garde destinée à captiver le visiteur, à lui
donner la plus belle leçon de sciences naturelles sans jamais l'ennuyer. Pari réussi !
On ne manquera pas d'admirer dès l'entrée un immense **pendule de Foucault** aux
chromes étincelants, puis la section consacrée à l'Énigme de la Langouste, la vie
des fourmis vivantes dans une **fourmilière** reconstituée, ainsi que la collection de
700 pièces d'ambre contenant des débris fossilisés de plantes. « Quand la Nature
copie l'Art », tel pourrait être le leitmotiv de cet étonnant musée qui stimule l'intelligence à partir de choses simples comme les formes élémentaires de la nature : la
spirale, l'onde, la sphère spontanée, l'hélice, le fractal. Quelques idées insolites
aussi : le « **mur géologique** » d'une centaine de tonnes montrant le curieux phé-

nomène des strates rocheuses, et la projection du film ***Powers of Ten*** sur le thème de l'infiniment petit et de l'infiniment grand. Fondé sur le thème de la multiplication du réel par le chiffre 10, ce documentaire donne le vertige, car il se termine à l'échelle de 100 millions d'années-lumière. Enfin, le musée a fait du développement durable et de la protection de la forêt un objectif pédagogique : un morceau grandeur nature de la ***jungle amazonienne*** a été reconstitué avec des arbres aux racines puissantes plongeant dans un bassin où évoluent des poissons tropicaux.

LES AUTRES MUSÉES

Voici, suivant vos goûts et vos fantasmes, le grand choix qui vous reste (tous renseignements disponibles dans les offices de tourisme) : musées de la Médecine, de Géologie, d'Histoire naturelle, de la Zoologie, de la Chaussure, de la Musique, du Théâtre, des Postes, de la Dentelle, de Cire et des… Chars funèbres !

🏃 Avis aux footeux : qu'est-ce qui justifie une visite au musée du ***Football Club Barcelone*** (l'un des plus visités de la ville !) ? Les maillots sous cadre ? Les joueurs en cire dans le vestiaire reconstitué ? Les photos des équipes religieusement punaisées comme dans une chambre d'enfant ? À ce stade de la visite, on a trouvé que le magasin de souvenirs aux couleurs du Barça était ce qu'il y avait finalement de plus attrayant dans le coin… Allez, on vous donne quand même l'adresse !
– ***Museu FC Barcelona*** *(hors plan général par A1) :* av. Arístides Maillol, 7-9. ☎ 902-189-900. ● fcbarcelona.cat ● Ⓜ *Palau-Reial ou Collblanc. Tlj. Avr-oct 10h-20h (14h30 dim et j. fériés) ; nov-mars 10h-18h30 (14h30 dim et j. fériés). Entrée : 7 € la visite libre + vue du stade depuis les gradins ; 11 € pour pouvoir en plus fouler la pelouse mythique et humer les vestiaires… chérot, quand même.*

LES PLAGES

⛱ Après le Port olympique *(plan général G5),* les plages de Barcelone s'étendent sur plusieurs kilomètres, le long d'un large trottoir de bois (les plus proches ne sont qu'à 20 mn à pied du Barri Gòtic) ; plages de la Nova Icaria, de Bogatell, de la Mar Bella et de la Nova Mar Bella. Toutes surveillées et bien équipées en douches et sanitaires. Même s'il y a beaucoup de monde, on ne se marche pas trop dessus. Tout le long, on trouve d'honnêtes petits restos servant paellas et tapas à toute heure, à des prix abordables. Il y en a de plus chic, spécialisés en fruits de mer, sur la jetée du port, le moll de Carles I.
– Des trains desservent chaque jour, au départ de la plaça de Catalunya, ***les plages du Sud et du Nord*** : Castelldefels, Sitges… Une des plages les plus agréables au sud est celle de ***Castelldefels.*** Très longue plage. Bus de la plaça d'Espanya (Ⓜ Espanya). Au nord, le meilleur rapport distance-qualité est ***Badalona***, à 25 mn, direction Mataró : longue et large plage derrière un petit bourg rigolo.

LES ENVIRONS DE BARCELONE

SANTA COLOMA DE CERVELLÓ

🏃🏃 Ⓧ ***Colónia Güell :*** ☎ 93-630-58-07. ● elbaixllobregat.net/coloniaguell ● *En train, depuis Plaça Espanya, prendre la ligne FGC, Barcelona-Martorell/Igualda/ Manresa : trains ttes les 15 mn, trajet 20-25 mn. En voiture, autoroute C32 (direction Sitges) jusqu'à la sortie 53, et suivre Sant Boi puis Colónia de Güell ; mais c'est*

très mal indiqué, le plus simple reste le train. Mai-oct, lun-ven 10h-14h, 15h-19h ;
w-e et j. fériés 10h-15h. Nov-avr : tlj 10h-15h. Entrée exposition + église : 4 €. Visi-
tes guidées sam, dim et j. fériés à 12h en catalan (en castillan sur demande).

– *La colónia Güell :* construite à partir de 1890 par Eusebi Güell i Bacigalupi, ce
n'est rien d'autre que la cité ouvrière d'une usine textile, aujourd'hui intégrée à Santa
Coloma de Cervelló, et toujours habitée. L'usine fabriquait principalement du
velours et l'industriel Güell espérait limiter les conflits sociaux en regroupant tous
ses employés dans un cadre agréable, doté de tous les services d'une ville classique. Ce type d'organisation se retrouve souvent en Catalogne (et aussi en France,
à l'époque de la révolution industrielle), mais la particularité, ici, est que Güell a
continué à jouer son rôle de mécène de la culture en dotant sa cité industrielle
d'équipements culturels et religieux. L'ensemble fonctionnera jusqu'en 1973, crise
générale de l'industrie oblige. Comme souvent, Güell a fait appel à son architecte
favori, Gaudí, pour construire sa cité et en particulier l'église. Il a également
engagé d'autres grands architectes catalans (Rubió Bellver et Berenguer i Mestres) pour
bâtir les grosses maisons de maîtres, les logements des ouvriers et tous les bâtiments administratifs et collectifs (école, caves...). Les matériaux sont caractéristiques du mouvement moderniste, mâtiné de beaucoup de brique et de fer, typiques
de l'architecture catalane populaire. La *colónia* se partage en deux zones, chacune
en forme de « L », la zone industrielle et la zone résidentielle avec, à l'extrémité de
chaque « L », deux bâtiments symboliques : la crypte et l'école. Toute la cité se
parcourt à pied au fil des grosses bâtisses modernistes : le couvent, les caves,
l'école, les logements populaires et l'église, mais les maisons sont toujours habi-
tées et les infrastructures toujours exploitées (l'école en est toujours une, par exemple). Du coup, seule l'église se visite intérieur comme extérieur.

– *L'église :* si le bâtiment est relativement petit, ce bijou moderniste planté au milieu
des pins vaut vraiment une visite et, pour bien en comprendre la complexité, le
mieux est de suivre une des visites guidées qui permettent de saisir tout l'enjeu
technique et architectural de cet endroit hors du commun. La 1re pierre en est posée
en 1908, mais Gaudí abandonne les travaux en 1914 pour des raisons encore
méconnues (probablement pour se concentrer sur le chantier de la *Sagrada
Família*), n'ayant construit que le porche et la nef. Tout comme son « Temple », cette
église est inachevée. On retrouve d'ailleurs beaucoup de similitudes techniques
avec la Sagrada, comme si cette plus modeste église lui avait servi d'entraînement
pour son grand œuvre. L'intérieur est intéressant pour les nombreux vitraux mais
aussi pour son mobilier, les bancs et les bénitiers en particulier. Les plans initiaux
de Gaudí prévoyaient des tours de 40 m de hauteur et plusieurs étages. Les architectes qui prirent la relève sur le chantier se contentèrent de fermer la nef et de
consolider les constructions existantes afin qu'on puisse l'ouvrir au culte mais
aucun n'eut le courage ou l'audace de l'achever...

MONTSERRAT (code postal : 08699)

À une cinquantaine de kilomètres à l'ouest de Barcelone, tel un nid d'aigle perché à
700 m d'altitude, le monastère de Montserrat constitue un des lieux les plus visités
de la Catalogne. Son nom provient de l'aspect « scié » que la montagne prend
quand on la regarde d'un certain point de vue. D'un périmètre de 25 km, la masse
de roche fièrement dressée culmine à 1 235 m au pic de Saint-Jérôme. Ce curieux
massif rocheux se caractérise par de longs monolithes verticaux collés les uns aux
autres, conglomérats de galets énormes et érodés, qui prennent des formes ani-
males ou humaines, mais toujours fantastiques.

La rudesse de ce paysage est pourtant adoucie par une exubérante végétation qui
s'accroche à la roche avec une étonnante vivacité. On y répertorie plus d'un millier
de plantes de toutes sortes. Un pareil site ne pouvait pas laisser indifférents les
hommes désireux de fuir le vacarme du monde : mystiques et moines en firent leur
demeure. Aujourd'hui, les alpinistes chevronnés en ont fait un de leurs rendez-vous
préférés. Ils escaladent les parois rocheuses verticales de Montserrat.

Une montagne inspirée

De tout temps, le Montserrat a enflammé l'imaginaire des artistes et nombre de ses masses rocheuses portent le nom de formes évocatrices (le Moine, la Sentinelle, la Cloche). Les poètes allemands *Schiller* et *Goethe* étaient de fervents admirateurs de ce site. Ce dernier n'a-t-il pas déclaré que « l'homme ne trouvera le bonheur nulle part, si ce n'est dans son propre Montserrat ? » Le musicien *Wagner* s'inspira de ce lieu tourmenté qu'il évoque dans *Parsifal* et *Lohengrin*. L'autrichien *Stefan Zweig* s'y rendit en 1905 pour le journal *Berliner Tageblatt*. Il qualifia Montserrat de « montagne sacrée », et fut tellement impressionné qu'il jugea le paysage « digne de Zarathoustra et non d'un Parsifal ».

Le Graal et la Vierge noire

Montserrat, c'est aussi un pèlerinage célèbre vers le monastère, construit aux XIe et XIIIe siècles. Dès le VIIIe siècle, de nombreux ermitages cernaient la montagne. Selon une légende très connue au Moyen Âge, mentionnée souvent dans le cycle des romans arthuriens, le *Saint-Graal* (calice supposé contenir le sang du Christ) aurait été rapporté de Terre sainte au XIe ou XIIe siècle, par des chevaliers revenus des croisades qui l'auraient mis « en dépôt » à Montserrat. Qu'est-il devenu ce célèbre calice qui enflamma l'imagination de tant d'auteurs médiévaux ? La quête du Graal continue ! Avis aux amateurs.

Au cours du XIIe siècle, une Vierge miraculeuse fut trouvée dans une grotte de la montagne. Dès lors, la renommée du monastère s'étendit loin hors des frontières. Au XVIe siècle, on développa l'infrastructure pour permettre à un nombre croissant de pèlerins d'y séjourner. C'était sans compter avec le délicat passage des troupes napoléoniennes qui rasèrent le tout en 1811.

Les bâtiments que l'on peut voir aujourd'hui datent du XIXe siècle et ne présentent aucun intérêt particulier. La guerre civile fut une des périodes les plus noires du monastère : plusieurs moines furent tués, victimes des violences. La paix revenue, la vie religieuse a repris avec une grande vivacité au point de retrouver toute sa respectabilité en étant l'un des plus virulents foyers de protestation lors de la période franquiste.

Qu'y trouve-t-on ?

Un monastère et une basilique, deux petits musées, un superbe point de vue, de belles balades (superbes spots pour les fanas d'alpinisme), des chambres dans les quelques maisons des alentours... et une ambiance follement pieuse (ou pieusement folle, au choix) pendant le pèlerinage.

Comment y aller de Barcelone ?

En voiture

Passer par le village de Monistrol, et grimper par la route de montagne (panneau indicateur). On peut aussi passer par Els Brucs, sortie suivante sur l'autoroute. Remarque : l'accès en voiture est payant. *Prix du parking : env 3 €/j.* Vous pouvez laisser votre voiture à Monistrol et prendre le train à crémaillère (voir ci-dessous).

En bus

Avec la compagnie *Julià,* départ de la pl. dels Països Catalans, près de la station de Sants, ts les mat à 9h15 (pour le retour, départ de Montserrat à 17h, et même 18h 24 juin-14 sept). ☎ *93-490-40-00. Env 1h de trajet. Aller-retour autour de 10 €.*

LES ENVIRONS DE BARCELONE

En train

De la pl. d'Espanya. ☎ *93-205-15-15.* ● *fgc.cat* ● *La bouche d'entrée pour le train se trouve sur la droite de la place en regardant les 2 grandes colonnes de l'entrée de l'expo.* Prendre le train *Ferrocarril FGC* (ligne R5 direction Manresa). En gros, 1 train ttes les heures autour de la demie. Durée : env 1h. Descendre soit à Montserrat-Aeri pour prendre le téléphérique, soit à Monistrol de Montserrat pour prendre le train à crémaillère :

+ *Téléphérique (aeri de Montserrat) :* ☎ *93-237-71-56.* ● *aeridemontserrat.com* ● Fonctionne tte l'année : 1er mars-31 oct 9h25-13h45, 14h20-18h45 ; plus restreint hors saison ; env 8 € aller-retour. Sur la Ferrocaril R5, descendre à Montserrat-Aeri, puis prendre le téléphérique qui mène au monastère. Ce téléphérique relie le fond de la vallée de Monistrol au monastère de Montserrat. Il gravit en 5 mn une hauteur de 544 m sur une distance de 1 350 m.

+ *Train à crémaillère :* ● *cremallerademontserrat.com* ● De Monistrol-Vila : nov-mars, départs ttes les 30 mn (ttes les 20 mn le w-e) 7h40-18h40 ; avr-oct, ttes les 20 mn 7h40-19h05 (20h45 en juil-août). De Monistrol de Montserrat : 1 départ ttes les heures tte l'année. Billet : 6,30 € aller-retour. Permet d'accéder directement à l'esplanade du monastère. Se prend à la gare de Monistrol de Montserrat ou de Monistrol-Vila (sur la ligne Ferrocaril R5). Également un vaste parking à proximité de la station Monistrol-Vila du train à crémaillère (pratique si vous avez loué une auto). La ligne, longue de plus de 5 200 m, permet de gravir une pente de 548 m en 15-20 mn. Train en très bon état, fabriqué en Suisse.

– Des billets « Combi » sont en vente, exclusivement à la gare de Monistrol-Vila : par exemple le « combi » à 12,65 € incluant le billet (aller-retour) avec le train à crémaillère, plus les funiculaires (de Sant Joan et de Santa Cova) et l'accès à l'Espace audiovisuel.
Ou plus simple :

– *Des forfaits :* le forfait Trans Montserrat *vaut 19,50 €. Vous pouvez vous le procurer à Barcelone dans le point de vente FGC de la pl. d'Espanya, ou de la c/ Pelai, à côté du Bar Zurich (● fgc.cat ●).* Il inclut un billet de métro de Barcelone, un billet de train aller-retour Barcelone-Monistrol de Montserrat, un billet aller-retour avec le train à crémaillère de Monistrol jusqu'à Montserrat, les funiculaires de Monserrat au sommet de la sierra et l'accès à l'Espace audiovisuel.

Adresses et infos utiles

🗔 *Informations touristiques :* pl. de la Creu. ☎ 93-877-77-77. ● montserratvi sita.com ● *En arrivant au pied du monastère, sur la droite.* En été, tlj 9h-19h (19h45 w-e). Horaires restreints et variables en hiver. **Audioguides multilingues** *pour 5 €.*

🔳 *Banque :* à côté de l'office de tourisme. Lun-ven 9h15-14h ; sam 9h15-13h30. Distributeur.

Où dormir ? Où manger ? Où boire un verre ?

– *Pendant les pèlerinages, foule énorme. Renseignez-vous à l'office du tourisme pour les hébergements :* ☎ 93-877-77-77. *Demander le central de reservas. Ils vous proposeront, entre autres :*

🏕 **Camping de Sant Miguel :** *accessible en voiture slt à l'arrivée pour décharger et au départ pour charger. Réception :* 8h-14h, 16h-21h. Env 10 € pour 2 pers et 1 tente. *Site exceptionnel en terrasses.*

🛖 **Refuge de Santa Cecilia :** *sur la* route qui contourne la montagne, à côté du monastère. ☎ 93-835-05-66. *Une adresse extra, vraiment dans le style routard. Le rendez-vous des alpinistes. Sobriété et calme assuré. Pas d'eau chaude.*

🍽 **Restaurant Abat Cisneros :** *sur*

l'esplanade. Tlj 13h-16h côté resto et 12h-16h côté self-service. Le seul endroit pour manger sur place. 🍷 ***Bar del Mirador :*** *lun-ven 8h45-19h.*

À voir

🎭🎭 ***La basilique :*** *tlj 7h30-19h30 (20h30 j. fériés).* Autour de la place principale, elle a été construite au milieu du XVIe siècle. Beau panorama sur la vallée. Passer sous le porche pour parvenir au parvis. À l'intérieur, on découvre une élégante nef bordée par 2 étages de chapelles. Pour accéder à la *Vierge noire (tlj 7h30-19h30, jusqu'à 20h30 juil-sept)* qui trône au-dessus de l'autel, sortir de l'église et emprunter la porte de droite. On traverse une série de chapelles avant de gravir un escalier monumental, composé de hauts-reliefs sculptés. Mosaïques intéressantes représentant des saints. L'escalier étroit mène au chœur où siège la *Moreneta* (Vierge noire), sculpture romane en bois polychrome du XIIe siècle, posée sur un socle d'argent. Les pèlerins défilent à pas cadencés pour baiser le globe que tient la sainte patronne de la Catalogne. Son visage semble presque triste à force d'être serein. On parvient ensuite à la crypte.

– Ne loupez pas le chœur d'enfants de l'*Escolania* : il s'agit d'une école de musique qui forme de jeunes choristes. On peut les entendre du lundi au samedi, ils chantent le *Salve Regina* à 13h et 18h45 (sauf à Pâques, en juillet et à Noël, les jeunes sont en vacances) et à 12h le dimanche. Durée : environ 10 mn. Messe célébrée en grégorien par des moines, tous les jours à 11h. À ne pas manquer.

– Le *cloître* gothique (datant de 1460) est le seul élément rescapé de l'ancienne abbaye.

🎭 ***Le musée de Montserrat :*** *pl. del Monestir. Info :* ☎ *93-877-77-77. Lun-ven 10h-18h ; w-e 9h30-19h. Entrée : 6,50 €.* Le rez-de-chaussée est consacré à la peinture religieuse espagnole ainsi qu'aux écoles napolitaine et vénitienne... Œuvres de Bartolomeo Manfredi, superbe *Saint Jérôme* du Caravage, un Greco, un Zurbarán... et une peinture de la Vierge de Montserrat, comme il se doit. À l'étage, collection archéologique et une impressionnante momie de jeune fille au visage débandé. Sur cette même place, un autre petit *musée* présente des collections d'art catalan. Mêmes horaires.

🎭 ***Montserrat Portes Endins :*** *tlj 9h-18h (19h45 de juil à mi-sept). Entrée : 2 € ; réduc.* Un espace audiovisuel interactif qui présente les activités quotidiennes des moines.

Balades dans les environs

Le Montserrat propose un grand nombre de balades par des chemins tracés qui mènent aux ermitages disséminés sur les pitons rocheux. Le *Guide officiel de Montserrat,* opuscule payant fort bien fait et disponible sur place dans toutes les boutiques, est à conseiller aux promeneurs. Il indique toutes les balades, leur durée et leur point de départ.

– ***Le funiculaire de Sant Joan :*** *un téléphérique monte depuis le monastère jusqu'au sommet de la montagne. Billet : 6,30 € aller-retour ; réduc. Avr-oct, ttes les 20 mn 10h-17h40 (19h de mi-juil à fin août). Même fréquence mais slt jusqu'à 16h30 hors saison. Durée : 7 mn.* Pente de 248 m sur une longueur de 503 m. Du sommet, vue magnifique sur toute la région, jusqu'aux petites collines qui ondulent vers la mer. C'est également le point de départ de l'*itinéraire de Sant Joan* (voir ci-dessous).

➢ ***L'ermitage de Saint-Jérôme (Sant Jeroni) :*** *pour l'atteindre, empruntez le funiculaire de Sant Joan, au bord de la grande place. Durée : 1h aller.* Au sommet, un sentier vous mènera au pic de Sant Jeroni. Panorama extraordinaire.

➢ *L'itinéraire de Santa Cova* est moins fatigant. Les fainéants couperont le fromage en utilisant le funiculaire de Santa Cova qui raccourcit la balade *(avr-oct : ttes les 20 mn 10h-17h35 ; moins de 3 € l'aller-retour).*

➢ *Le chemin des Gouttières* : 4 km. Aller-retour : 1h sans arrêts. Départ du parking du monastère de Montserrat et du monument situé en dessous, dédié à Ramon Lull, penseur catalan, par le sculpteur Subirachs. Balisage : panneaux. Facile (Réf. : *Guide officiel de Montserrat*. Carte Michelin 443 au 1/400 000).
Le haut lieu de Montserrat en Catalogne garde l'empreinte de son mysticisme sur le moindre de ses chemins. Et les Catalans sont très fiers, à juste titre, de leurs artistes. Cette balade est une façon de rendre hommage à la Vierge noire de tous les Catalans en suivant un chemin sur l'art catalan si présent dans ce pays.
Sur la terrasse du parking de Montserrat, plaça dels Apòstols, la vue panoramique est superbe vers les Pyrénées au nord, la mer et le Tibidabo sur Barcelone à l'est – évidemment par beau temps ! Quittant le monument de l'Échelle de la Raison *(Escala de l'Enteniment)*, quelques mètres plus loin sur la route permettent de rejoindre l'indication d'*Els Degotalls*, ou Les Gouttières. Il faut suivre cette direction durant 25 mn pour découvrir de très belles vues panoramiques et plusieurs monuments qui font référence à la vie culturelle et folklorique de la Catalogne. Le chemin aboutit au site du *Magnificat*, décoré de céramiques aux sujets symboliques. À la fin de l'itinéraire se profile la formation rocheuse d'*Els Degotalls* en forme de gouttières, d'où jaillissait une source autrefois.

➢ Notons encore l'*itinéraire de Sant Joan* et celui, très facile, de **Sant Miguel** (45 mn).

– L'été, de nombreux alpinistes « s'essayent » sur les parois de Montserrat. ATTENTION, la roche sédimentaire comporte un mélange de matière dure et de matière friable. Plusieurs sauts de l'ange sont à déplorer.

TERRASSA (code postal : 08221 ; 173 800 hab.)

À 28 km au nord-ouest de Barcelone, sur la route du monastère de Montserrat, cette grande ville, effervescente et animée, est la deuxième ville universitaire de Catalogne, avec ses 15 000 étudiants. Plusieurs bâtiments industriels ont été reconvertis en salles d'exposition, en édifices publics ou en musées. C'est le cas du *Vapor Aymerich, Amat i Jover*, véritable chef-d'œuvre de l'architecture industrielle moderniste, qui abrite aujourd'hui un passionnant musée de la Science. Ne manquez pas non plus ses superbes églises romanes !

Un peu d'histoire

Terrassa occupa une place importante lors de la révolution industrielle de la fin du XIXe siècle. Ses usines textiles furent le principal moteur de la vie économique de la ville pendant près d'un siècle. La riche bourgeoisie industrielle laissa le champ libre aux architectes modernistes qui s'en donnèrent à cœur joie, construisant usines et fabriques, mais aussi magasins, logements ouvriers, édifices publics et espaces verts.
Vers 1970, la crise économique obligea la plupart des entreprises textiles à fermer leurs portes.

Comment y aller de Barcelone ?

➢ *En voiture :* prendre la C 58 et l'E 9 (C 16). Env 30 mn de route jusqu'à Terrassa.
➢ *En train RENFE :* depuis la gare de Sants, ligne C4 direction Maurésa : trains ttes les 5-10 mn env, 50 mn de trajet.

➢ *En métro-train Metro del Vallès (FGC, ligne S1) :* de la pl. de Catalunya. Plusieurs/h, env 40 mn de trajet. *Infos :* ☎ 93-205-15-15.
➢ *De la pl. de Catalunya ou Sants,* ligne C4 ; 3-4 trains/h, env 40 mn également. ☎ 902-24-02-02. • renfe.es •
Il existe un billet groupé train + entrée au musée national de la Science (intéressant uniquement pour ceux qui payent l'entrée plein pot, pas pour les étudiants qui payent de toute manière moitié prix).

Adresses utiles

🛈 *Office de tourisme :* raval de Montserrat, 14. ☎ 93-739-70-19. • terrassa. org/turisme • *Hors saison :* lun-ven 9h-14h, 17h-19h ; sam 10h-14h, 17h-20h ; dim 10h-14h. En été : lun-ven 9h-14h ; w-e 10h-14h. Infos générales sur la ville. Accueil sympa et efficace.
🛈 *Également un point d'information à l'entrée du Musée national de la Science, rambla d'Ègara, 270. Mêmes horaires que le musée ci-dessous.* Très bonnes infos et accueil sympa.

À voir

🎥🎥 *Museu nacional de la Ciència i de la Tècnica de Catalunya* (Musée national de la Science et de la Technique de Catalogne) : rambla d'Ègara, 270. ☎ 93-736-89-66. • mnactec.cat • ♿ Mar-ven 10h-19h ; w-e, j. fériés et juil-août 10h-14h30. Entrée : 2,40 € ; réduc ; gratuit le 1er dim du mois et pour les moins de 7 ans.
Le musée occupe les superbes bâtiments d'une usine considérée par certains comme l'une des plus belles d'Europe. C'est au début du XXᵉ siècle que trois industriels de Terrassa (Aymerich, Amat et Jover) décident de s'associer pour monter une fabrique de textile. Ils en confient la construction à l'architecte Lluís Muncunill i Parellada et l'inauguration de l'usine a lieu en 1908. Quelques années plus tard, plus de 400 personnes y travaillent à la fabrication de tissus en laine, de la filature à la finition. En 1978, suite à la crise économique, l'entreprise doit fermer ses portes. Le bâtiment est un chef-d'œuvre. La grande nef centrale s'étend sur environ 11 000 m², elle est couverte d'arcs et de voûtes en brique soutenus par des piliers en fer. On peut voir aussi les anciennes caves à charbon et la machine à vapeur, le patio et la superbe cheminée haute de 41 m.
Le musée présente des expositions permanentes sur l'énergie (charbon et vapeur, énergies propres, énergie de la planète), l'industrie textile et les transports. Vraiment très bien conçu, vivant et original.
Une grande partie de l'expo est traduite en castillan et en anglais, et quelquefois en français. Des jeunes gens sont là pour répondre à vos questions, et certains groupes font des animations, par exemple dans le secteur consacré à la chimie. La visite est aussi intéressante pour les enfants, car très interactive (jeux et CD-Roms). Avant de quitter les lieux, montez au 2ᵉ étage (ascenseur à l'entrée) : on a de là-haut une vue superbe sur les toits et l'ensemble de l'usine.

🎥🎥 *Conjunt monumental de les Esglésies de Sant Pere* (ensemble monumental des églises de Sant Pere) : dans le parc Vallparadís. ☎ 93-789-27-55 • terras sa.cat/museu • *En arrivant en train, traverser le centre-ville pour accéder au parc Vallparadís (très agréable).* Mar-sam 10h-13h30, 16h-19h ; dim 11h-14h. Fermé lun et j. fériés. Gratuit. Non seulement le parc Vallparadís, en plein centre ville, offre d'agréables balades (et un lac navigable), mais en plus il est bien pourvu en sites culturels : des restes archéologiques datés du paléolithique, un château (Castell Cartoixa) du XIIᵉ siècle – qui se visite aussi –, mais surtout les trois églises Sant Pere, Sant Miquel et Santa Maria. L'ensemble est toujours en cours de fouilles et de rénovation, mais théoriquement les 3 édifices se visitent. Tous trois

LES ENVIRONS DE BARCELONE

d'architecture médiévale, certaines peintures à l'intérieur datent du haut Moyen Âge mais on y trouve aussi des œuvres gothiques et romanes. L'église de Sant Pere est renommée pour son très beau retable gothique en pierre, celle de Sant Miquel est en fait un ancien baptistère du IXe siècle. Quant à Santa Maria, complètement romane et certainement la plus jolie, elle abrite des fresques murales et un très beau retable du XVe siècle, ainsi qu'un superbe pavement en mosaïque à l'entrée.

– Quelques autres monuments à voir à Terrassa (infos à l'office de tourisme).

SANT SADURNÍ D'ANOIA (9 850 hab.)

Située au bord de l'autoroute AP 7 / E 15 Barcelone-Tarragone, à 25 km au sud-ouest de Barcelone, Sant Sadurní d'Anoia est la ville du *cava*. Dans cette région, on élabore ce vin « à bulles » qui ressemble à s'y méprendre à celui que l'on fabrique en Champagne. Mais on ne peut utiliser le nom champagne, car celui-ci est réservé à un terroir particulier et jalousement protégé ! C'est l'occasion d'aller visiter les caves de Codorníu.

Comment y aller ?

➢ *En voiture :* de Sitges, prendre la direction Vilanova i la Geltrú, Vilafranca, puis Sant Sadurní d'Anoia. De Barcelone, par l'autoroute A7 (Tarragone-Lleida) sortie 27.

Où manger ?

|●| *Can Quetu :* Tarragona, 25. ☎ 93-891-02-57. Tlj sf sam soir et août. En | sem, menu midi 8 €. Bon accueil. Vente de *cava* dans la cave en face.

À voir

🍸 *Les caves Codorníu :* av. J. Codorníu. ☎ 93-891-33-42. ● codorniu.es ● Lun-ven 9h-17h ; w-e et j. fériés 9h-13h. Possibilité de faire des visites guidées (suivies d'une dégustation) en français sur résa obligatoire.
Si vous ne buvez pas une goutte d'alcool, la visite (1h30) est également pour vous. Elle parcourt le magnifique domaine et présente les bâtiments de style médiévalo-moderniste, dont les caves, qui, sur 5 niveaux, peuvent recevoir jusqu'à 100 millions de bouteilles.
Le vin de base, quant à lui, est élaboré avec les cépages macabeo, parellada, xarel-lo et chardonnay. On y ajoute des grains de grenache monastrell pour le rosé. Le vin rosé, de « méthode traditionnelle », est d'ailleurs le seul vin où l'on autorise le mélange des raisins rouges et des raisins blancs. Car le rosé du patron est obtenu avec des raisins rouges qu'on laisse plus ou moins longtemps macérer avec leur peau.
Revenons au *cava*. Une fermentation en cuve d'inox, une autre en bouteille et une petite liqueur d'expédition ; on agite le tout. Et hop ! Prêt à boire.

🍸 Ceux qui ont le temps peuvent également pousser jusqu'au vignoble de Penedès, à *Vilafranca del Penedès* (voir ci-dessous).

QUITTER BARCELONE POUR LES BALÉARES

En bateau

Depuis la Catalogne, il est possible de se rendre sur les îles Baléares.

■ *Euro-Mer :* 5, quai de Sauvages, CS 10024, 34078 Montpellier Cedex 3. ☎ 04-67-65-95-13 et 04-67-65-67-30. Fax : 04-67-64-62-44. Résa sur ● euro mer.net ● Cette compagnie propose des traversées quotidiennes au départ de Barcelone ou de Valence à des tarifs très compétitifs. Du navire classique (9h de traversée) au ferry rapide (4h30 de traversée), avec véhicules dans les 2 cas. La traversée rapide permet de courts séjours sur les îles. Réductions aller-retour, jeunes, retraités, familles, réservations... *Euro-Mer* offre un large choix d'hôtels 3 ou 4 étoiles à des prix très intéressants.

Exclusif : possibilité de réserver toutes les traversées vers les Baléares et les inter-îles.

LE LITTORAL BARCELONAIS

Côte largement « touristisée », qui pourtant recèle quelques coins qu'on vous laisse découvrir par vous-même. En cours de route, quelques sites et monuments qui valent peut-être le détour.

SITGES
(08870)   19 900 hab.

À une quarantaine de kilomètres au sud de Barcelone, Sitges n'est pas, tel qu'on l'imagine parfois, une énième station balnéaire envahie par le béton, à l'image de nombreuses stations de la Costa Dorada plus au sud, vers Tarragone. Une vieille église sur un promontoire rocheux marque le début d'une longue plage bordée par une agréable promenade piétonne. À l'arrière, un centre-ville historique qui se découvre aisément à pied, au fil des rues et des ruelles bordées de très belles maisons modernistes (les *casas de los Americanos*). Ces *casas* sont des demeures privées édifiées par des Catalans originaires de Sitges, partis faire fortune en Amérique centrale (à Cuba notamment) entre la fin du XVIIIe siècle et le début du XXe siècle. Revenus au pays, ces *Americanos* ou *Indianos* (surnommés ainsi par leurs compatriotes sédentaires) investirent une bonne partie de leurs économies dans de superbes maisons. La ville en compte environ 80, objets de visites guidées (renseignement à l'office de tourisme), et leurs styles, allant du néoclassicisme au modernisme, en passant par le romantisme, l'éclectisme ou l'Art nouveau, donnent du caractère à la ville.

Ici, on le voit, l'urbanisme est resté à taille humaine grâce à un maire visionnaire qui avait naguère prévu les méfaits du boom immobilier sur le littoral catalan. La ville se prolonge au sud parallèlement à la mer, par un quartier verdoyant composé de nombreuses villas ne dépassant pas 3 étages. En arrière-plan, la douce ligne des collines pas encore ravagées par les constructions. Sitges aujourd'hui reste un petit Saint-Tropez catalan, attirant la jeunesse B.C.B.G. de Barcelone. C'est aussi un rendez-vous pour les homosexuels (sans aucun sectarisme, dans une ambiance amicale et tolérante).

ATTENTION ! Nos lecteurs automobilistes doivent savoir que la municipalité a mis sur pied une affaire florissante : la chasse à l'infraction. Gare aux PV, donc !

UN PEU D'HISTOIRE

La ville resta longtemps tournée vers la mer et l'agriculture, notamment la fabrication de vin rouge, de malvoisie et de muscat. Aux XVIIIe et XIXe siècles, elle devint une enclave du commerce avec l'Amérique. Entre 1836 et 1852, le retour des natifs de la région, les « Indianos », partis faire fortune en Amérique, donna un nouvel élan à la ville. De belles demeures témoignent encore de cette époque révolue.

Mise à la mode à la fin du XIXe siècle par le peintre moderniste Santiago Rusiñol, la ville fut relancée par mannequins et *night-clubbers* dans les années 1960.

Arriver – Quitter

En train

🚂 **Gare ferroviaire :** pl. E. Maristany.

➤ **Barcelona-Sants et Barcelona-Passeig de Gràcia** (ligne C2) : rens au ☎ 902-24-02-02. ● renfe.es ● Billet : 2,50 €. Très nombreux départs en sem, ttes les 20 mn env, en gros 5h-22h30 depuis Sitges, 5h40-minuit depuis Barcelone. Le w-e, 1er départ de Barcelone 6h, dernier vers minuit, 1er départ de Sitges vers 4h45, dernier vers 22h25. De 1h à 4h, tlj, 1 train ttes les heures (les fêtards doivent bien rentrer !). Env 30 mn de trajet.

En bus

🚌 **Gare routière :** Cie Mon-Bus, à proximité de l'office de tourisme. ☎ 93-893-70-60. ● monbus.cat ●

➤ **Barcelone (la plaça Universitat) :** moins de 3 €. En sem, départ env ttes les heures, 7h20-22h20. Sam : 7 départs, 8h20-22h20. Dim : 4 départs 9h20, 13h20, 17h20, 21h20.

➤ **Barcelone (aéroport) :** en sem, départ ttes les heures, 7h40-22h40 ; le sam, env ttes les 2h, 8h40-22h40 ; le dim : 4 départs, 9h40-21h40. Moins de 3 €.

Adresses utiles

ℹ️ **Office de tourisme :** Sínia Morera, 1. ☎ 93-894-50-04 ou 42-51. ● sitgestour.com ● En été, tlj 9h-21h ; hors saison, lun-ven 9h30-14h, 16h-18h30. Plan gratuit de la ville. Organise des visites guidées (sur résa) sur le thème de « La Ruta de los Americanos ».

ℹ️ **Office de tourisme Maricel :** c/ Fonollar. ☎ et fax : 93-811-06-11. En hiver : mer-ven 10h30-13h45 ; sam 11h-14h, 16h-19h ; dim 11h-14h. En été : tlj 10h-13h30, 17h-21h.

✉️ **Poste :** pl. d'Espanya. ☎ 93-894-12-47.

🖥️ **Sitges PC Centre :** c/ Angel Vidal, 2. ☎ 93-811-10-46. Lun-ven 9h30-21h ; sam 10h-14h, 17h-21h ; dim 11h-14h30, 17h-21h30.

◼️ **Banques, change :** quelques banques pl. Cap de la Vila.

◼️ **Taxis :** ☎ 93-894-35-94 ou 13-29.

◼️ **Location de bicyclettes :** dans le centro comercial Oasis. ☎ 93-894-87-58.

◼️ **Laverie :** Lavanderia Net I Sec, 8, av. d'Artur Carbonell. À 250 m de l'office de tourisme. Tlj 7h-minuit.

Où dormir ?

Campings

⛺ **Camping El Garrofer :** ctra 246a, km 39. ☎ 93-894-17-80. ● info@garroferpark.com ● garroferpark.com ● À 1,5 km au sud de Sitges. Env 25 €/j. pour 2 pers, 1 voiture et 1 tente (en été). Sur un grand terrain ombragé, un camping avec piscine et cafétéria. Dommage que l'ombre soit parfois réservée aux camping-cars, et que les sanitaires soient entretenus irrégulièrement...

⛺ **Camping Sitges :** ctra 246a, km 39.

☎ 93-894-10-80. ● campingsitges.com ● ♿ Situé à 2 km du centre de Sitges, vers le sud, et à 700 m des plages. Un bus dessert 2-3 fois/j. la pl. de Catalunya (45 mn). Ouv du 1er mars à mi-oct. Env 23 €/j. pour 2 pers, 1 voiture et 1 tente (en été). 160 emplacements ombragés. Bien équipé : toilettes pour handicapés, prises électriques, piscine gratuite. Location de bungalows.

D'assez bon marché à prix moyens (40-75 €)

⬧ **Hostal Bonaire :** c/ Bonaire, 31. ☎ 93-894-53-26. Doubles env 50 €. Modeste hôtel situé dans une rue tranquille à 150 m de la mer. Le propriétaire tient ses chambres (douche, w-c et AC) avec méticulosité et se fait aider par ses proches pour que l'ensemble reste impeccable.

⬧ **Hotel Madison Bahia :** Parellades, 31-33. ☎ 93-894-00-12. • madisonba hia@madisonbahia.com • madisonba

hia.com • Doubles 45-75 € selon saison, avec salle de bains, AC, TV et téléphone. Dans le quartier ancien de Sitges, dans une rue piétonne, ce petit hôtel offre une qualité et des prestations très convenables pour un prix intéressant en basse et moyenne saison. Les chambres bien équipées donnent sur la rue (animée mais pas bruyante) et les baies vitrées coulissantes sont en bon état.

De chic à plus chic (75-120 €)

⬧ **Hotel Romàntic :** San Isidre, 33. ☎ 93-894-83-75. • romantic@hotelro mantic.com • hotelromantic.com • Doubles 76-115 € selon saison et confort (avec ou sans douche, avec ou sans balcon), petit déj inclus. Trois villas du XIXᵉ siècle (propriété naguère d'un riche Catalan qui avait fait fortune à Cuba) composent cet hôtel de charme situé dans un secteur calme du centre historique. Impossible de ne pas succomber à la personnalité de cette maison où chaque détail a été aménagé par la main artiste du maître des lieux : la décoration raffinée, les sculptures rares, les peintures de collection, les meubles de style, le grand bar américain, et

l'adorable jardin ombragé par des palmiers et des mûriers. Un de nos coups de cœur sur la côte.

⬧ **Hotel Liberty :** c/ Illa de Cuba, 45. ☎ 93-811-08-72. • info@libertyhotelsit ges.com • libertyhotelsitges.com • Doubles 76-120 € selon confort (avec ou sans terrasse) et saison. Dans la catégorie des hôtels de charme, celui-ci se distingue par la décoration subtile et le confort (moderne) de ses chambres. Celles-ci jouissent souvent d'un petit balcon (terrasse) et donnent sur la rue ou sur l'arrière, avec vue sur des feuillages ou les toits de tuiles. Le petit déj se prend dans un agréable jardin intérieur ombragé.

Où manger ?

⬧ **La Novaestrella :** c/ Major, 52. ☎ 93-894-70-54. Tlj sf mer jusqu'à 23h. En venant de la mairie (Ajuntament) et de l'église paroissiale (sur sa pointe rocheuse), c'est sur la droite, dans une ruelle piétonne parallèle à la promenade du bord de mer. Tapas 3-5 €. On a aimé notamment les tapas, toutes fraîches et délicieuses, à la seiche, aux fruits de mer et au boudin.

⬧ **La Tablita :** c/ Sant Bonaventura, 26. ☎ 93-894-11-44. • latablita@telefonica.

net • En venant de l'office de tourisme, par le passeig de Villafranca, prendre la c/ Sant Francesc (piétonne), puis la 2ᵉ rue à droite. Tlj sf ven midi. Résa. Repas env 20 €. Petite auberge tenue par un aimable patron barbu et souriant. Cuisine catalane traditionnelle mijotée dans un esprit jeune et généreux, et préparée avec soin. On y sert une des meilleures viandes (venue de Navarre) de Sitges.

Où boire un verre ?

⬧ Les hommes qui préfèrent les hommes apprécieront l'ambiance des **bars de la carrer Sant Bonaventura.** Distillent surtout de la musique techno,

ponctuée par quelques standards, notamment Take a Walk on the Wild Side : il faut dire que l'endroit s'y prête à merveille !

À voir

🍴 ***Museu Cau Ferrat :*** *c/ de Fonollar, 8.* ☎ *93-894-03-64. De mi-juin à fin sept :
mar-dim 10h-14h, 17h-21h. Le reste de l'année : mar-ven 10h-13h30, 15h-18h30 ;
sam 10h-19h ; dim 10h-15h. Entrée : 3 €.* Ancienne résidence du peintre et écrivain
Santiago Rusiñol (1861-1932), qui l'a léguée à la ville avec ses collections : œuvres
de Ramon Casas, Joan Miró, Picasso, Miguel Utrillo et 2 tableaux du Greco. Au
même endroit, le ***museu Maricel*** expose une collection d'art médiéval, des œuvres
d'artistes locaux ainsi que des objets marins.

🍴 ***Museu romantic :*** *c/ Sant Gaudenci, 1.* ☎ *93-894-29-69. Mêmes horaires que
le museu Cau Ferrat.* À voir, notamment, la *collection Lola Anglada* qui propose une
belle sélection de jouets et de poupées des XVIIe, XVIIIe et XIXe siècles en peau, en
carton ou en porcelaine, en provenance de toute l'Europe.

Fêtes

– ***Carnaval de Sitges :*** *fév.* Parades gays où folles et travestis défilent avec toute
l'exubérance qu'on leur prête. Celles des dimanche et mardi sont les plus
intéressantes.
– Le ***rallye de Cotxes d'Època,*** *le 1er dim de mars,* et le ***rallye de Motos antiques,***
mi-oct. Les férus de rallyes motos et automobiles assisteront aux défilés de ruti-
lantes Harley-Davidson et voitures d'époque.
– ***Festivitat de Corpus, Catifes de Flors :*** *fin mai-début juin.* Magnifiques tapis de
fleurs dans les rues, exposition d'œillets *(claveles).*
– ***Festival international de Théâtre*** *(Sitges Teatre Internacional, STI) : début juin
également.* Déplace des artistes d'un peu toute la planète (des Biélorusses à Peter
Brook...). Les prix flambent, mais les amateurs de comédie sauront apprécier quelques belles créations.

VILAFRANCA DEL PENEDÈS

À 24 km au nord de Sitges, et 55 km au sud-ouest de Barcelone, dans une
vaste plaine fertile traversée à l'époque romaine par la via Augusta, Vilafranca
del Penedès est aujourd'hui encore un nœud de communications. Elle est surtout réputée pour être la capitale du Haut-Penedès (*Alt Penedès* en catalan).
Le Penedès produit 90 % du *cava* d'Espagne. Au cœur du 1er terroir viticole de
Catalogne, cette ville de taille moyenne dévoile quelques monuments anciens,
situés dans son centre historique, autour de la basilique Sainte-Marie, comme
le palais du Roi *(palau Reial)* qui abrite un petit musée du Vin.

Comment y aller ?

➢ ***En voiture :*** de Sitges, suivre la jolie petite route C 15 B, qui traverse la ligne des
collines de l'arrière-pays de Sitges en délivrant de belles échappées. De Barcelone, suivre l'autoroute A 7 Barcelone-Tarragone, puis emprunter la sortie 28 ou 30.
➢ ***En train :*** liaisons avec Barcelone (plaça de Catalunya ou Sants), avec la ligne
C4. Aller-retour 6,20 €. En sem, 2-4 train/h selon les heures, slt 1 trains/h le w-e.
Env 55 mn de trajet. Mais pour atteindre les *Caves Torres,* il vous restera encore
4 km...

À voir

🎥 *Caves Torres :* Finca El Masel, *08739 Pacs del Penedès. À 4 km à l'ouest de Vilafranca del Penedès, sur la route de Sant Martí Sarroca, panneau sur la gauche.* ☎ *93-817-74-87.* ● *torres.es* ● *Visite guidée (1h30) : lun-ven 9h-17h, sam 9h-18h, dim et j. fériés 9h-13h. Entrée : 4 €, dégustation comprise.*

La visite commence par la projection d'un montage audiovisuel sur l'histoire de la maison *Torres.* Les visiteurs embarquent ensuite dans un petit train qui s'arrête dans le *Tunel de las Estaciones* où est expliqué le cycle des saisons et leur influence sur la vigne (30 odeurs et parfums de synthèse flottent dans l'air : bois brûlé, fleur d'oranger...). On découvre alors les différentes étapes de la vinification depuis l'arrivée des raisins jusqu'à la mise en bouteilles (usine sur place), sans oublier la grande cave *(Bodega Josefa)* où sont entreposés des milliers de tonneaux tous en chêne. Le bois de chêne provient à 50 % de France (Nevers, Vosges) et le reste de Virginie ou de Hongrie.

« Un grand vin naît et se fait à la maison », telle est la devise de Miguel Torres, propriétaire et P.-D.G. des *Caves Torres,* considérées comme la plus grande et la plus moderne maison de vin d'Espagne.

Les peuples indigènes croient qu'on vole leur âme quand on les prend en photo.
Et si c'était vrai ?

Pollution, corruption, déculturation : pour les peuples indigènes, le tourisme peut être d'autant plus dévastateur qu'il paraît inoffensif. Aussi, lorsque vous partez à la découverte d'autres territoires, assurez-vous que vous y pénétrez avec le consentement libre et informé de leurs habitants. Ne photographiez pas sans autorisation, soyez vigilants et respectueux. Survival, mouvement mondial de soutien aux peuples indigènes s'attache à promouvoir un tourisme responsable et appelle les organisateurs de voyages et les touristes à bannir toute forme d'exploitation, de paternalisme et d'humiliation à leur encontre.

Survival
pour les peuples indigènes

CRISNALT POUSET POUSSEURES

Espace offert par le Guide du Routard

- ✂

❏ envoyez-moi une documentation sur vos activités   ❏ j'effectue un don

NOM   PRÉNOM   ADRESSE

CODE POSTAL   VILLE

Merci d'adresser vos dons à Survival France. 45, rue du Faubourg du Temple, 75010 Paris.
Tél. 01 42 41 47 62. CCP 158-50J Paris. e-mail : info@survivalfrance.org

La Chaîne de l'Espoir

Ensemble, sauvons des enfants !

Chirurgiens, médecins,
infirmiers, familles d'accueil…
se mobilisent pour sauver des
enfants gravement malades
condamnés dans leur pays.

*Pour les sauver
nous avons besoin de vous !*

Envoyez vos dons à
La Chaîne de l'Espoir
96, rue Didot - 75014 Paris
Tél. : 01 44 12 66 66 - Fax : 01 44 12 66 67
www.chainedelespoir.org
CCP 3703700B LA SOURCE

LA CHAÎNE DE L'ESPOIR

La Chaîne de l'Espoir est une association de bienfaisance assimilée
fiscalement à une association reconnue d'utilité publique.

COMITE DE LA CHARTE
donner en confiance

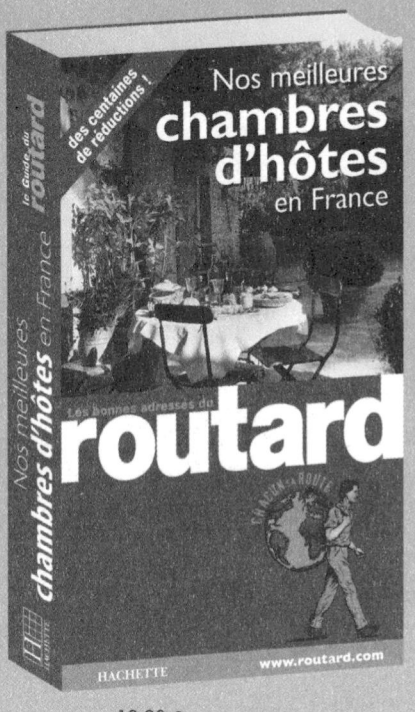

■ Adresses utiles

ℹ 1 Offic... ...risme
ℹ 2 C... ...e
4 ...
8 ...
...do Te... ...o

⌂ Où dormir ?

11 Pension Du... ...es
12 Pe...
13 ...
14 P...
15 R...
16 R... ...rante
17 R...
18 ...
19 ...
21 H...
22 ...
23 Resi...
24 Hotel
25 Hotel ...

▣ Où manger ?

30 Restaurante Do... ...do
31 Resta...
32 Resta...
33 Café ...
34 Tasc...
35 R...
36 Ter...
37 Re...
38 Restau...
39 Cafe...
40 Club...
41 Res...
42 R...
43 Restau... ...Ca...

44 Restau... ...
45 Res...
46 ...
47 C...
48 Ta... ...M...
49 P...
50 Ter...
51 Res...
52 Re...
53 C...
54 ...
55 ...
56 P...
57 Restaurant... ...mo

☗ Où boire un verre ?

61 Bar Pati...lo
62 Bar do...
63 Pin...
64 B...
65 C...
66 ...
67 ...
68 Ca...
69 C...
70 B...
71 C...
72 O...
73 Ti Ve...
74 Café...
75 Ca...
76 Estori... ...rde

★ Où sortir ?

83 Pingo...n do Morte
84 Pav...
85 ...
86 ...
87 B...
88 Casa do Mor...

★ A voir

90 Palacio d...
91 Pavil... ...stre
92 C... ...tural...
93 ...
94 ...

reporters
sans frontières

www.rsf.org

N'attendez pas qu'on vous prive de l'information pour la défendre.

Cour pénale internationale :
face aux dictateurs et aux tortionnaires,
la meilleure force de frappe,
c'est le droit.

L'impunité, espèce en voie d'arrestation.

Fédération Internationale des ligues des droits de l'homme.

www.fidh.org

routard
ASSISTANCE
LIGHT
L'ASSURANCE VOYAGE
SPÉCIAL UNION EUROPÉENNE

VOTRE ASSISTANCE
SPÉCIAL UNION EUROPÉENNE

RAPATRIEMENT MEDICAL **ILLIMITÉ**
(au besoin par avion sanitaire)
VOS DEPENSES : MEDECINE, CHIRURGIE, (env. 50.000 FF) **7.500 €**

BILLET GRATUIT DE RETOUR DANS VOTRE PAYS : **BILLET GRATUIT**
    En cas de décès (ou état de santé alarmant) **(de retour)**
    d'un proche parent, père, mère, conjoint, enfant(s)

BILLET DE VISITE POUR UNE PERSONNE DE VOTRE CHOIX **BILLET GRATUIT**
    si vous être hospitalisé plus de 7 jours

    Rapatriement du corps – Frais réels **Sans limitation**

FRANCHISE DE 30 € PAR SINISTRE POUR LES FRAIS MÉDICAUX

AVANCES DE FONDS
A L'ETRANGER

CAUTION PENALE .... (env. 49.000 FF) **7.500 €**

HONORAIRES AVOCATS .... (env. 10.000 FF) **1.500 €**

VOS BAGAGES ET BIENS PERSONNELS A L'ETRANGER

Vêtements, objets personnels pendant toute la durée de votre voyage à l'étranger :
vols, perte, accidents, incendie, (env. 3.200 FF) **500 €**
Dont APPAREILS PHOTO et objets de valeurs (env. 1.600 FF) **250 €**

POUR LES VOYAGES HORS UNION EUROPÉENNE,
DEMANDEZ : ROUTARD ASSISTANCE ET/ OU
ROUTARD ASSISTANCE SPÉCIAL FAMILLE

Nous consulter Tél. : 01 44 63 51 00
Souscription en ligne : www.avi-international.com

routard
ASSISTANCE
LIGHT
L'ASSURANCE VOYAGE
SPÉCIAL UNION EUROPÉENNE

BULLETIN D'INSCRIPTION

NOM : M. Mme Melle ⌐_____⌐

PRENOM : ⌐_____⌐

DATE DE NAISSANCE : ⌐_____⌐

ADRESSE PERSONNELLE : ⌐_____⌐

⌐_____⌐

⌐_____⌐

CODE POSTAL : ⌐_____⌐   TEL. ⌐_____⌐

VILLE : ⌐_____⌐

E-MAIL : ....

DESTINATION PRINCIPALE...

Calculer exactement votre tarif selon la durée de votre voyage

> Pour un Long Voyage (2 mois…), demandez le **PLAN MARCO POLO**
> Nouveauté contrat Spécial Famille - Nous contacter

COTISATION FORFAITAIRE 2007-2008

JE VOYAGE DU ⌐_____⌐ AU ⌐_____⌐ = ⌐__⌐ JOURS
SOIT

JUSQU'À 3 JOURS : **6,50 €**

POUR 4 ET 5 JOURS : **7,00 €**

POUR 6-7 ET 8 JOURS : **8,00 €**

JE N'AI PAS PLUS DE 65 ANS

Chèque à l'ordre de ROUTARD ASSISTANCE – *A.V.I. International*
28, rue de Mogador – 75009 PARIS – FRANCE - Tél. 01 44 63 51 00
Métro : Trinité – Chaussée d'Antin / RER : Auber – Fax : 01 42 80 41 57

ou Carte bancaire : Visa ☐   Mastercard ☐   Amex ☐

N° de carte : ⌐_____⌐

Date d'expiration : ⌐___⌐   ⌐___⌐   Signature

Je déclare être en bonne santé, et savoir que les maladies
ou accidents antérieurs à mon inscription ne sont pas assurés.

Signature :

Faites des copies de cette page pour assurer vos compagnons de voyage.

INDEX GÉNÉRAL

E-F

G

H-I-J-K-L

M-N

O-P

Q-R

S

T

U-V-X-Z

OÙ TROUVER LES CARTES ET LES PLANS ?

- Barcelone (plan général),
  plan détachable .... recto
- Barcelone (centre), *plan
  détachable* .... verso

- Barcelone (plan des
  transports en commun),
  plan détachable .... verso

Les **Routards** *parlent aux* **Routards**

Faites-nous part de vos expériences, de vos découvertes, de vos tuyaux.
Indiquez-nous les renseignements périmés. Aidez-nous à remettre l'ouvrage à jour.
Faites profiter les autres de vos adresses nouvelles, combines géniales... On adresse
un exemplaire gratuit de la prochaine édition à ceux qui nous envoient les lettres les
meilleures, pour la qualité et la pertinence des informations. Quelques conseils cependant :
– Envoyez-nous votre courrier le plus tôt possible afin que l'on puisse insérer vos
tuyaux sur la prochaine édition.
– N'oubliez pas de préciser l'ouvrage que vous désirez recevoir.
– Vérifiez que vos remarques concernent l'édition en cours et notez les pages du
guide concernées par vos observations.
– Quand vous indiquez des hôtels ou des restaurants, pensez à signaler leur adresse
précise et, pour les grandes villes, les moyens de transport pour y aller. Si vous le
pouvez, joignez la carte de visite de l'hôtel ou du resto décrit.
– N'écrivez si possible que d'un côté de la lettre (et non recto verso).
– Bien sûr, on s'arrache moins les yeux sur les lettres dactylographiées ou correctement écrites !
En tout état de cause, merci pour vos nombreuses lettres.

Les Routards parlent aux Routards :
122, rue du Moulin des Prés, 75013 Paris

e-mail : guide@routard.com
Internet : www.routard.com

Le Trophée du voyage humanitaire ROUTARD.COM
s'associe à VOYAGES-SNCF.COM

Parce que le *Guide du routard* défend certaines valeurs : Droits de l'homme, solidarité,
respect des autres, des cultures et de l'environnement, il s'associe, pour la prochaine
édition du Trophée du voyage humanitaire routard.com, aux Trophées du tourisme
responsable, initiés par Voyages-sncf.com.
Le Trophée du voyage humanitaire routard.com doit manifester une réelle ambition
d'aide aux populations défavorisées, en France ou à l'étranger. Ce projet peut concerner les domaines culturel, artisanal, agricole, écologique et pédagogique, en favorisant
la solidarité entre les hommes.
Renseignements et inscriptions sur ● www.routard.com ● et ● www.voyages-sncf.com ●

Routard Assistance *2008*

Routard Assistance et Routard Assistance Famille, c'est l'Assurance Voyage Intégrale
sans franchise que nous avons négociée avec les meilleures compagnies, Assistance
complète avec rapatriement médical illimité. Dépenses de santé et frais d'hôpital pris en
charge directement sans franchise jusqu'à 300 000 € + caution + défense pénale +
responsabilité civile + tous risques bagages et photos. Assurance personnelle accidents : 75 000 €. Très complet ! Le tarif à la semaine vous donne une grande souplesse.
Tableau des garanties et bulletin d'inscription à la fin de chaque *Guide du routard* étranger. Pour les départs en famille (4 à 7 personnes), demandez-nous le bulletin d'inscription famille. Pour les longs séjours, un nouveau contrat *Plan Marco Polo « spécial
famille »* à partir de 4 personnes. Enfin pour ceux qui partent en voyage « éclair » de
3 à 8 jours visiter une ville d'Europe, vous trouverez dans les Guides Villes un bulletin
d'inscription avec des garanties allégées et un tarif « light ». Pour les villes hors Europe,
nous vous recommandons Routard Assistance ou Routard Assistance Famille, mieux
adaptés. Si votre départ est très proche, vous pouvez vous assurer par fax : 01-42-80-
41-57, en indiquant le numéro de votre carte de paiement. Pour en savoir plus : ☎ 01-
44-63-51-00 ; ou, encore mieux, sur notre site : ● www.routard.com ●

Photocomposé par MCP - Groupe Jouve
Imprimé en France par Aubin
Dépôt légal : janvier 2008
Collection n° 13 - Édition n° 01
24/4190/5
I.S.B.N. 978-2-01-244190-3